RESILIENCIA
LA SOSTENIBILIDAD SUPREMA

Lecciones De No Desarrollar
Un Entorno Construido Más Fuerte y Seguro

Segunda Edición

Aris Papadopoulos

Resilience Action Fund
Publicaciones

ISBN 978-0-9861816-2-7

Esta publicación está diseñada para proporcionar información autorizada con respecto al tema tratado. Se vende con el entendimiento de que ni el autor ni el distribuidor se dedican a prestar servicios técnicos, legales u otros servicios profesionales. Si se requiere asistencia técnica, legal o de otro tipo, se deben buscar los servicios de un profesional competente.

Segunda Edición
Publicado en EE.UU.

Órdenes en línea en www.buildingresilient.com

Resilience Action Fund
Publicaciones

A mis padres Vassiliki y Dimitri,
que incluso sin educación,
¡Me enseñaron todo lo importante
que conozco en la vida!

Contenido

PARTE I: ANTES DE LA TORMENTA

PARTE II: LA TORMENTA

PARTE III: DESPUÉS DE LA TORMENTA

Prólogo de la 2da Edición

Hace aproximadamente un año auto-publiqué la primera edición de este libro en línea. Fue rápido, rentable y permitió las fáciles corrección y actualización de una segunda edición en papel.

Logré hacer la publicación justo antes de la 3ra Conferencia Anual de la ONU sobre la Reducción del Riesgo de Desastres, realizada en marzo de 2015, en Sendai, Japón. Tal conferencia produjo el Marco de Sendai para la Reducción del Riesgo de Desastres: 2015-2030 (SFDRR), un histórico acuerdo firmado por 187 naciones. Se trata de un documento que aborda el nivel de importancia de la Convención del Marco de las Naciones Unidas de 1992 sobre el Cambio Climático, desarrollado en la Cumbre de la Tierra en Río de Janeiro. El SFDRR tendrá importantes consecuencias en el futuro en lo que respecta a cómo los gobiernos, las empresas y las sociedades fortalecen la resiliencia frente a los riesgos de desastre.

El SFDRR sigue siendo un asunto de menor importancia para la gran mayoría de los funcionarios de gobierno, empresarios y público en general, y posee una escasa cobertura por parte de los medios. No obstante, se ha desatado una corriente activa que aumentará su visibilidad en la próxima década.

Una de estas acciones fue la integración de varias iniciativas del sector privado de la Oficina de las Naciones Unidas para la Reducción del Riesgo de Desastres (UNISDR, por sus siglas en inglés) bajo el mismo marco. Esta fue lanzada en noviembre de 2015, en Londres, como la Alianza para las Sociedades Resistentes a los Desastres (ARISE) del cual fui elegido miembro para la junta de 12 miembros. Con la adhesión inicial de más de 100 entidades del sector privado, representa una mezcla geográfica, multisectorial y de diversas proporciones, y que en los próximos años promete crecer y contribuir a la consecución de los objetivos del SFDRR.

Las métricas, la sensibilización y la divulgación, así como las políticas públicas y privadas, programas e incentivos impulsarán la participación empresarial en general. Estos serán catalizadores para la aparición y crecimiento de los productos y servicios relacionados con la resiliencia, que las empresas con visión de futuro pueden capitalizar.

Por otra parte, aún queda mucho por hacer en el cambio de hábitos y actitudes públicas, comerciales y sociales que inhiben la adopción de políticas y comportamientos resilientes, así como para hacer frente a oponentes de la resiliencia. A menos que identifiquemos, proyectemos y tratemos estas barreras; el progreso será lento y difícil. Este tema sigue siendo el objetivo principal de este libro. Gracias.

Aris Papadopoulos
Enero de 2016

Anotación personal

En 2014 me retiré como director general de Titan America, una compañía de materiales de construcción de los Estados Unidos. 57 no es una edad típica de jubilación: después de 35 años en el negocio (20 como director general), sentí la necesidad de continuar con mi pasión: permitir que el mundo avance hacia la construcción de un entorno más resiliente a los desastres. Con el tiempo, había acumulado una amplia experiencia y conocimiento en la industria de la construcción, las condiciones en las que opera y lo que la hace funcionar; y el trabajo previo en Europa y Oriente Medio me dio perspectivas adicionales.

Mi ímpetu arrollador se nutre de haber sobrevivido personalmente numerosos desastres: dos terremotos (mi casa paterna en Grecia), dos huracanes (mi actual hogar de la Florida), un incendio industrial, y los atentados del 11 de septiembre en el Centro Mundial de Comercio en Nueva York. Después de este último me di cuenta de la necesidad de servir a un propósito más profundo, más allá de funcionamiento de una empresa. Cada vez más me cuestionaba por qué muchas de las decisiones de construcción se habían tomado de esa manera, y posteriormente pensé en las fallas que se pudieron haber prevenido. En el proceso me adentré en las aguas turbias de los códigos.

Mis ayudas fundamentales fueron mis estudios en ingeniería (MIT) y negocios (Harvard). No se trataba simplemente de una cuestión técnica, sino socio-económica. Me zambullí en la creciente ola de la sostenibilidad, pero descubrí que faltaba un elemento esencial: la Resiliencia.

Nunca fui un aficionado de las Naciones Unidas. En 2010 me encontré con Margareta Walhstrom, jefe de la iniciativa de resiliencia de las Naciones Unidas, la Oficina de las Naciones Unidas para la Reducción del Riesgo de Desastres (UNISDR). Compartíamos intereses comunes y me invitó a unirme a un grupo de líderes de negocios: los esfuerzos de la ONU por involucrar a la comunidad de negocios me impresionaron. En 2011, este se convirtió en el Grupo Consultivo del Sector Privado (GASP) de la UNISDR. Serví como su primer presidente hasta 2013 y he sido miembro activo desde ese entonces.

Este libro es mi primer intento de documentar las observaciones de mi vida y de ahondar en el tema. No lo considero escritura académica dado que no cumple con los estándares académicos, de hecho, nunca se concibió con ese propósito. Su objetivo es estimular el pensamiento crítico y la discusión, lo que dará lugar a la acción.

Estoy seguro de que muchos discreparán conmigo o defenderán el statu quo y los invito a que lo hagan porque no habrá progreso a menos de que desafiemos lo que hacemos y busquemos mejorarlo.

No pretendo lucrarme con este escrito. Todas las ganancias serán destinadas al Fondo de Acción Resiliencia, una organización sin ánimo de lucro que inicié. Toda mi vida estuve en el extremo receptor del activismo, pero ahora, habiéndome graduado de la vida corporativa, al fin puedo ser un activista yo también.

Solo Dios es perfecto. Por lo tanto, reconozco la oportunidad de corregir, actualizar y mejorar las ediciones futuras. Sus comentarios y sugerencias para este efecto son más que bienvenidos y apreciados.

Gracias por el honor de brindarme su atención.

Aris Papadopoulos
Febrero de 2015

Expresiones de Gratitud

Deseo agradecer a las siguientes personas y empresas por su asistencia, asesoramiento y apoyo (orden alfabético):

- Carl Schneider de Schneider Insurance and Smart Homes America
- Debbra Johnson de Debbra A.K. Johnson, LLC
- Dr. Fred Krimgold de Virginia Tech
- Holly Tachovsky de Buildfax y su personal, incluyendo a Sefton Patton
- Prof. Jeremy Gregory del MIT y sus estudiantes Reed Miller y Arash Noshadravan
- Julie Rochman de IBHS y su personal, incluyendo a Tim Reinhold y Siavash Farvardin
- Leslie Chapman Henderson de FLASH y su personal, incluyendo a Sarah Chason y Audrey Rierson
- Margareta Walhstrom of UNISDR y su personal, incluyendo a Andrew Maskry de Kiki Lawal
- Naresh Raheja, de RMS
- Rowan Douglas de Willis Re, su personal y socios, incluyendo a Greg Low y Sophie Abraham
- Steve Szoke de PCA
- Thomas Loster de Munich Re Foundation y sus socios, incluyendo a Alexander Allman

Estoy agradecido con Carolina y Alejandro Herrera-Cano por traducir este libro de inglés a español.

Además deseo agradecer a mis hijas Angelina y Eliza por sus perspectivas de una generación más joven, Florian Barth por sus años de aliento, Dimitri Papalexopoulos por ayudarme a mudarme a la siguiente fase de mi vida y, finalmente, a todos mis amigos en la UNISDR por compartir la pasión y la visión de un mundo más resiliente ante las amenazas.

Acepto toda la responsabilidad por cualquier error u omisión. Las opiniones expresadas en este libro son mías y no deben ser vistos como la representación de las de cualquiera de las partes presentes de las que se hacen referencia o reconocimiento en el documento.

¡Gracias a todos!

Introducción

En el nuevo milenio, el desarrollo sostenible (también conocido como "sostenibilidad") se convirtió en un tema popular entre muchos círculos políticos, empresariales y académicos. Lo que significa depende de con quién se hable y lo que esté trabajando.

En 1987, la Comisión Mundial de las Naciones Unidas sobre el Medio Ambiente y el Desarrollo publicó un informe titulado "Nuestro futuro común". Conocido como el Informe Brundtland (el nombre de la presidenta de la comisión, la ex primera ministra noruega Gro Harlem Brundtland) que ofreció esta definición sucinta:

Desarrollo que satisface las necesidades del presente sin comprometer la capacidad de las generaciones futuras para satisfacer sus propias necesidades.

El informe contiene la palabra "ambiente" más de 600 veces, "gobierno" alrededor de 300 veces, y "riesgo" 108 veces. Se hace referencia a "desastres" 24 veces. Sin embargo, no hay ninguna mención a "resiliente" y sola hay una mención casual de la palabra "resiliencia". En general, el informe fue escrito por el gobierno para el gobierno, para llamar la atención sobre los riesgos que surgen de no actuar y colaborar con el medio ambiente.

Cinco años más tarde, la Cumbre de la Tierra en Río de Janeiro presentó la *Convención del Marco de las Naciones Unidas sobre el Cambio Climático*. Desde entonces, la sostenibilidad se convirtió en un "movimiento verde" muy activo. Este tomó muchas formas y caras... desde la conservación hasta la eficiencia de los recursos, el calentamiento global, el cambio climático y la diversidad biológica; su tema principal fue la relación del ser humano con la naturaleza. En esencia, el movimiento verde se centró en "la protección de la naturaleza de los seres humanos".

Sin embargo, dentro de la sostenibilidad, ¿cuándo podemos abordar "la protección de los seres humanos de la naturaleza"? ¿Esta no es acaso una necesidad fundamental de las generaciones presentes y futuras? Tal vez el movimiento verde implica que si tenemos éxito en la protección de la naturaleza, de alguna manera la naturaleza nos corresponderá y estaremos protegidos de manera automática.

Ciertamente, tratar bien a la naturaleza es mejor que tratarla mal, pero no es garantía de que nos proteja. La naturaleza actúa predecible e impredeciblemente tanto de manera benévola como malévola. Aunque hoy día los seres humanos ejercen una influencia mayor que la de nuestros predecesores, las fuerzas naturales siguen teniendo la sartén por el mango.

El punto es que *aunque que ser bueno con la naturaleza es importante, no es suficiente*. Para ser sostenible también hay que proteger de manera efectiva a los humanos de la naturaleza y de sí mismos, en ello radica la esencia de la resiliencia.

El movimiento verde instó un impulso hacia el "desarrollo verde" y la "inversión verde". Pero, ¿y si estas inversiones no son resilientes? ¿Destruir un activo verde no constituye acaso una doble pérdida?

No hay mayor golpe a la sostenibilidad que la destrucción. Es el fracaso, independiente de las cualidades verdes del activo perdido. Por lo tanto, ser resiliente es un requisito esencial para ser "sosteniblemente" verde.

El éxito del 'movimiento de la sostenibilidad' exige movimientos verdes exitosos y movimientos de resiliencia. Sin la capacidad de recuperación, ser verde es un espejismo de sostenibilidad. En ese sentido, verde y resiliente son las dos caras de la misma moneda. El tema de este libro es precisamente la otra cara de la moneda de la sostenibilidad.

¿Qué es la resiliencia? La UNISDR lo define como:

La capacidad de un sistema, comunidad o sociedad expuesto a la amenaza para resistir, absorber, adaptarse y recuperarse de los efectos de una amenaza de manera oportuna y eficiente, que incluye la preservación y restauración de estructuras y funciones básicas .

Esto proporciona muchos ámbitos y perspectivas de la resiliencia: unas estrechas, como la capacidad de recuperación de una parte de la aeronave; u otras anchas, por ejemplo cómo las personas dentro de la sociedad coexisten entre sí. La resiliencia puede referirse a algo material y no-orgánico como un puente o la pared de un edificio; u orgánico y vivo como una planta o el cuerpo humano. Estas tienen similitudes pero también diferencias.

Este libro se centra en la capacidad de recuperación de los sistemas materiales/no-orgánicos. Los sistemas vivos/orgánicos son diferentes, en cuanto a que poseen capacidades particulares que no se encuentran en los sistemas no vivos, como la capacidad de adaptación y evolución. Los sistemas sociales y ecológicos se comportan similarmente al mundo orgánico/viviente. Dado que la mayoría de literatura sobre la capacidad de recuperación se centra en conceptos relacionados con este último tipo, no hacer la distinción a menudo crea confusión cuando nos referimos a la resiliencia en los sistemas materiales/no vivos. Es evidente que el mundo material/no-orgánico afecta el orgánica/social y viceversa.

La resiliencia es un atributo de un sistema, en vez de una colección inconexa de piezas resilientes. En realidad, los sistemas están anidados dentro de los sistemas. Una ventana es una parte de un sistema de construcción, una estructura es parte de un sistema urbano y una ciudad es parte de un sistema socio-económico.

En todo nivel, la resiliencia de un sistema no-orgánico puede ser caracterizada por tres propiedades secuenciales: la resistencia, la redundancia y la contingencia.

- Resistencia: capacidad primaria para resistir y soportar los riesgos (choques y tensiones).
- Redundancia: partes redundantes, si los elementos críticos del sistema fallan.
- Contingencia: un plan de emergencia, en caso de que una porción significativa del sistema falle.

Llamo las dos primeras '*Capacidad de Resiliencia*' y la tercera '*Capacidad de Respuesta a Emergencias*'. El objetivo es que la Capacidad de Resiliencia realice su trabajo el 99.9 % de las veces. Cuando se apela a la Capacidad de Respuesta a Emergencias ya es un fracaso. De hecho, cuan menor sea la Capacidad de Resiliencia de un sistema, mayor Capacidad de Respuesta a Emergencias se requiere. Lamentablemente, por razones que vamos a explorar, el enfoque y los recursos públicos se dirigen de manera desproporcionada hacia la Capacidad de Respuesta a Emergencias.

Este libro se centra en la capacidad de recuperación del entorno construido por tres razones:

1. El entorno construido es la primera línea de defensa protectora de la humanidad (es decir, la amortiguación) en contra de la mayoría de los riesgos naturales; el "capullo" humano, como lo llamaremos más adelante.
2. El entorno construido ya es la mayor inversión de la humanidad y se espera que durante el próximo medio siglo se haga significativamente más grande, impulsado por el aumento de la población mundial y la urbanización.
3. Durante el pasado medio siglo, las fallas en el entorno construido han ido aumentando a un ritmo alarmante.

Por último, el entorno construido es el área principal de experiencia y conocimiento del autor. Más concretamente, nos centraremos en las lecciones aprendidas en los Estados Unidos (EE.UU.). Aunque es posible considerar esto limitante, se probará que es muy útil.

Durante el siglo pasado los EE.UU. hizo la inversión más importante del mundo en el desarrollo de su entorno construido, a medida que el país crecía y prosperaba. No obstante, hoy en día esta inversión sufre una de las tasas más altas de fracaso. Esto hace de los EE.UU. un excelente caso de estudio para el mundo en vía de desarrollo, que está planeando un período sin precedentes de crecimiento económico.

Al hacerlo mi objetivo es desmitificar y dar aclaraciones sobre los procesos mediante los cuales se crea el entorno construido en un idioma que se espera todo el mundo puede entender.

¡Así que vamos a empezar!

PARTE I

ANTES DE LA TORMENTA

Si van a tener un desastre,
Mi consejo es: ¡tengan uno grande!

Ex funcionario del gobierno de los EE.UU.
Ante al público de una conferencia en 2015

Capítulo 1
De un desastre a otro:
La Vulnerabilidad de una Súper Potencia

Tres grandes desastres marcan la historia reciente de los Estados Unidos:

1. Agosto de 1992: El huracán Andrew, una tormenta de categoría 5, golpea la costa urbana del sur de la Florida con vientos de 240-280 kilómetros por hora y oleajes de más de cinco metros. Continúa hasta Luisiana, y en su estela deja 65 personas muertas, un cuarto de millón sin hogar y 1.4 millones sin electricidad. 600.000 viviendas/edificios son destruidos/dañados. Se crean casi 33 millones metros cùbicos de escombros. Los daños ascienden a $26.5 mil millones (dólares de 1992). La industria local de seguros no sobrevive. El estado de Florida (es decir, sus contribuyentes) interviene para llenar el vacío. En sus secuelas, los códigos de construcción se fortalecen y se establecen algunos de los más altos estándares para la resiliencia de huracanes en el mundo.

2. Agosto de 2005: 13 años después, el huracán Katrina, una tormenta de categoría 4, golpea la costa urbana de Luisiana y sus estados vecinos con vientos de 190-230 kilómetros por hora y oleajes entre seis y nueve metros. Le siguen en cuestión de semanas los huracanes Rita y Wilma. En su estela, 1.836 personas mueren, 300.000 viviendas/edificios quedan destruidos/dañados, más de 90 millones de metros cúbicos de escombros se generan y los daños ascienden a $108 mil millones (dólares de 2005). El gobierno federal de Estados Unidos (es decir, los contribuyentes) interviene para pagar las cuentas. Los códigos de construcción se actualizan a lo largo de las comunidades costeras, pero no de manera consistente.

3. Octubre de 2012: Siete años más tarde, el huracán Sandy (categoría 1) golpea las densas áreas metropolitanas de Nueva York/Nueva Jersey con vientos de 130-160 kilómetros por hora y un aumento de más de cuatro metros en el nivel del mar. 286 mueren, 300.000 viviendas/edificios son destruidos/dañados, y 8,5 millones de personas quedan sin electricidad. Sandy crea más de 15 millones de metros cúbicos de escombros e inflige $68 mil millones (dólares de 2013) en daños y perjuicios. Una vez más el gobierno federal paga la factura. Los códigos de construcción se actualizan nuevamente.

En total, estos tres eventos mataron a 2.187 personas, destruyeron/dañaron 1,2 millones de casas edificios, costaron $250 mil millones (dólares de 2014) y crearon casi 140 millones de metros cúbicos de escombros. Este costo no incluye las pérdidas económicas indirectas (la productividad, los ingresos, la salud, etc.). Solo con los restos se podrían llenar un vertedero del tamaño de 3.000 campos de fútbol americano con cuatro pisos de profundidad.

Lo más alarmante es que toda esta destrucción se produjo en tan solo dos décadas, en tan solo el cuarto oriental de los Estados Unidos y de un solo tipo de peligro. El entorno construido falló en una escala que no debería haberlo hecho. Su Capacidad de Resiliencia resultó ser baja. El botón de pánico fue presionado varias veces solo para revelar que la Capacidad de Respuesta a Emergencias también era deficiente.

De acuerdo con la Agencia de Estados Unidos Federal para la Gestión de Emergencias (FEMA, parte del Departamento de Seguridad Nacional), durante las últimas cuatro décadas el número total de declaraciones de desastre se ha más que duplicado.

2005-2014	631
1995-2004	529
1985-1994	314
1975-1984	274

Un número de factores están detrás de esta escalada, pero está claro que los EE.UU. se ha vuelto más propenso a los desastres. Si la nación más construida y desarrollada es tan vulnerable, ¿qué tan preocupado debería estar el resto del mundo?

La ONU estima que el costo anual medio global de los desastres ha alcanzado los $300 mil millones y está creciendo. Solo alrededor de una cuarta parte de esta cantidad está en realidad asegurado. Esta cifra supera el PIB de 80% de las economías del mundo. Si se convierte en un impuesto sobre el crecimiento anual del PIB mundial, sería igual a 12%.

Los tres eventos mencionados anteriormente solo forman la punta más visible del 'iceberg del desastre' de los EE.UU. Si se revisan los tornados, la conclusión es similar. Si se examinan las inundaciones, es la misma historia. Invertir hizo de los EE.UU. una superpotencia, pero en lo que respecta a la inversión en resiliencia a los desastres naturales, los EE.UU. parece haberse 'construido' una esquina vulnerable para sí mismo.

Su exposición relativa se puede ver en esta revisión de diez años (2000-2009) por Asistencia Humanitaria Mundial, que enumera los diez países con poblaciones más afectadas por los desastres naturales:

1. China   1,321 millones de personas impactadas
2. India   602
3. Bangladés   73
4. Filipinas   53
5. Tailandia   44
6. Pakistán   33
7. Etiopía   29
8. Vietnam   22
9. EE.UU.   21
10. Suráfrica   15

Las anteriores representan el 90% de las poblaciones mundiales afectadas por los desastres durante este período. Los EE.UU. es el único país desarrollado que aparece en la lista. En términos de población afectada específicamente por los desastres de inundación, los EE.UU. ocupó el quinto lugar en el mundo y de nuevo fue el único país desarrollado.

Sin embargo, el registro es aún más grave cuando los mismos países se clasifican por el costo económico de los desastres. Los EE.UU. es el #1.

1. EE.UU.   353   mil millones (Dólares estadounidenses)
2. China   206
3. India   26
4. Pakistán   17
5. Etiopía   9
6. Bangladés   6
7. Vietnam   6
8. Filipinas   3
9. Tailandia   2
10. Suráfrica   1

Estas representaron el 61% del total de las pérdidas de desastres a nivel mundial. Las pérdidas estadounidenses excedieron la suma de los nueve países restantes combinados. Por supuesto la inversión de Estados Unidos y la intensidad de la riqueza son mayores, pero se esperaría que el nivel de inversión vendría con un nivel de durabilidad mayor. Por desgracia, gran parte de ella no lo tiene.

Esta magnitud de pérdidas por desastres podría parecer asequible para los estadounidenses (mientras la deuda pública aumenta), pero sin duda sería insoportable para el resto del mundo. Este desarrollo es claramente insostenible. Mientras que los EE.UU. puede no servir como el modelo a seguir para el desarrollo resiliente, puede formar un mejor un ejemplo de cómo no se debe desarrollar. El desarrollo no resiliente es muy costoso, también desperdicia valiosos recursos naturales y carga al medio ambiente con enormes desechos asociados al desastre. Hasta el momento, el movimiento verde parece haber ignorado esto.

El objetivo aquí no es propinar una paliza a los EE.UU, sino aprender de su experiencia y no repetir sus errores. ¿Qué pueden hacer las naciones (y los EE.UU.) hacer de manera diferente para que su desarrollo sea más resistente a la destrucción (es decir, invertir en Capacidad de Resiliencia)? La respuesta requiere el análisis de las causas de la vulnerabilidad. Por lo tanto, vamos a explorar el modelo de desarrollo de Estados Unidos con la intención de extraer estas lecciones.

Capítulo 2
El capullo en el que vivimos:
El Entorno Construido

El desarrollo económico es el producto de la inversión, tanto en bienes de capital como en capacidades humanas. Un activo es algo que se usa durante un período. Mientras que el conocimiento es probablemente la forma más importante de capacidad humana, la mayor categoría de inversión en activos es el entorno construido. Se compone de todas las alteraciones de los terrenos, edificios e infraestructuras públicas y privadas, incluyendo la 'estructura-suave', que le permite funcionar. La mayor parte de esta inversión ha sido y continuará siendo dirigida hacia la urbanización.

Un propósito principal del entorno construido es proporcionar refugio, es decir, proteger a las personas, bienes y actividades de los elementos naturales y los factores humanos. El entorno construido es la primera línea de defensa *de facto* de protección contra los riesgos naturales. Cuando falla, todo lo que hay dentro está expuesto a daños o destrucción.

Pasamos casi todas nuestras vidas, ya sea dentro o alrededor del entorno construido. Un estudio mostró que el promedio de personas pasan el 70% de sus vidas dentro de los hogares, el 20% en otros edificios y un 5% en el interior del transporte. Solo el 5% de nuestro tiempo estamos al aire libre, e incluso entonces rara vez está lejos de ser algo construido. El entorno construido es verdaderamente el "capullo" en el que vivimos. A pesar de que no nos damos cuenta y en su mayoría las damos por sentado, la seguridad y la mejora de nuestras personas, bienes y actividades durante todo dependerán de la capacidad de recuperación de este capullo.

Desde el momento en que los seres humanos prehistóricos cambiaron de lo natural a refugios hechos por el hombre, la inversión en el entorno construido nunca ha cesado. La mayoría ha sido destruida y sustituida varias veces. A lo largo de la historia las guerras y los desastres naturales fueron las razones principales de fallas prematuras; mientras que el desgaste y obsolescencia funcional fueron los principales impulsores de la destrucción planeada.

Según una estimación, el inventario de edificios mundial ascendió a unos 140 millones de metros cuadrados en 2013. Mientras que los EE.UU. representaba menos del 5% de población mundial, poseía aproximadamente el 20% de las construcciones de valor del mundo. Esto pone en evidencia la magnitud de la inversión estadounidense en el entorno construido en comparación con el resto del mundo.

Para 2023 se espera que el inventario de la construcción global crezca en un 24% a más de 170 millones de metros cuadrados. Según a la empresa EC Harris, con base en el Reino Unido, esta inversión estará más ponderada hacia el mundo en vía de desarrollo.

China	114%
India	71%
Brasil	20%
EE.UU.	19%
Suráfrica	15%
Reino Unido	13%
Rusia	8%
México	6%
Alemania	-1%
Japón	-7%

Obviamente, la mayor parte de la inversión se concentra en los países BRIC. Sin embargo, incluso con su base ya significativa, los EE.UU. continuará invirtiendo fuertemente. Está añadiendo nuevas acciones a un ritmo de 1,8% por año, renovando el inventario existente a la misma velocidad, mientras que la demolición está en el 0,6 % anual. A ese ritmo, dentro de 25 años el 75% de su entorno construido será ya sea nuevo o renovado. Esto representa una gran oportunidad para mejorar la Capacidad de Resiliencia. Por el contrario, el fracaso en este propósito significaría hundirse más profundamente en el agujero de la vulnerabilidad. .

Más del 70% de las zonas edificadas de EE.UU. son residenciales y más del 75% corresponde a vivienda unifamiliar. Finalmente, más del 90% de las viviendas unifamiliares se construyen en madera. **Como discutiremos más adelante, este segmento representa casi la mitad de las zonas edificadas de los EE.UU. y es su mayor vulnerabilidad.**

AIR Worldwide, una compañía que realiza modelos de riesgo, calcula que el valor de las inversiones comerciales y residenciales construidas es de alrededor de $65 mil millones de dólares. De esta cantidad, $28 mil millones, casi el 45%, se localizan en 18 estados que están en zonas expuestas a huracanes a lo largo del Océano Atlántico y del Golfo de México. Más de un tercio de ese valor se encuentra en los condados costeros muy vulnerables de dichos estados. Los que tienen la mayor de la inversión total y exposición costera (entre paréntesis) son:

1. Nueva York	$4,7	($2,9)	billones
2. Tejas	$4,6	($1,2)	
3. Florida	$3,6	($2,9)	
4. Nueva Jersey	$2,1	($0,7)	
5. Georgia	$1,9	($0,1)	
6. Carolina del N.	$1,8	($0,2)	
7. Virginia	$1,8	($0,2)	
8. Massachusetts	$1,6	($0,8)	
9. Maryland	$1,3	-	
10. Alabama	$0,9	($0,1)	
11. Connecticut	$0,9	($0,6)	
12. Carolina del S.	$0,8	($0,2)	
13. Luisiana	$0,8	($0,3)	
14. Misisipi	$0,5	($0,1)	

El noreste de los EE.UU. representa la concentración más alta, casi el 60% del total de la exposición costera. Si un alto porcentaje del 'capullo' existente está en baja Capacidad de Resiliencia, este riesgo debe ser de enorme interés para los formuladores de políticas y para el público.

Sin embargo, la discusión pública se ha centrado generalmente en los síntomas en lugar de las causas subyacentes de esta vulnerabilidad. La acción ha sido en su mayoría hacia el aumento de la Capacidad de Respuesta a Emergencias en lugar de aumentar la Capacidad de Resiliencia; la adición de más chalecos salvavidas cuando deberíamos estar mejorando la nave. Eso es exactamente el foco de nuestra discusión.

Capítulo 3
Concentrando el riesgo:
Un Cuento de Demasiados Huevos

Antes de explorar con más detalle el modelo estadounidense, sería de ayuda comprender mejor ciertos conceptos básicos en relación con el riesgo.

Gracias a nuestro intrínseco instinto de "lucha o huida", percibimos y reaccionamos más fácilmente a los riesgos y peligros inmediatos. Esto podría explicar por qué reaccionamos de manera tan rápida con respuestas a la emergencia y tácticas de recuperación cuando nos vemos amenazados por peligros.

Sin embargo, tenemos menor capacidad de comprender, juzgar y planear aquellos riesgos que ocurren durante largos periodos, particularmente con baja probabilidad (peligros de alto impacto). Las percepciones con respecto a probabilidades compuestas, condicionales y de riesgo conjunto no son intuitivas. Por esta razón, con frecuencia nos sentimos desconcertados cuando se produce un desastre. Luego buscamos explicaciones simples, y con frecuencia confiamos en lo que sea popular o esté de moda en el momento.

¿Es casi instintiva la tendencia de hoy de atribuir la mayoría de los desastres al cambio climático como síntoma de este fenómeno? Esto no implica disminuir el impacto potencial que el cambio climático puede tener en la frecuencia y la magnitud de ciertos peligros naturales, sin embargo la mayor parte de este impacto se mantiene por delante de nosotros. No obstante, reaccionar de esta manera podría impedirnos apreciar la causa más significativa del aumento de la vulnerabilidad al riesgo de desastres en la historia reciente: la **urbanización.**

La mayoría de las personas aprecian cualitativamente la noción de que poner demasiados huevos en una canasta es más riesgoso, sin necesariamente tener la manera de cuantificarlo. Hagamos unos cuantos ejercicios mentales para entender esto mejor.

Asuma que tenemos 30 huevos. Tenemos también 100 canastas. Las canastas vienen en alguno de los siguientes colores: verde, amarillo o rojo. 40 son verdes, 30 son amarillas y las otras 30 son rojas. Imagine que están aleatoriamente distribuidas en el suelo en un cuadro de 10 x 10.

Cada hora hay una posibilidad de que una roca grande caiga en cada una de las canastas. Una roca cayendo en una de las canastas no afecta la posibilidad de que otra roca caiga en alguna de las otras (son eventos independientes).

El color de cada canasta diferencia la probabilidad de que una roca caiga sobre ella:

Verde: 1% de probabilidad (un promedio de una vez en 100 horas)
Amarillo: 2% de probabilidad (un promedio de una vez en 50 horas)
Rojo: 4% de probabilidad (un promedio de una vez en 25 horas)

Podemos tolerar romper algunos huevos de vez en cuando. Un "desastre" se define como evento cuando 10 o más huevos son destruidos durante cualquier hora. Podemos reemplazar los huevos destruidos al comienzo de cada hora, pero el costo de los huevos constantemente crece (más los costos de limpieza). También podemos ubicar hasta cinco huevos en cualquiera de las canastas antes de rediseñar la canasta.

Pregunta: ¿Cómo distribuimos nuestros huevos para minimizar la probabilidad de un evento de desastre?

La respuesta es simple e intuitiva para la mayoría de las personas: ubicar cada huevo por separado en una canasta verde (hay muchas).
Si hacemos los cálculos, ¡la probabilidad de que un evento de desastre ocurra es de una en cuatro billones! Este es un riesgo extremadamente bajo (los ingenieros del MIT ayudaron con los cálculos).

Si a continuación movemos todos nuestros huevos a canastas amarillas por separado, la probabilidad de desastre aumenta en un factor de 850 (es decir, 850 veces más probable) a una en 5.000 millones. Un aumento grande, pero sigue siendo un riesgo relativamente bajo.

Finalmente, si movemos todos nuestros huevos de manera separada en las canastas rojas, la probabilidad de desastre aumenta en un factor de 600.000 (con respecto a las verdes) a una en siete millones. Un aumento enorme, pero aún un riesgo relativamente bajo.

Lo que es importante observar es cómo drásticamente la probabilidad de desastre aumenta a medida que movemos a las canastas con mayor riesgo (crece exponencialmente).

Ahora, asumamos que nuestros huevos adquieren vida propia. Por razones que discutiremos más adelante, ya no desean estar solos en sus canastas. Digamos que cinco huevos deciden compartir una sola canasta verde mientras que los demás se quedan en sus canastas originales (verdes). ¿Es esto un gran problema en términos de riesgo de desastres?

La respuesta es: sí, mucho; y el resultado es bastante sorprendente. Solo con mover cinco de nuestros 30 huevos a una sola canasta verde la probabilidad de desastre aumente en un factor de 200.000. La probabilidad de desastre se vuelve de una en 22 millones. A pesar de que seguimos ocupando solo las canastas "más seguras", el riesgo se encuentra en algún lugar entre tener todos nuestros huevos individualmente en una sola canasta amarilla y canastas rojas.

El hecho de que al agregar unos cuantos huevos a una canasta de bajo riesgo puede ser tan riesgoso como ubicarlos individualmente en canastas de riesgo más alto es intuitivamente sorprendente.

Si una segunda canasta con cinco huevos es creada más tarde, la probabilidad de desastre aumenta dramáticamente de una en 100. Es 200.000 veces más riesgoso que tener una sola canasta con cinco huevos. Es casi 70.000 veces peor que poner huevos individualmente en las canastas rojas de más alto riesgo.

¿Cómo se relaciona todo esto con nuestra discusión anterior? Considere la siguiente analogía:

- Cada huevo representa una unidad de presencia humana e inversión de desarrollo
- Cada canasta representa cierta unidad geográfica
- Cada roca que cae representa un peligro (o combinación de peligros) que ocurre en una unidad geográfica específica
- Cada unidad geográfica tiene un riesgo bajo, medio o alto, basado en los peligros que la afectan
- Cada hora representa un año
- Cada desastre es un evento que excede cierto límite de pérdidas humanas y de activos
- La urbanización es el acto de concentrar presencia humana e inversión de desarrollo en unidades geográficas particulares

Nuestro ejercicio reveló el cambio en riesgo de desastres que ocurre al mover la presencia humana y la inversión a unidades geográficas con mayores peligros. Luego vimos lo que sucede cuando comenzamos a "urbanizar" esa inversión.

Lo anterior es generalmente esperado, pero tal vez no tan fuertemente. Lo llamaré:

"Primera Ley del Riesgo de Desastres"

El riesgo de desastres aumenta exponencialmente con la probabilidad de riesgo

Esta relación no linear entre los peligros y los desastres no es algo que percibimos a niveles micro o individuales. No obstante, sucede a niveles macro y por esta razón debe concernir a los gobiernos. Los desastres son fenómenos macro.

La gran revelación es cómo aumenta dramáticamente el riesgo de desastres con el solo hecho de urbanizar. Esto puede describirse como el "Principio de los Huevos-en-canasta", el cual llamaremos:

"Segunda Ley de Riesgo de Desastres"

El riesgo de desastres aumenta exponencialmente con la densidad urbana, incluso cuando la probabilidad de riesgo se mantiene constante

La Segunda ley tiene mayores implicaciones sobre la manera en que pensamos en los desastres. Esta implica que la urbanización es la principal raíz del aumento en el riesgo de desastres en la historia humana reciente. Su afectividad ahora eclipsa la causada por cualquier aumento medido o percibido en los peligros (naturales o causados por el hombre).

La pregunta ahora entonces es: *¿qué se puede hacer para compensar este aumento en el riesgo de desastres?*

La respuesta es: aumentar la Capacidad de Resiliencia de nuestras canastas. Para reducir el riesgo de que una "roca" rompa nuestros "huevos urbanos" necesitamos hacer que estas "canastas urbanas" sean más resilientes y crear canastas que sean más fuertes y más resilientes a los peligros. Esto significa: construyendo canastas resistentes al fuego, al viento y a las inundaciones para proteger nuestros huevos (con redundancia).

El entorno construido es nuestra "canasta". *Debería ser obvio que si las inversiones en áreas urbanizadas (o en proceso de urbanización) aplican los mismos estándares y métodos que las rurales o menos densas, los resultados podrían ser desastrosos.*

Un gran error en la historia de la urbanización humana recae exactamente en ese punto. La urbanización se produjo más o menos "copiando y pegando" los estándares y prácticas utilizadas en los entornos menos urbanizados, solo que haciéndolos más densos.

Por ejemplo: una simple casa de madera en una zona rural de baja densidad probablemente tiene menor Capacidad de Resiliencia, pero tal como vimos en nuestro ejercicio, la probabilidad de un "desastre" es minúscula. Esta casa en particular podría ser destruida por el fuego, el viento o alguna inundación, pero si la siguiente casa está a unos cuatrocientos metros más allá, probablemente esto no llevará a que ocurra un desastre. Los demás vecinos del área probablemente le darán una mano a aquel menos afortunado.

Ahora ubiquemos esta estructura en el contexto urbano, construyámosla más alta y más densa y el resultado (tarde o temprano) será un desastre. Es exactamente así como las ciudades en los siglos XVII y XIX fueron inicialmente formadas. Así fue hasta que finalmente se incendiaron y fueron reconstruidas con mayor Capacidad de Resiliencia.

Infortunadamente, gran parte de la urbanización no planificada de este siglo en los países en desarrollo está ocurriendo de una manera similar. Con frecuencia, la realidad es peor: los estándares utilizados en el desarrollo urbano no planificado son incluso más bajos que los que se utilizan en áreas menos densas. Esto agrava el riesgo incluso más. Más tarde discutiremos por qué las personas tienden a ser menos sensibles al riesgo cuando se ubican en entornos urbanos.

Esto me lleva a postular el "Principio de la canasta más fuerte", el cual llamaremos:

"Tercera Ley del Riesgo de Desastres"

El riesgo de desastres es inversamente proporcional a la Capacidad de Resiliencia

Con el fin de gestionar el nivel de riesgo, entre más urbanizamos, más necesitamos aumentar la Capacidad de Resiliencia (incluso si los peligros permanecen constantes). Debido a que la urbanización aumenta exponencialmente el riesgo de desastres, se deduce que la Capacidad de Resiliencia también debe incrementar exponencialmente. De otra manera, los riesgos de desastres aumentarán.

Esto significa códigos de construcción más fuertes y prácticas que proporcionen más resistencia y redundancia a los peligros. Infortunadamente, a excepción de algunas ciudades que han aprendido de sus desastres, los códigos de construcción raramente reconocen o se relacionan de manera proactiva con la densidad urbana. El problema es más imperceptible puesto que la densidad es un objetivo cambiante. ¿Establecemos requisitos de resiliencia para un área basados en la densidad actual o en la densidad proyectada a 30 años? Si para un área en un rápido proceso de urbanización utilizamos la densidad de hoy, dentro de varias décadas, esta inversión será más baja en Capacidad de Resiliencia y, consecuentemente, estará expuesta a un riesgo de desastres más alto.

Adicionalmente, debido a la creciente escasez de tierra, la urbanización a través del tiempo tiende a propagarse a lugares con riesgos mayores (es decir, extendiéndose a canastas aledañas amarillas e incluso rojas). Esto incluye zonas costeras y riberas propensas a las inundaciones y ubicaciones terrestres menos estables (como tierras con riesgo de licuefacción). Cuando consideramos esto además de la densidad, el perfil de riesgo de desastres escala incluso más. Es por esta razón que necesitamos aumentar la Capacidad de Resiliencia exponencialmente solo para compensar y mantener el riesgo nivelado.

Sin ponernos matemáticamente complejos, supongamos que el riesgo de desastres aumenta con la probabilidad de riesgo y la urbanización… elevado a la segunda potencia. Asumamos también que tanto el peligro de riesgo como la densidad urbana aumentan un 50%. Con el fin de mantener el riesgo de desastres constante, la Capacidad de Resiliencia tendrá que ser cinco veces mayor (1,5 x 1,5 ambos elevados a la segunda potencia). *Vamos a necesitar más Capacidad de Resiliencia que la que alguna vez imaginamos.*

La Capacidad de Respuesta a Emergencias también necesita aumentar, pero si solo se invierte en más "vendajes y chalecos salvavidas", jamás se resolverá el problema de fondo. Esto lo hará más costoso.

Lo cual nos lleva al principio de resiliencia final llamado:

"Cuarta ley Del Riesgo de Desastres"

La Capacidad de Respuesta a Emergencias requerida es inversamente proporcional a la Capacidad de Resiliencia

Esto tiene implicaciones sobre cómo los gobiernos y las sociedades emplean sus recursos limitados para atender el riesgo de desastres. Cuanto más invierten en Capacidad de Resiliencia, menos tienen para invertir en Capacidad de Respuesta a Emergencias y viceversa.

Tal como lo analizaremos más adelante, los códigos de construcción estadounidenses en particular son un *collage* político azaroso con poca consistencia o correlación con la densidad, urbanización o peligros reales. Peor todavía, se basan en niveles de peligro históricos en lugar de presentes (y definitivamente no en los futuros).

Por décadas, la Capacidad de Resiliencia ha mantenido niveles mínimos con poca inversión en aumentar la capacidad. Este nivel no puede hacer frente a los peligros y densidades de hoy, y mucho menos a los que vienen en camino. En cambio, grandes inversiones se han hecho y se continuarán haciendo en Capacidad de Respuesta a Emergencias, lo cual no consigue abordar las causas subyacentes.

Como resultado, la inversión multibillonaria de dólares realizada por el gobierno estadounidense en su ambiente construido es y será cada vez más vulnerable a los desastres. Esto ha comenzado a volverse un desagüe de los recursos económicos y ambientales del país. La parte más preocupante es que, en un enorme grado, las causas fundamentales continúan con toda su fuerza, a causa de la ignorancia de los responsables de las políticas y del público en general.

Capítulo 4
Urbanización:
El Impulso de Concentrarse

Los primeros pueblos y ciudades se formaron hace miles de años. Sin embargo, la urbanización a escala global es un fenómeno relativamente reciente que se aceleró durante el siglo pasado.

El impulso a urbanizarse está estimulado por varios factores sociales y económicos. En su libro 'El triunfo de la ciudad', Edward Glaeser explica que las ciudades nos hacen más ricos, inteligentes, felices y saludables. Hay dudas de que muchos citadinos sean exactamente eso, pero la mayoría aspira a serlo. Si la mayoría decide permanecer, esto sugiere que perciben que las alternativas rurales proporcionan peores, en lugar de mejores, opciones de progreso. Hay excepciones, como muchos atenienses que regresaron a sus aldeas durante la reciente crisis griega.

Muchos de los programas económicos y de bienestar patrocinados por el Estado han fomentado la urbanización dirigiendo una parte desproporcionada de la generosidad hacia las ciudades en forma de puestos de trabajo, servicios, beneficios, etc. Otros, como China, han tratado de regular y controlar la migración urbana.

En cierto modo, el atractivo de las ciudades se asemeja al de las loterías; la gente sueña con que su boleto pueda ser el próximo ganador. Sin embargo, esta oportunidad también conlleva desventajas. Una de ellas, a pesar de que los gobiernos sean reacios a admitirlo, es que las zonas urbanas son más vulnerables a los desastres... a menos de que hayan invertido en el aumento de la Capacidad de Resiliencia.

Las definiciones de urbanización varían según el país. Las naciones más densamente pobladas, por ejemplo, establecen un umbral más alto. Las grandes áreas urbanas normalmente aglomeran múltiples jurisdicciones de ciudad. La mayoría de los países establecen un umbral de densidad de 400 personas/km2. Sin embargo, para Australia es de 200/km2, mientras que Japón utiliza 400 /km2. Los EE.UU. define un área urbana como un bloque censal con más de 1.000 personas, con una densidad de más de 400/km2 y rodeada de bloques con una densidad de más de 200/km2. La ONU trata de armonizar estas definiciones variables en sus estadísticas globales.

Las densidades de las zonas urbanas más grandes del mundo por lo general promedian alrededor de 5.000/km2. El informe de 2014 de

Demographia muestra que de las 100 áreas urbanas más pobladas del mundo, 20 tenían densidades de más de 10.000/km2, de las cuales cinco superaban 20.000/km2. Todas ellas en Asia: Dhaka, Bangladés (44.000), Bombay (32.300), Hong Kong (25.700), Karachi (22.800) y Surat, India (21.000).

En las 100 más significativas en términos de población también se incluyeron 12 áreas metropolitanas de los EE.UU. Sin embargo, sus densidades están entre las más bajas del mundo; todas por debajo de 2.500/km2. Más que cualquier otro país, los EE.UU. ha seguido un modelo de desarrollo de expansión urbana. En la siguiente tabla se muestran las densidades de estas ciudades de EE.UU. clasificados según su población total.

1.	Nueva York	1,800 habitantes por km2
2.	Los Ángeles	2,400
3.	Chicago	1,300
4.	Dallas	1,200
5.	San Francisco	2,100
6.	Miami	1,800
7.	Houston	1,200
8.	Filadelfia	1,100
9.	Atlanta	700
10.	Washington, DC	1,400
11.	Boston	800
12.	Phoenix	1,300

Este modelo de desarrollo hace que las áreas urbanas de los EE.UU. tengan el mayor coeficiente de uso de tierra. Por ejemplo, Tokio tiene el doble de la población de Nueva York, pero ocupa una huella de tierra 30% más pequeña. Londres tiene la mitad de las personas en una masa de tierra menor que un 1/6 de la de Nueva York.

Esto plantea preguntas interesantes con respecto a la relación entre el tamaño de masa de tierra urbana y el riesgo de desastres. Los asentamientos urbanos comenzaron históricamente en las masas de tierra más seguras y de allí se extendieron a cualquier tierra que estuviera disponible, a menudo moviendo montañas, ríos, humedales y costas (literalmente). A pesar de que la 2da Ley favorece las densidades más bajas, dos consideraciones trabajan en contra de la resiliencia:

1. Cuanto mayor es el apetito por la tierra, es más probable que el desarrollo se extienda a los sitios de mayor riesgo. Mantenerse

resilientes requiere una inversión cada vez mayor en el montaje y mantenimiento de la infraestructura de protección.

2. Un modelo de desarrollo de menor densidad significa un mayor porcentaje de residencias unifamiliares. Como discutiremos más adelante, esto tiende a ser el segmento de construcción más vulnerable a los riesgos.

Como resultado, se pierde el beneficio de la menor densidad. El hecho de que los EE.UU. sufra un mayor impacto de los desastres (en comparación con otras economías desarrolladas con densidades urbanas más altas, como en Europa) solo muestra cuánto más baja es su Capacidad de Resiliencia. La 3ra Ley domina (*El riesgo de desastres es inversamente proporcional a la Capacidad de Resiliencia*).

El reto no es simplemente las densidades actuales, sino también las que habrá en el futuro. Cuando las ciudades se quedan sin tierra, recurren a una construcción mayor y más densa. Si esto mejora o empeora el riesgo de desastres depende de la rapidez y de la forma proactiva en que se aplique la '3ra Ley'. Si en su mayoría se invierte en Capacidad de Respuesta a Emergencias y se espera la llamada de alerta de un próximo desastre, con el tiempo encontrarán problemas.

En general, el mundo entero está en una carrera de un solo sentido hacia la urbanización mundial. Para 1900 solo el 15% de la población mundial era urbano. Medio siglo más tarde (1950) se duplicó al 30%. Para el año 2007, medio siglo más tarde, este cruzó la marca del 50%. Para el año 2050 se estima que superará el 70%. Europa, América y Oceanía ya están en ese estado.

Si bien estos porcentajes suenan grandes, en realidad subestiman la magnitud de la concentración humana que se encuentra en marcha. Al incorporar el crecimiento de la población, los números absolutos son asombrosos:

1900   0,25 miles de millones de personas viviendo en áreas urbanas.

1950   0,5 miles de millones

2007   3,3 miles de millones

2050   7,0 miles de millones

El índice de concentración urbana fue 10 veces mayor en un siglo (1900-2000 y 1950-2050). Nuestros 'huevos' se están concentrando en un menor número de 'canastas' a una velocidad tremenda. *Esta urbanización con acelerador a fondo está cambiando significativamente el perfil global de riesgo de desastres.*

La pregunta es: ¿las cestas se están haciendo resilientes lo suficientemente rápido? Infortunadamente, la respuesta es no. La mayoría, de hecho, poseen una Capacidad de Resiliencia baja incluso para sostener las densidades de hoy día, y mucho menos las del mañana.

En 2014 veintinueve centros urbanos de todo el mundo tenían poblaciones de más de 10 millones ganándose el título de 'Megaciudades'. Diez de ellas tenían más de 20 millones y se han denominado 'Metaciudades'. Dos de ellas tienen más de 30 millones: Tokio y Yakarta. En el año 2030, el número de Megaciudades podría llegar a 50, de los cuales la mitad podrían ser Metaciudades. Mientras las más grandes se hacen incluso más grandes, aproximadamente la mitad de los residentes urbanos del mundo todavía viven en ciudades con poblaciones por debajo de medio millón.

Una consecuencia de esta velocidad de urbanización es que tanto el número y la gravedad de los desastres que tendremos que resistir continuarán al alza. Además de más desastres como actualmente los conocemos, la probabilidad de sufrir futuros 'megadesastres' está en aumento (que en nuestro ejercicio podría definirse como la pérdida de más de 20 huevos).

Que todavía esto no se haya convertido en una prioridad global primaria presenta un punto ciego grave para la humanidad. Entre los eventos de desastre las señales fácilmente se pierden en el 'ruido' diario. ¿Nos estamos anestesiando para aceptar el nivel actual de desastres como una 'situación normal'? *Si es así, estaremos mal preparados para afrontar los 'mega-desastres' futuros que desde ahora se pueden vislumbrar en el horizonte.*

Ciertamente, otros peligros siguen asolando muchas partes del mundo: enfermedades, guerras, terrorismo, desnutrición, abuso y contaminación. Hoy día, muchas necesidades compiten por atención y recursos. Las amenazas y las prioridades son a menudo difíciles de discernir. Por otro lado, el mundo ha hecho progresos considerables en hacer de los gases de efecto invernadero y las huellas energéticas una prioridad global. En este sentido planteo el siguiente desafío:

¿Cómo podemos aprovechar nuestra determinación sobre el cambio climático para formar una vía para aumentar la Capacidad de Resiliencia y reducir los riesgos de desastres que plantea la urbanización global?

Se puede hacer, si nos reenfocamos conscientemente. Sin embargo, es posible que tengamos que actualizar algunos de nuestros pensamientos. Esto requiere que veamos una mayor resiliencia como una vía primaria hacia un futuro más verde y más sostenible. La resiliencia es una parte fundamental y central de la solución. *En lugar de a lo que difícilmente tenemos acceso, como los detractores tienden a reclamar, la resiliencia es algo sin lo cual no podemos darnos el lujo de vivir.* Nuestras decisiones y acciones tendrán largo alcance y consecuencias humanas, económicas y ambientales.

¡El momento de actuar para aumentar la Capacidad de Resiliencia es AHORA!

Capítulo 5
No son los Óscares:
Listados de Vulnerabilidad a Desastres

Los peligros están en todas partes (si se incluyen los incendios). Sin embargo, algunas áreas son más vulnerables debido a una mayor frecuencia de ocurrencia de peligros y/o la intensidad en comparación con la Capacidad de Resiliencia para su nivel de densidad urbana. Aunque no hay una medida de vulnerabilidad ampliamente aceptada, vamos a explorar unos listados indicativos.

Esta es una lista reciente de los centros urbanos clasificados según la magnitud de la exposición al peligro y la población en situación de riesgo:

1. Tokio: terremoto, tifón, tsunami
2. Manila: terremoto, tifón, inundación
3. Delta de las Perlas: tifón, tsunami, inundación
4. Osaka-Kobe: terremoto, tifón, tsunami
5. Yakarta: terremoto, tifón, inundación
6. Nagoya: terremoto, tifón, tsunami
7. Calcuta: inundación, tsunami
8. Shanghái: inundación, tifón
9. Los Ángeles: terremoto, tsunami, incendio
10. Teherán: terremoto

En los EE.UU, la Agencia Federal para la Gestión de Emergencia (FEMA) proporciona estadísticas de la frecuencia de declaración de desastres mayores por estado desde 1953. Los 10 más altos son:

1. Texas   88
2. California   80
3. Oklahoma   75
4. Nueva York   70
5. Florida   67
6. Luisiana   60
7. Alabama   58
8. Arkansas   58
9. Kentucky   57
10. Missouri   56

Alrededor de la mitad de ellos se encuentran en las costas del Golfo y del Atlántico, las cuales corresponden a zonas expuestas a huracanes. Se podría suponer que estos estados han hecho un gran esfuerzo para mejorar su Capacidad de Resiliencia, pero usted estará decepcionado. Como veremos más adelante, muchos no tienen o adoptaron recientemente códigos de construcción a nivel estatal, utilizan versiones no actualizadas o no tienen aplicación obligatoria, sobre todo en lo que respecta a hogares.

A continuación se muestra un listado, hecho por Kiplinger, de los 10 estados en mayor situación de riesgo de desastres (2006-13 basado en la pérdida de bienes):

1. New Jersey
2. Texas
3. Tennessee
4. Missouri
5. Alabama
6. Oklahoma
7. Mississippi
8. Luisiana
9. Colorado
10. Arizona

La mitad de ellos también entraron en el listado de la FEMA.

En 2012, el Instituto de Seguros para los Negocios y la Seguridad en el Hogar (IBHS), una organización de investigación financiada por un esquema de aseguramiento, evaluó 18 estados de EE.UU. en el Golfo y la Costa Atlántica. Las puntuaciones del IBHS se basaron en la adopción y la fuerza de las normas estatales de construcción, la aplicación, y los programas de licencia de contratistas (entre mayor sea el número, es mejor). Como veremos más adelante, a los EE.UU le hacen falta códigos de construcción federales para peligros y depende de las autoridades locales.

En 2013 el IBHS verificó nuevamente qué estados estaban mejorando versus el deterioro de sus prácticas. A continuación las puntuaciones para los estados más grandes. Se marca con una (x) si aparecían en una o ambas de las clasificaciones anteriores de desastres:

1.	Florida	95	Mejorando	x
2.	Virginia	95	Mejorando	
3.	New Jersey	93		x

4. Massachusetts	87		
5. Carolina del Sur	84	Mejorando	
6. Connecticut	81	Mejorando	
7. Carolina el Norte	81	Empeorando	
8. Luisiana	73	Empeorando	xx
9. Maryland	73	Mejorando	
10. Georgia	66	Mejorando	
11. Nueva York	60	Mejorando	x
12. Alabama	18	Mejorando	xx
13. Texas	7		xx
14. Mississippi	4		x

Nótese que la mayoría de los estados en la mitad inferior de la lista de códigos también se clasificaron mal en las clasificaciones de desastre. Se sugiere que los códigos de construcción y rendimiento de desastres estén relacionados.

Tenga en cuenta que la Florida parece haber aprendido una lección del huracán Andrew y puso en marcha el sistema y los recursos para fortalecer su Capacidad de Resiliencia. Por otro lado, Luisiana (vecinos de Texas y Mississippi) no pudo aprender del huracán Katrina. De hecho, Luisiana (junto con Carolina del Norte) parecía estar yendo en la dirección equivocada. Por desgracia, en ausencia de un mandato federal, solamente otro desastre movilizará el estado para cambiar su curso.

También se hace clara la fragmentación inherente y la inconsistencia de todo el "sistema" de códigos de construcción de EE.UU. Más está por venir.

Capítulo 6
Paraíso Perdido:
Camino a la No-Resiliencia

La Capacidad de Resiliencia parece ser una debilidad crítica del entorno construido de los EE.UU. Esta inversión está fallando para soportar los riesgos naturales a un ritmo alarmante. ¿Por qué?

Una lista de todas las posibles razones:

1. Errores de diseño
2. Errores de construcción
3. Cambios de uso no planificados
4. Mantenimiento inadecuado
5. Estructuras de excesiva edad
6. Niveles de peligro que se han incrementado en el tiempo
7. Suposiciones de diseño azarosas que subestiman los peligros reales.

Si se tratara de un país menos desarrollado las razones 1-4 podrían merecer una mayor exploración. Si bien aún hay margen para la mejoras, los EE.UU. lo hace relativamente bien en los que corresponde a estos. Por lo tanto, nos centramos en las razones 5-7.

Razón 5: A pesar de que vimos en el Capítulo 2 que los EE.UU. está invirtiendo en la renovación y la restauración de su entorno construido mayormente privado, el lado público sufre de un porcentaje cada vez mayor de infraestructura de edad y mal mantenimiento. Habiendo sido una de las primeras economías en invertir masivamente, es también uno de las primeras en envejecer. Hay una creciente lista de puentes, carreteras, túneles e instalaciones de tratamiento de agua; cuya reconstrucción lleva mucho tiempo en espera. Las exigencias de los programas sociales y militares han limitado los recursos disponibles para modernizar lo suficientemente rápido; incluso el Programa *Stimulus* de 2009 no logró tener un gran impacto. Como resultado, los EE.UU. puede esperar quedar aún más rezagado, a medida de que la lista de infraestructuras envejecidas siga creciendo más rápido que la tasa de renovación de instalaciones.

Esto está vinculado con la falla de los diques de agua deficientemente diseñados y mal mantenidos durante el huracán Katrina, que causó inundaciones devastadoras en grandes partes de Nueva Orleans. Sin embargo, no parece haber sido una causa significativa tanto en el huracán Andrew o el huracán Sandy. Por lo tanto, consideramos que es importante, pero no la causa primaria.

Razón 6: El Cambio Climático es culpable de muchos cambios. Aunque no debemos ignorar la conexión entre las aguas más cálidas y la formación se tormentas, huracanes, tornados y otros, estos peligros no aparecieron de repente o se intensificaron en esta parte del mundo. En los años 1900 hasta el huracán Andrew, 18 huracanes devastadores azotaron la Costa Este de los EE.UU, matando alrededor de 19.000 personas. Entre los huracanes Andrew y Katrina, otros 13 huracanes severos sucedieron. Por consiguiente, no descansaremos al atribuir la causa primaria de la vulnerabilidad al aumento en los niveles de peligro.

Esto deja a la Razón 7: Subestimar el nivel real de peligros en suposiciones de diseño. ¿Cómo puede ser esto? En un país desarrollado, los diseñadores no establecen unilateralmente sus niveles de peligro, sino que siguen los códigos de construcción prescritos.

¿Los códigos de construcción son la debilidad subyacente del desarrollo estadounidense? El país cuenta con un enorme recurso de conocimientos técnicos y de investigación, cientos de organizaciones profesionales, empresariales y gubernamentales, y una plétora de foros privados y públicos. ¿Cómo puede ser que este "sistema" no pueda dar un resultado "resiliente"? Infortunadamente, el registro muestra que en gran medida el país ha fracasado en este sentido.

Las revisiones posteriores a los desastres demuestran consistentemente la insuficiencia de los códigos aplicables. Incluso cuando las actualizaciones se realizan en un lugar, no se adoptan en cientos de otros que también están en peligro. Los códigos de construcción débiles a su vez significan una baja Capacidad de Resiliencia.

Generalmente hay poca discusión y aun menos comprensión de las 'Leyes del Riesgo de Desastres' en la comunidad científica y de ingeniería; mucho menos entre los formuladores de políticas y el público. El foco está predominantemente en los síntomas más que en las causas, y en la respuesta más que en la prevención.

Entonces, ¿cuáles son las razones subyacentes por las cuales los códigos de construcción de EE.UU. se mantienen bajos y generalmente no funcionan contra los peligros naturales? Es una cuestión que vamos a investigar en una profundidad considerable.

Capítulo 7
Incendios Urbanos:
Quemándose los Dedos Repetidamente

Los incendios han sido un peligro primario en la larga historia del desarrollo urbano. A continuación se muestra un registro de muestra de los principales incendios urbanos (año, DC):

Roma	64, 847
Constantinopla	406, 532, 1204
Londres	1135, 1212, 1666, 1694
Lisboa	1755, 1988
Nueva York	1776, 1835, 1842
Kioto	1788
Hamburgo	1845
Chicago	1871
Boston	1872
Hong Kong	1878
San Francisco	1906
Houston	1912
Atlanta	1917
Thessaloniki	1917
Tokio	1923, 1945
Los Ángeles	1961
Dhaka	2010
Manila	2011

Vamos a detallar los tres incendios más memorables de la historia: Roma, Londres y Chicago.

Roma:

En el tiempo de Cristo, Roma era el centro urbano más grande del mundo con cerca de un millón de habitantes. Durante siglos la ley romana prescribió normas para contratiempos y alturas mínimas de construcción. Sin embargo, a medida que la urbanización aumentaba y la política dominaba la vida romana, estas eran en gran parte ignoradas. La construcción se hizo más densa, con edificios contiguos. La madera era el material más barato y las estructuras de madera se elevaban hasta nueve pisos para dar cabida a la población creciente.

Como remedio parcial, el Emperador Augusto limitó las alturas del edificio a 7 pisos y 21 metros.

Sin embargo, la Capacidad de Resiliencia estaba en grave declive. Luego, en el año 64 DC, la ciudad se incendió. El 70% se quemó. De los 14 distritos de Roma, 10 fueron destruidos, 3 completamente y 7 en gran parte. De sus cenizas se reconstruyó una Roma más resistente con calles más amplias, infraestructura de agua y edificios de piedra. Su Capacidad de Resiliencia se elevó a un nivel alto. Desechos de destrucción llenaban humedales cercanos expandiendo los límites de la ciudad. En los siglos que siguieron, Roma floreció como el epicentro urbano de la civilización occidental.

Londres:

Tardó dieciocho siglos en surgir una ciudad de más de un millón de ocupantes (tal vez fuera de China). En la década de 1800 la población de Londres se multiplicó por debajo de un millón a más de 6 millones en solo un siglo. En todo el mundo occidental la revolución industrial alimentó la primera oleada de urbanización rápida, creando más de una docena de ciudades con poblaciones de más de un millón. La historia más interesante es cómo Londres llegó a alcanzar su preeminente condición urbana.

A mediados del siglo XVII, la ciudad medieval Londres ya concentraba a medio millón de ocupantes. Al igual que Roma temprana era sobre todo el producto del crecimiento imprevisto con una proliferación de edificios de madera densamente embalados. Su Capacidad de Resiliencia estaba disminuyendo rápidamente.

Al igual que Roma, finalmente se quemó hasta el suelo. El gran incendio de 1666 destruyó el 80% de la ciudad. Como Roma de sus cenizas, un Londres más resiliente fue reconstruido con calles más anchas, acueductos y edificios de ladrillo y piedra. Un beneficio secundario inesperado fue el exterminio de roedores cuyas pulgas infestadas de plagas en los dos años anteriores habían matado a casi 70.000 personas.

El Parlamento aprobó la "Ley de reconstrucción de Londres de 1666" para aumentar la Capacidad de Resiliencia. Esta estableció normas prescriptivas para la reconstrucción de Londres, incluyendo el ancho de las calles, la infraestructura y los materiales, la altura y las dimensiones de los edificios.

Sus especificaciones declararon *que construir con ladrillo no solo es más cómodo y duradero, sino también más seguro contra los peligros futuros del fuego*. Solo se permitió el uso de madera de roble duro en los umbrales de las puertas, marcos de ventanas y fachadas de tiendas. Para ayudar a financiar esta reconstrucción masiva la ciudad gravó un impuesto de un chelín por tonelada de carbón.

Habiendo establecido códigos de construcción más fuertes, el crecimiento de Londres se aceleró sobre una base sólida durante el siglo XVIII. A finales del siglo XIX era la ciudad más grande y probablemente la más resiliente del mundo. Como una nota al margen, estos mismos códigos ayudaron a contener la destrucción que Londres sufrió durante los bombardeos de la Segunda Guerra Mundial.

La salud y los incendios fueron los mayores retos a los que se enfrentaron los centros urbanos durante los siglos XVIII y XIX. Sin embargo, el problema era que pocas ciudades tomaban iniciativas proactivas aprendiendo unas de otras. Como muestran los registros, cada una vivió su propio gran incendio, pagando el precio por su baja Capacidad de Resiliencia. Cada ciudad siguió al desastre adoptando códigos más resilientes.

Chicago:

El tercer incendio urbano más citado ocurrió en Chicago casi dos siglos después de Londres. Hacia 1870 la población de Chicago superó los 300.000. Era el cuarto más grande y entre las ciudades de más rápido crecimiento de los EE.UU. Chicago, sin embargo, era otra ciudad construida en madera. No solo eran sus edificios de madera, sino también sus calles, aceras y puentes. Eventualmente pagaría el precio por su baja Capacidad de Resiliencia.

En el Gran Incendio de Chicago de 1871, un tercio de la ciudad alcanzó un total de 8,1 km² y 18.000 edificios destruidos. Trescientos perdieron la vida y 100.000 quedaron sin hogar. El costo de la destrucción alcanzó $190 millones, que serían $4 mil millones de 2014.

Al igual que Londres, se adoptaron nuevos códigos que exigían que los edificios fueran construidos en ladrillo y piedra con tejas de arcilla. Las calles se ensancharon y reconfiguraron en un sistema de cuadrícula. El sistema de agua se expandió para reducir la dependencia de camiones de bomberos. Los escapes de incendios se convirtieron en la norma en todos los diseños.

En la reconstrucción, el acero hizo su aparición temprana. En 1884, el primer rascacielos del mundo (el edificio de seguros de vivienda de 10 pisos) cambió para siempre los paisajes urbanos.

La mayor parte de los desechos del desastre se usó para llenar un área al lado del lago al norte de la ciudad, que se convirtió y hasta hoy opera gratuitamente como el Zoológico del Lincoln Park.

Al aumentar la Capacidad de Resiliencia con códigos más fuertes, Chicago propulsó su crecimiento. Menos de veinte años más tarde su población alcanzó un millón y se convirtió en la segunda ciudad más grande de los EE.UU.

De estas tres ciudades surge un patrón general:

1. La rápida urbanización inicial ocurre de forma desordenada y oportunista, ignorando las lecciones aprendidas en otros lugares, con presión para mantener el *statu quo*.

2. Sin regulación alguna, los constructores aplican soluciones de construcción de bajo costo y no convenientes.

3. Las prácticas de desarrollo que parecen inocuas en entornos menos densos se vuelven muy riesgosas cuando se aplican en concentraciones urbanas más densas.

4. La Capacidad de Resiliencia cae a niveles bajos hasta que finalmente el desastre proporciona una llamada de atención grosera.

5. Después del desastre, se fortalecen los códigos y prácticas de construcción para aumentar la Capacidad de Resiliencia.

6. Incluso cuando una mayor Capacidad de Resiliencia requiere una inversión inicial más alta que las prácticas anteriores, estimula el crecimiento y conduce a un período de prosperidad económica y social sostenida.

Recordemos este patrón cuando más tarde discutamos otros peligros. Lo llamo el *"Ciclo Urbano de Destrucción-Resiliencia"*.

Entonces, ¿hemos aprendido nuestras lecciones respecto a la Capacidad de Resiliencia con respecto a los incendios? Para las ciudades de los EE.UU. y la mayor parte del mundo, la destrucción del fuego en gran escala es una cosa del pasado.

Los datos de seguros de 1993-2012 indican que sólo el 1,6% de las pérdidas económicas causadas por catástrofes fueron causadas por incendios. Sin embargo, las catástrofes se definen como eventos cuyas pérdidas superan los 25 millones de dólares. Infortunadamente, debajo de la pantalla de radar, el problema persiste. Es posible que ya no se hundan *"Titanics"*, pero año tras año se hunden un enorme número de pequeños buques. *Como veremos más adelante los EE.UU. quema el equivalente de una ciudad de 1 millón de ocupantes (como Austin, Texas o San José, California) cada año.*

La Asociación Nacional de Protección contra el Fuego (NFPA, por sus siglas en inglés) es considerada la autoridad internacional líder en prevención y protección contra incendios. Fue fundada por las compañías de seguros en 1896, un cuarto de siglo después del desastre de Chicago. Su misión inicial consistía en desarrollar estándares para la aplicación de rociadores de incendios en los edificios.

Más de un siglo después, la NFPA se ha convertido en una organización con más de 70.000 miembros de casi 100 países. Su membresía se ha expandido más allá del seguro para incluir al gobierno, a los profesionales de bomberos, ingenieros, empresarios, académicos, sindicatos y grupos de interés público. Su alcance ha crecido para abarcar las normas eléctricas, de combustible y de calderas.

La misión actual de la NFPA es *reducir la carga mundial de incendios y otros peligros en la calidad de vida, proporcionando y defendiendo códigos y normas de consenso, investigación, capacitación y educación.*

La NFPA cuenta con más de 250 comités técnicos que involucran a unos 6.000 voluntarios. Desarrolla, publica y difunde más de 300 códigos y normas de consenso. Se desarrollan y se actualizan cada 3-5 años en un procedimiento de consenso abierto que incluye la participación del público y un proceso de apelación final. Estos no son obligatorios hasta que sean formalmente adoptados por las autoridades y las empresas. Sin embargo, se hace referencia directa en los códigos de construcción de la mayoría de los EE.UU. y muchas jurisdicciones reguladoras internacionales.

La NFPA ciertamente se puede acreditar con la mejora de la prevención de incendios en edificios y la contención a lo largo de las décadas, ¿pero debería haber hecho más por ahora? El proceso de consenso es glacial, tedioso y, en última instancia, implica muchos compromisos. Ciertamente no es un sistema de tareas con el rápido seguimiento de algo urgente y crítico. Cuando se trata de resiliencia al peligro, puede ser visto como un proceso de "consenso de desastres", una distensión a corto plazo y difícil de intereses técnicos, públicos y empresariales. Pero examinemos el registro para dilucidar esto.

Las estadísticas de incendios de la NPFA muestran que en los últimos 35 años (1977-2013) los incendios de edificios en Estados Unidos cayeron a la mitad, de aproximadamente un millón al año a medio millón. Sin embargo, casi toda esta mejora se produjo durante la primera mitad de este período de tiempo. Desde mediados de los años noventa se han hecho muy pocos progresos.

En números redondos, durante la última década cerca de 500.000 incendios estructurales ocurren anualmente, tomando 3.000 vidas y costando

$10 mil millones por año. *En otras palabras, cada año, se produce un desastre de la escala del World Trade Center en los EU.UU. Sin embargo, nunca obtiene cobertura mediática o hace que alguien en Washington declare una "guerra contra las llamas".*

500.000 edificios equivalen aproximadamente al tamaño de una ciudad de un millón de ocupantes. El segmento de construcción más vulnerable al fuego y el que sufre mayores pérdidas es el de la vivienda. Las viviendas de Una o dos casas familiares representan cerca del 50% del medio ambiente construido en Estados Unidos, pero representan el 60% de los incendios y las pérdidas económicas..

Los edificios residenciales representan el 20% del entorno construido. Representan el 20% de los incendios, pero sólo el 10% de las pérdidas económicas. Así, las pérdidas medias de incendios son 2,5 veces más altas en casas de poca altura que en viviendas de igual tamaño.

La NFPA sí admite que los riesgos de incendio y las pérdidas son más bajas en rascacielos (7 pisos más) en comparación con edificios de poca altura con el mismo uso. Las razones presentadas son el mayor uso de sistemas de protección contra incendios y materiales de construcción no combustibles. Sin embargo, después de 1998, la NFPA dejó de presentar su información por tipo de material de construcción. La razón por la que se descontinuaron tales datos importantes sigue sin explicarse y es motivo de preocupación.

Cocinar causa el 60% de los incendios, mientras que la calefacción el 15%. En comparación con los apartamentos, las casas de uno y dos pisos contienen un **mayor** porcentaje de materiales de construcción combustibles y tienen 10 veces menos probabilidades de tener sistemas de rociadores. Como resultado, los incendios tienen un 60% más de **probabilidad** de propagarse a otras habitaciones y eventualmente a toda la estructura

90 +% de estos hogares están construidos en madera. La misma madera que incendió Roma, Londres, Chicago y miles de otras ciudades a lo largo de la historia. Por lo tanto, parece que los EE.UU. no ha aprendido completamente su lección de historia.

La misión fundacional de la NFPA fue promover la instalación de sistemas de rociadores de agua. Casi 120 años después, el 99% de los hogares de madera todavía carecen de rociadores. A pesar de que los estudios muestran que la tasa de mortalidad en los hogares con rociadores es un 83% menor que la de los hogares sin ellos, y los daños a la propiedad son un 69% menores.

La NFPA estima que el costo promedio para un sistema de rociadores es de $5,000 (2013); Menos del 3% del costo medio de construcción de una casa de madera de 210 metros cuadrados. Sin embargo, el proceso de código impulsado por consenso aún no los requiere para hogares de uno a dos pisos, mientras que son obligatorios en la mayoría de los edificios de varios pisos.

¿Así que NFPA ha hecho lo suficiente? La respuesta es claramente no. Más adelante discutiremos qué fuerzas obstaculizan sistemáticamente el proceso del código se establezca

Recientemente esto ha comenzado a girar en una dirección aún peor. En nombre de la construcción "verde" hay esfuerzos actuales para construir estructuras de madera más altas y más densas en áreas urbanas. Si se permite, esto empeorará la Capacidad de Resiliencia de EEUU con consecuencias desastrosas.

En 2011, la NPFA estimó que el costo total anual directo e indirecto de los incendios en los Estados Unidos sería de alrededor de $300.000 millones, es decir, el 2% del PIB. *Tan alta como la estimación de las Naciones Unidas para las pérdidas anuales de desastres mundiales ($25 + millones de eventos), que incluyó a los EE.UU.*

$120 mil millones de estos consisten en pérdidas humanas, de propiedad y económicas, incluyendo cargos de seguro. Los restantes $180 mil millones son el costo total de Capacidad de Emergencia. En cambio, solo se invierten unos 30.000 millones de dólares anuales en Capacidad de Resiliencia para hacer los edificios menos vulnerables a los incendios.

Los EE.UU. gasta seis veces más en capacidad de emergencia contra incendios que lo que invierte en Capacidad de Resiliencia. Esto representa un desequilibrio significativo y golpea en el centro del problema (recuerde la '4ª Ley'). Con su Capacidad de Resiliencia persistentemente baja, tiene pocas opciones

La FEMA informa que cada $1 invertido en Capacidad de Resiliencia ahorra $4 en costos relacionados con el riesgo. Por lo tanto, si EE.UU. simplemente duplicara su inversión anual en Capacidad de Resiliencia, podría reducir potencialmente su impacto económico anual en un 40%. Una porción de esto sería menos gasto en Capacidad de Emergencia.

¿Por qué no ocurre tal inversión? Bueno, está ocurriendo en los segmentos de construcción industrial, comercial e institucional. No está ocurriendo en el segmento de construcción más grande y más vulnerable, que es el residencial. La razón que siempre es proporcionada por los defensores del *statu quo* es que "no podemos pagarlo". Parece que han logrado lavarnos el cerebro (incluyendo los desarrolladores de código de consenso) para que estemos de acuerdo.

Solo para apreciar cuán grande es en realidad la Capacidad de Emergencia de incendios en los EE.UU. (2013):

- 1.1 millones de bomberos (profesionales y voluntarios)
- 30,000 departamentos de incendio
- 55,000 estaciones de bomberos
- 145,000 camiones de bomberos

Ponga en la perspectiva, el personal militar activo de los EEUU cuesta menos de 1.4 millones. *En realidad, los Estados Unidos están luchando una 'guerra contra las llamas',* pero nunca nos dimos cuenta.

Desde el registro no parece ser una guerra que está ganando.

Por supuesto, los bomberos no solo luchan contra los incendios. Ellos responden a una amplia gama de emergencias de peligro. Incluso proporcionan servicios médicos de emergencia; Sin embargo, su propósito principal son los incendios.

El 70% de los bomberos son voluntarios, 98% de los cuales se encuentran en comunidades de menos de 50.000 habitantes. De hecho, el 73% de los voluntarios se encuentran en comunidades de menos de 5.000. Alrededor del 60% de los bomberos profesionales están en comunidades de más de 50.000 personas. Desde 1986 el número de bomberos profesionales aumentó en un 50%, mientras que el número de voluntarios permaneció igual.

Es una profesión que hace tremendos sacrificios y vive bajo estrés constante. Si solo pudiéramos hacer el entorno construido que ellos luchan por proteger menos vulnerable.

Capítulo 8
Estímulo de Riesgo:
Los Seguros de Inundación Se Ahogan

Muchos centros urbanos antiguos y medievales se desarrollaron lejos de la costa: Babilonia, Memfis (Egipto), Persépolis, Atenas, Pekín, Roma, Londres, Kioto, Delhi y París. Tal vez Alejandría y Constantinopla fueron notables excepciones. Las razones eran para protegerse de los ataques militares sorpresa por agua y de las inundaciones costeras.

En los tiempos más antiguos, la gente simplemente construía sobre un terreno alto y estable (en oposición a la tierra, que podría erosionarse). Esta era la defensa probada contra las inundaciones. Pero la tierra más alta normalmente está rodeada de tierra baja. A medida que las ciudades crecían, necesitaban más tierra. El terreno alto se hizo más escaso.

Por lo tanto, se volvió cada vez más tentador asumir riesgos y construir en tierra baja. Parte de ella estaba llena. Algunos se hicieron más seguros cambiando y controlando los patrones de flujo de agua, generalmente conocidos como manejo del agua. La mayoría fue construida con la esperanza de que nada malo sucederá pronto. Esto se convirtió en la regla general en el desarrollo costero y ribereño.

Sin embargo, en la historia moderna, la gran mayoría de la inversión en el medio ambiente urbano ha sido costera: Nueva York, Boston, Washington (DC), Miami, Nueva Orleans, Los Ángeles, San Francisco, Río de Janeiro, Buenos Aires, Hong Kong, Mumbái, Singapur , Sídney, Ciudad del Cabo.

Hoy en día se estima que un 40% de la población mundial vive a menos de 100km de la costa. Aproximadamente 600 millones de personas (10% de la población mundial) viven por debajo de la línea de elevación de 10 metros, aunque estas áreas representan solo el 2,2% de la masa terrestre global. 200 millones viven debajo de la elevación de 5 metros. Se espera que se llegue a 500 millones de personas durante el siglo XXI.

Casi el 60% de la población estadounidense vive en 772 condados a orillas del Atlántico, el Pacífico, el Golfo de México y los Grandes Lagos. Entre 1970 y 2010 el porcentaje de habitantes de los condados costeros creció en un 40%. Para 2025 se pronostica que alcanzará el 75%. Las densidades de los condados costeros son seis veces mayores que las densidades de tierras en el interior. El corredor costero más denso de Estados Unidos es de Washington a Boston.

Hoy la mitad de las 50 áreas metropolitanas más grandes del mundo son costeras. El grado de urbanización costera en los EE.UU. es incluso mayor. De sus 12 mayores áreas metropolitanas, el 75% son costeras. Esto expone su entorno construido aun a mayores peligros.

El mundo no está experimentando simplemente la urbanización global. *Está experimentando una rápida urbanización costera (costalización).* Esto agrava tanto los riesgos urbanos como costeros, empeorando la vulnerabilidad a los desastres mucho más de lo que percibimos. Tanto la "1ra y 2da leyes" entran en juego; Dos conductores exponenciales del riesgo que trabajan contra nosotros simultáneamente.

Por supuesto, las zonas costeras expuestas a mareas de tempestad y tsunamis no son las únicas vulnerables a las inundaciones. La mayoría de las ciudades interiores se construyeron a lo largo de los ríos. Estos enfrentan la lluvia y los riesgos de inundación del río. Las ciudades que combinan los riesgos costeros y fluviales pueden ser las más expuestas.

A continuación se presenta un resumen de los países clasificados por población afectada por desastres de inundación en los años 2000 y 2009:

China	525.6 millones de personas afectadas
India	238.3
Bangladés	58.6
Tailandia	13.0
EE.UU.	11.3
Vietnam	11.0
Pakistán	9.6
Camboya	6.6
Mozambique	6.2
Colombia	4.5

Una vez más, los EE.UU. fue el único país desarrollado en aparecer en la lista. Esto evidencia su alta exposición urbana a las zonas costeras/fluviales. También sugiere que su desarrollo no ha tenido en cuenta adecuadamente la vulnerabilidad a las inundaciones.

Las acciones del gobierno de los EE.UU. para este propósito forman un caso de estudio sobre cómo las políticas públicas a menudo pueden conducir el comportamiento en sentido opuesto al deseado: incrementar la inversión arriesgada en lugar de reducirla. Examinemos.

Antes de 1950, el seguro de inundación privado se fusionó y se cobró como una parte estándar de la cobertura de los propietarios. Sin embargo, la aceleración de la costa estadounidense, combinada con el estancamiento en la zonificación y los códigos de construcción causó que las demandas y pérdidas relacionadas con las inundaciones aumentaran. Para hacer frente a esta pico de responsabilidad, las compañías de seguros comenzaron a tomar el seguro contra inundaciones fuera de las políticas estándares y los precios de ellas como opcionales. Mientras que las demandas de inundación continuaron aumentando en los años 60 y los reguladores se opusieron a primas más altas, muchas aseguradoras descartaron la opción de la inundación enteramente. Esto dejó a los propietarios auto-asegurados y a menudo incapaces de pagar las pérdidas por inundación. Presionaron al gobierno para que le ayudaran.

En lugar de abordar la causa raíz del problema, es decir, una mala planificación de la tierra y códigos de construcción débiles, el gobierno incursionó en el negocio de los seguros; En 1968 el Congreso creó el Programa Nacional de Seguros contra Inundaciones (NFIP, por sus siglas en inglés). Esencialmente, permitió a los propietarios comprar seguros del gobierno y actualmente es administrado por la FEMA.

En 2010 alrededor de 5,5 millones de hogares estaban asegurados bajo el NFIP con Texas y Florida como los estados más grandes. Por su diseño y práctica estaban destinados a fracasar financieramente. Para el 2013, el NFIP (es decir, los contribuyentes) había acumulado pérdidas netas de $24.000 millones por encima de todas las primas recaudadas.

Los defectos del NFIP son múltiples:

1. Al ser opcionales, o requeridos por los financiadores hipotecarios solo en áreas de riesgo de inundación designadas, el grupo de seguros que creó tiene poca diversificación de riesgo (similar a asegurar todas las personas enfermas).

2. Generalmente es un riesgo ignorar el nivel de construcción. Si un edificio es resiliente a las inundaciones o no, los propietarios pagan la misma tasa siempre y cuando la estructura se ajuste al código cuando se construye. El condado local está obligado a cumplir con ciertos criterios, pero estos no se han aplicado estricta y sistemáticamente. Con códigos locales débiles e incoherentes y muy poca información sobre los edificios reales, el NFIP es ciego con respecto a los riesgos subyacentes que está asegurando. Tampoco brinda incentivos para que los propietarios inviertan en un sistema de resiliencia a las inundaciones o para reforzar los códigos.

3. Demasiados edificios fueron derogados con bajos precios por demasiado tiempo. Como resultado, aproximadamente el 20% de

los asegurados pagan menos de la mitad del costo de una póliza de precio completo

4. Bajo la presión política de la "asequibilidad", el NFIP sistemáticamente subestimó y depreció el riesgo.

En otras palabras, lo que fue y debería haber seguido siendo un negocio se convirtió en un programa social del gobierno en el que el dinero se dirigía en una dirección general; mientras que el riesgo se encabezaba en otra dirección general.

Finalmente en 2012 el Congreso aprobó una ley (El Acta Biggert-Water) con el objetivo de corregir este programa. Pidió que las primas se elevaran durante un período planificado para reflejar el verdadero costo del riesgo de inundación basado en el historial de pérdidas. Sin embargo, el intenso trabajo de *lobby* realizado por grupos de intereses especiales, incluida la Asociación Nacional de Constructores de Viviendas (NAHB), dio lugar a un proyecto de ley de seguimiento de 2014, que limitó las fechas de inicio de estos cambios. El proyecto de ley fue adecuadamente etiquetado como "Acta de Asequibilidad del Seguro de Inundación de Propietarios".

Comenzaremos a rastrear la frecuencia con que aparece la palabra "asequibilidad" al defender prácticas no resilientes y una mayor toma de riesgos (llamémoslo subsidiado tomando riesgos). El gobierno no subvenciona (sin reservas) las fichas de apuestas para que la gente pueda jugar en Las Vegas. Sin embargo, durante casi medio siglo (a través del NFIP) el gobierno ha subsidiado el desarrollo no resiliente en las áreas propensas a inundaciones a expensas de sus propios contribuyentes y la vulnerabilidad a desastres nacionales.

¿Quién se beneficia? Los desarrolladores de áreas de inundación, inversores, propietarios de terrenos/propiedades, constructores y proveedores de productos no resilientes. Como muchos de los códigos más fuertes y las ordenanzas de tierra se han opuesto sistemáticamente, muy poco se ha hecho para controlar el desarrollo o construir más resilientemente en áreas propensas a inundaciones. Los últimos propietarios-ocupantes se benefician solo parcialmente, porque deben soportar los costos humanos y consecuenciales de los desastres.

¿Quién paga al final? Todo el mundo. Las ganancias privadas iniciales para unos pocos se convierten en futuros costos públicos y privados para todos. Las fallas en la gobernanza conducen a lagunas en los códigos de construcción y en los planes de uso de la tierra. Los especuladores de la tierra/propiedad y los intereses especiales presionan a los funcionarios para voltear la mirada mientras que el desarrollo ocurre. A menudo la ciencia codiciosa se introduce para justificar estas acciones.

El sector privado de seguros fue un detector temprano de inmanejable riesgo de inundación y se dirigió hacia la puerta. Cuando los seguros públicos intervienen, como lo hicieron en los EE.UU., tiende a depreciarse el riesgo y empeorar la situación al estimular una mayor toma de riesgos. La salida o la denegación de entrada al seguro privado debe proporcionar una advertencia clara al gobierno de los problemas estructurales que necesitan soluciones estructurales (es decir, aumentar la Capacidad de Resiliencia).

Construir en tierras vulnerables al agua es más costoso de lo que se suponía anteriormente. Es un caso de pagar ahora o pagar mucho más tarde; *El precio futuro para la sociedad es muchas veces mayor. Sin buena gobernanza y liderazgo la gente suele gravitar hacia pagar más tarde, esperando que 'más adelante' se les exonere.*

Aquellos que se benefician de pasar los costos futuros a otros activamente hacen *lobby* para influir en la política. En vez de trabajar en soluciones estructurales para sostener el seguro privado, la tendencia es satanizar a las aseguradoras, como si intentaran engañar a los consumidores. Solo más tarde, cuando los propios gobiernos han pagado un alto precio, se hace algo para despertar a la realidad.

No ayuda que la ciencia y los datos exactos sobre los peligros del agua hayan estado rezagados. Durante los años 40 el Servicio Geológico de los EE.UU. (USGS, por sus siglas en inglés) desarrolló los primeros mapas topográficos comprensivos para los EEUU. En la década de 1960 el NFIP utilizó estos mapas, además de los datos históricos de inundaciones para desarrollar los primeros mapas de contorno de riesgo de inundación. Seleccionó arbitrariamente el intervalo de recurrencia de 100 años para fines de seguro del NFIP y lo usó para contornear áreas de riesgo.

Durante las siguientes décadas se hizo cada vez más evidente la problemática en que todo este sistema se convertiría:

Los mapas del USGS resultaron ser inexactos para propósitos de elevación vertical. Los intervalos de contorno verticales de 3 y comúnmente de 6 metros llevaron a inexactitudes de +/- 1,5 y 3 metros que harían muy difícil evaluar el riesgo de inundación.

Los datos históricos utilizados para desarrollar los mapas de los años cuarenta tenían ya tres o más décadas de antigüedad. No se actualizaron para reflejar el desarrollo extenso en las décadas a seguir, que en muchas áreas alteraron drásticamente el paisaje. Tampoco reflejaban datos reales recientes sobre inundaciones.

Las elevaciones de las inundaciones de base en muchos estados ya tenían una imprecisión de 30cm construida en ellos.

Un intervalo de recurrencia de 100 años significa en realidad una probabilidad del 1% de inundación cada año, no una ocurrencia de evento regular cada 100 años. La mayoría de las personas (incluyendo a la mayoría de los políticos) nunca se dio cuenta de que esto se traduce en un 26% por ciento de posibilidades de inundación en un período de 30 años. Para el desarrollo dentro de este contorno la posibilidad de inundación podría ser del 26-100%. Fuera podría ser del 0-26%. Todo esto supone mapas precisos, pero que realmente no lo son.

Determinar cuál es riesgo del 1% es en sí mismo un negocio arriesgado, especialmente si usted carece de siglos de datos históricos para procesar. Incluso entonces asume que el pasado es un predictor confiable del futuro, que ahora nos damos cuenta que realmente no es.

De hecho, el 30% de los reclamos del NFIP provienen de propiedades "más seguras" fuera de los contornos de riesgo de 100 años. Esto es probablemente una cifra baja en términos de pérdidas totales, debido a que la mayoría de los edificios fuera del contorno ni siquiera llevan seguro contra inundaciones.

Con todo esto sumado a los más códigos de construcción débiles, no es de extrañar que las aseguradoras privadas optaran por el seguro de inundación. El gobierno (es decir, los contribuyentes) se quedó con la bolsa (con fugas).

Solamente después del huracán Sandy los EE.UU. comenzó en serio a actualizar los mapas de inundación a una forma digitalizada más exacta, usando datos topográficos recientes y registros de inundación. Este programa en curso de varias décadas ha alterado el mundo de la propiedad porque muchos lugares más están siendo oficialmente etiquetados como de "alto riesgo"

Muchos propietarios y ocupantes están recibiendo las malas noticias en comparación con lo que asumieron anteriormente. Los requisitos de seguro y las primas están subiendo gradualmente. Existe el temor de que los valores de las propiedades caigan. Por último, muchas defensas públicas y privadas del agua se están tildando ahora de inadecuadas.

Asegurar el ambiente construido de los peligros relacionados con el agua, ya sea en la costa o en el interior, requiere invertir en Capacidad de Resiliencia. Esta puede venir en varias formas:

1. Manejo de aguas interiores tales como represas, canales y estanques de oleaje para controlar el flujo de agua interior
2. Inversiones costeras, tales como barrancos marítimos, diques y bermas para proteger las tierras bajas de las tormentas
3. Control de la erosión de la tierra para mantener la estabilidad de la tierra del agua
4. Construcción elevada permitiendo que el agua fluya libremente por debajo o a través de edificios

Los dos primeros caen en la categoría de infraestructura pública. El tercero puede ser público o privado. La cuarta depende de si el edificio o la estructura es pública o privada. Por lo general, una combinación de estas medidas es necesaria para asegurar el entorno construido en las tierras expuestas a las inundaciones.

Nada de esto es sumamente difícil de entender. La mayoría de estas prácticas se han aplicado y perfeccionado durante siglos. Los holandeses, la mayoría de los cuales vive bajo el nivel del agua, son considerados los maestros en la adaptación al peligro al agua. Realmente no hay excusa para la ignorancia; Pero ese no es el problema.

El problema es que los peligros del agua son más difíciles de manejar que el fuego. La gestión del agua, las defensas y la elevación son mucho más costosas. Si usted pensó que invertir en rociadores contra incendios era caro, espere hasta que vea la factura de protección contra inundaciones. Hay otra diferencia importante. A diferencia de los incendios, en las inundaciones no hay Capacidad de Emergencia equivalente para invertir. No hay servicio de "bomberos de inundaciones" que aparezca en minutos a su puerta para aspirar el agua dentro y alrededor de su propiedad. Está en las manos y la misericordia de la naturaleza hasta que el agua disminuye.

El peligro al agua no es simplemente sobre el agua en sí. Los objetos y escombros movilizados por el flujo de agua (automóviles, árboles, barcos, secciones de construcción) pueden producir incluso mayores peligros y hacer que sucumban tanto las estructuras como las medidas de protección.

Durante el Katrina, una barcaza no tripulada tomada por la tormenta se estrelló contra el dique; la única defensa entre el agua de mar y los barrios de tierras bajas detrás de él. Se cree que provocó la caída del dique. Por lo tanto, elevar edificios y erigir defensas de agua no es suficiente. Estos tienen que ser lo suficientemente fuertes para soportar el impacto destructivo de los misiles acuáticos.

Las fallas ocurren cuando la inversión en el desarrollo subestima la magnitud de los peligros. Construir sobre las tierras de riesgo mientras se toma la ruta barata y la subinversión en resiliencia, o simplemente ignorar (a sabiendas o sin saberlo) los riesgos es una fórmula para los desastres. Cuando las facturas futuras llegan, el precio a pagar es enorme. Durante el siglo pasado, los EE.UU. invirtió miles de millones de dólares en ambiente no resiliente y vulnerable al agua. Esos proyectos de ley han comenzado a llegar y continuarán durante muchas décadas por venir.

En la repetición de los ciclos de resistencia a las catástrofes urbanas, las soluciones resistentes al agua también requerirán restaurar las defensas naturales del agua, tales como pantanos, dunas, humedales, arrecifes, etc. Nuestra capacidad de proporcionar infraestructura dura para la resiliencia al agua tiene sus límites. Algunas de las tierras que tomamos serán devueltas a la Naturaleza, porque sostenerlas será demasiado caro. Cuanto antes lo comprendamos, mejor. Muchos pueblos y ciudades tendrán que retroceder, proactivamente y después del desastre a un terreno más alto en el interior. La tierra segura cerca de los centros urbanos será más escasa y por lo tanto más valiosa. Es esencial utilizarla eficientemente. En ese sentido, el modelo de desperdicio de tierras de la urbanización unifamiliar urbana está llegando a su fin, especialmente en las zonas propensas a riesgos.

Más que cualquier otro desastre natural, los daños y parálisis causados por Sandy se despertaron y sacudieron al establecimiento político y económico estadounidense. Golpeando más cerca de casa que otras catástrofes, señaló que la amenaza era más inminente y seria de lo que se percibía anteriormente. Esto galvanizó al Gobierno Federal en una postura más activa y, como discutiremos más adelante, puso al Departamento de Seguridad Nacional de los EE.UU. en el papel político principal de revertir el declive de la Capacidad de Resiliencia del país.

Capítulo 9
Solución o Problema:
Códigos de Construcción

Los códigos de construcción son un producto directo de la necesidad de urbanización humana. A finales de la Edad de Bronce el fértil valle de Mesopotamia era un semillero de urbanización. En su centro, Babilonia se convertiría en la ciudad más grande de su tiempo, con una población de 65.000 habitantes. Cuando Hammurabi ascendió al poder en 1792 AC, enfrentó el reto de administrar este crecimiento urbano. En su famoso Código incorporó los primeros elementos conocidos de un código de construcción en seis artículos 228-233. Los dos más importantes de estos dicen:

Código 229: Si un constructor construye una casa para un hombre y la casa que construye cae y causa la muerte de su dueño, el constructor será ejecutado.

Código 232/3: Si un constructor construye una casa para un hombre y la casa cae, ese constructor reconstruirá la casa a su propio costo.

Hoy en día estos serían comprendidos como códigos de rendimiento en lugar de códigos prescriptivos. Hammurabi no estaba interesado en explicar a los constructores cómo erigir estructuras resilientes en sus ciudades en crecimiento; solo quería que supieran las consecuencias de no actuar.

Probablemente Hammurabi había observado que dejar a los constructores por su cuenta no estaba funcionando. Probablemente todavía no se habían convertido en un grupo políticamente influyente. ¿Cree usted que su Código les motivó a ir más allá para asegurar la resistencia de sus constructos? En mi opinión, fue bastante eficaz.

Más adelante recordaremos el principio subyacente de Hammurabi: que los códigos deben crear responsabilidad para aquellos que se benefician de la actividad de construcción, en lugar de formar un escudo legal para permitir un desempeño deficiente.

En el capítulo 7 se revisó un desastre importante en el ciclo de vida urbano de tres ciudades importantes: Roma, Londres y Chicago. Concluimos preguntando por qué tantas ciudades parecen destinadas a repetir el mismo Ciclo Urbano de Desastre-Resiliencia de crecimiento vulnerable, pérdida de desastres y finalmente resurgimiento y prosperidad con mayor Capacidad de Resiliencia.

Romper con este ciclo requiere absorber y actuar sobre las lecciones aprendidas de la historia del desarrollo urbano. Infortunadamente estamos demasiado acostumbrados a creer que cada ciudad es única y diferente de las demás. Aunque existen diferencias geográficas, culturales e históricas, cuando se trata del entorno construido, las similitudes subyacentes son en realidad mucho mayores de lo que asumimos.

Antes de analizar esto más a profundidad, vamos a examinar dónde están los códigos de construcción hoy y cómo llegamos aquí. En la historia moderna, el desarrollo de códigos adoptó un enfoque prescriptivo en lugar de estar basado en el rendimiento. A lo largo de muchas décadas, especialmente en los EE.UU., se dedicaron considerables recursos ingenieriles, políticos y empresariales para crear los códigos que tenemos.

¿Qué tan bien han protegido a los propietarios de edificios y ocupantes contra los peligros? La respuesta es mixta. Según lo documentado por el registro de los desastres de EE.UU., estos códigos no han logrado entregar la Capacidad de Resiliencia que necesitamos. *Imagine a Hammurabi sacudiendo sus tabletas y exigiendo rendimiento.*

Basándose en su evolución política, los EE.UU. nunca legislaron los códigos nacionales de construcción. En cambio, la adopción y el cumplimiento de los códigos se dejaron en manos de las autoridades locales (principalmente los condados y los municipios que conforman sus 50 estados. En total hay 3,144 condados que oscilan entre una población de 100 a 10.000.000 personas y en áreas de 32 a 230,000 kilómetros cuadrados). Hay también cerca de 20.000 gobiernos municipales.

En ausencia de códigos nacionales, establecer coherencia dentro de un sistema tan fragmentado es casi imposible. Para llenar parcialmente el vacío, la mayoría (pero no todos) de los 50 estados legislaron códigos de construcción estatales mínimos, que los condados y los municipios deben seguir, pero a veces pueden exceder por encima o por debajo.

Los 'códigos de construcción modelo' desarrollados con el tiempo guían a los estados, condados y municipios. Son actualizados periódicamente por organizaciones independientes de desarrollo de código. Hoy en día, la organización del código principal es la organización sin ánimo de lucro Consejo de Código Internacional (ICC, por sus siglas en inglés). Aunque su nombre sugiere algo internacional, es realmente una organización estadounidense cuyos 50.000 miembros son organizaciones que representan a funcionarios de código público, así como profesionales de seguridad y construcción públicos y privados. Ciertos países hacen referencia a los códigos del ICC en sus códigos nacionales, incluidos México, Haití, Jamaica, Abu Dhabi, Honduras y Georgia.

La misión declarada del ICC es *proporcionar códigos, estándares, productos y servicios de la más alta calidad para todos los involucrados con la seguridad y el desempeño del ambiente construido.*

El ICC nació relativamente tarde en la historia de los Estados Unidos. Se formó en 1994 fusionando tres organizaciones de desarrollo de código anteriores para permitir una mayor uniformidad en el desarrollo del código. Estas fueron las organizaciones:

a. Los Funcionarios de Construcción y Administración de Código (BOCA, por sus siglas en inglés), comenzaron en 1915 con presencia primaria en el Noreste de los EE.UU. Sus códigos fueron llamados el Código Nacional de Construcción.

b. La Conferencia Internacional de Oficiales de la Construcción (ICBO, por sus siglas en inglés), comenzó en 1927 con presencia primaria en el Centro y el Oeste de los EE.UU. Sus códigos fueron llamados Códigos Uniformes de Construcción.

c. El Congreso Internacional del Código de Construcción del Sur (SBCCI, por sus siglas en inglés), comenzó en 1940 con una presencia primaria en el Sur de los Estados Unidos. Sus códigos se denominaron Códigos de Construcción Estándares.

Como se puede imaginar, tomó un tiempo para llegar a un acuerdo sobre un único conjunto combinado de códigos de modelo. Los primeros códigos del ICC fueron publicados en 1997, pero contenían muchos defectos y puntos de desacuerdo. No fue hasta la edición de 2000 que el código combinado fue generalmente aceptado y las organizaciones anteriores dejaron de publicar variaciones individuales.

Tradicionalmente existe una grieta entre los funcionarios de construcción y los oficiales de bomberos. Inicialmente la NFPA intentó unirse al ICC. Sin embargo, después de años de desacuerdo sobre el lenguaje de los códigos, el formato y el gobierno, la NFPA decidió en 2000 seguir su propio camino. El ICC esencialmente quedó bajo el control de los funcionarios de la construcción. La NFPA se asoció con la Sociedad Internacional de Fontaneros y Funcionarios Mecánicos, la Sociedad Americana de Ingenieros de Calefacción, Refrigeración y Aire Acondicionado y la Asociación de Jefes de Bomberos Occidentales para desarrollar un conjunto competitivo de códigos modelo.

En 2002 se publicó el Código de Construcción y Seguridad de la Construcción NFPA 5000. El Instituto Estadounidense de Estándares Nacionales (ANSI, por sus siglas en inglés) lo acreditó (ICC no lo estaba). Esto puso a las autoridades estatales en una posición difícil respecto a qué código modelo adoptar: ¿El ICC o la NFPA? California fue el primer estado importante en seleccionar la NFPA. La batalla había comenzado, esencialmente, eran oficiales de bomberos y oficiales de construcción.

Las grandes asociaciones comerciales de la industria tomaron partido. La NAHB, el Instituto Americano de Arquitectos, los Contratistas Generales Asociados y la Asociación de Propietarios y Gerentes de Edificios Internacionales se unieron al ICC. ¿Por qué?

Muchos creen que los requisitos del código de la NFPA son más estrictos (por lo tanto más costosos) y que el ICCI es más fácil de influir; Los oficiales de bomberos son generalmente más duros que los funcionarios de construcción. También, la NFPA tiene una clara preferencia por productos y materiales incombustibles (es decir, no les gusta la madera barata). Después de una presión considerable y *lobby*, en California cayó la NFPA 5000. Desde entonces el ICC ha sido el desarrollador de código de construcción de modelo dominante.

La aprobación del código de modelo implica un procedimiento de votación elaborado en el que cada organización no gubernamental tiene un representante de voto. Las organizaciones gubernamentales estatales y locales tienen de 4 a 12 representantes electorales basados en la población de sus jurisdicciones. Esto da a los últimos grupos la opinión más fuerte sobre las aprobaciones. Un consejo de administración de 18 miembros está compuesto exclusivamente de representantes del gobierno y elegidos por ellos. En 2014 se implementó por primera vez un sistema de votación electrónica. Permite a todos los representantes votar, en lugar de solo a los asistentes a las reuniones del ICC.

Los comités de la CCI inicialmente desarrollan y aprueban los cambios de código propuestos antes de someterlos a votación plena de los miembros. Se requiere un voto afirmativo de dos tercios para la adopción. Cualquier persona que vote condicional afirmativa o negativa requiere especificar qué cambios de lengiage les permitiría encubrir su voto a la afirmación incondicional. También hay un proceso de apelación que puede usarse para desafiar las aprobaciones de cambio de código.

El ICC también incluye miembros sin derecho a voto: individuos particulares, no gubernamentales, empresas y organizaciones interesadas en influir en los códigos. Aunque no votan, activamente hacen *lobby* a los representantes gubernamentales sobre cómo votar.

Al final, el ICC aprueba códigos modelo denominados "Códigos I". El propio ICC los describe como *salvaguardias mínimas para viviendas, edificios y otras estructuras*. El Código Internacional de Construcción (IBC, por sus siglas en inglés) de 2015 y el Código Internacional de Residencias (IFC, por sus siglas en inglés) son las últimas ediciones en circulación. El ICC también proporciona foros de discusión en línea, educación y certificación.

Todo esto suena bien y parecer estar bien organizado. Excepto por un problema importante: nada que el ICC finalmente apruebe automáticamente obliga a cualquiera de sus miembros o organismos gubernamentales, en cualquier nivel. Ya se han hecho compromisos para alcanzar los Códigos I. Si los EE.UU. tuvieran una ley federal que adoptara automáticamente los códigos aprobados por el ICC como código nacional, la situación seguiría siendo manejable. Sin embargo, no es así y aquí es donde el proceso se rompe totalmente.

Ahora, cada Estado individual debe adoptar cada revisión del código ICC cuando lo desee, tal como es o (como es más frecuente) modificado a su gusto. Si un estado no tiene código de construcción a nivel estatal, entonces se deja hacer lo que quiera cada condado, e incluso municipio. En 2015, más del 20% (once) de los estados de EE.UU. todavía carecían de códigos de construcción a nivel estatal. Otros, como Alabama (2012) y Mississippi (2014), con largas historias de pérdidas por desastres, solo las adoptaron recientemente y aún se enfrentan a problemas de transición con las autoridades locales.

Los estados con leyes de código de construcción generalmente tienen Consejos Estatales de Código de Construcción cuyos miembros son nombrados políticamente por el gobernador del estado. Tienden a incluir una mezcla de gobierno, desarrolladores locales, constructores, ingenieros, arquitectos y representantes de servicios públicos. Mientras que los códigos I están en un ciclo de actualización de 3 años, las deliberaciones estatales sobre códigos I y otros cambios pueden tomar tres, seis o más años adicionales.

Como estos ciclos varían considerablemente, diferentes estados utilizan diferentes ediciones de Códigos I. Por ejemplo, Nueva York había estado atrapado durante 8 años en la versión 2006 del IRC (Código Residencial

Internacional). Solo en 2014 después de Sandy hizo finalmente aprobar el IRC 2012. ¿Quién sabe si o cuándo considerarán el IRC 2015?

El código de estado típico es un compromiso político y económico de un Código I mínimo. Si los Códigos I contuvieran un número limitado de oportunidades para que los constructores se desviaran, estos generalmente se expandirían más a nivel estatal. A veces los gobernadores políticamente motivados acusarán a los Consejos de Construcción del Estado con el objetivo de ahorrar dinero a los constructores bajo el pretexto de lograr una mayor "asequibilidad".

Carolina del Norte es un buen ejemplo. El estado sufre de peligros huracanes, incendios, inundaciones costeras y de tornado. El gobernador inmediato pasado, Bev Perdue (2009-13) era un campeón de códigos "verdes". Sin embargo, también estaba bajo presión de los constructores de viviendas. En 2010 pidió al Consejo de Código de Construcción de Carolina del Norte que encontrara un ahorro de $ 3.000 por hogar.

Por un lado, deseaba apaciguar a sus partidarios del medio ambiente defendiendo ciertos conceptos de código "verdes". Estos costos adicionales. Por otro lado, también necesitaba satisfacer a una comunidad constructora políticamente influyente que se oponía a mayores costos. El resultado fue diluir las disposiciones de resiliencia, incluyendo la seguridad contra incendios residenciales y la resistencia al viento. Por cierto, el Consejo de Código de Carolina del Norte es presidido por un constructor de viviendas e incluye cuatro contratistas.

Como se mencionó en el Capítulo 5, en 2013, el IBHS identificó a Carolina del Norte como un estado cuyos códigos están siendo debilitados. Ese mismo año, la legislatura estatal sucumbió a la presión de los constructores y contratistas y extendió el horizonte temporal para la adopción de códigos I actualizados de 3 años a 6 años. Como resultado, Carolina del Norte se quedará más atrás en la actualización de futuros códigos.

Sin embargo, el riego de los códigos no termina necesariamente a nivel estatal. Con frecuencia, los condados y los municipios tienen la oportunidad de "localizar" los códigos de estado mediante la exclusión y la modificación de las disposiciones. Incluso cuando presumiblemente no se permite, la presión de los constructores y otros grupos relacionados con el comercio los impulsa a ampliar las oportunidades de excepciones y desviaciones en los códigos ya debilitados. En algunas localidades, las variaciones del código legal se convierten en la norma. Por último, algunos estados no exigen la aplicación y han reducido o incluso eliminado las inspecciones.

Al final de esto, los aprobadores e inspectores tortuosos de los edificios locales del oleoducto se quedan implementando una confusa e inconexa variedad de códigos, excepciones, variaciones y prácticas aceptadas. Creo que las violaciones flagrantes del código de construcción o la corrupción relacionada son excepciones en los EE.UU. Su sistema de justicia aunque lento y caro todavía tiene dientes. *Pero, ¿por qué arriesgar una violación de código cuando hay tantas maneras de desviarse legalmente?*

Esto no es para disminuir los esfuerzos de miles en el mundo de la construcción de EE.UU. que tratan de mejorar la seguridad y proteger las vidas y la propiedad. Desafortunadamente el sistema y los procesos que han evolucionado los socavan grandemente.

Cuando se quitan todo el humo y espejos de asociaciones, comités y estudios, ¿qué se ve? Todo lo anterior sería algo tolerable si entregara el resultado deseado. ¿Obtiene EE.UU. el desempeño resistente de su entorno construido que Hammurabi exigió hace cuatro milenios? La respuesta es **NO**.

Entonces, ¿qué es lo que este proceso meticuloso logra en última instancia? ¿La protección de las personas o la protección de los constructores? En mi opinión, los códigos han llegado a proporcionar una cobertura legal para los constructores. Al no estar basados en el desempeño, cambian la rendición de cuentas del constructor al gobierno. De lo contrario, muchos constructores estarían en quiebra o en la cárcel. Perdón Hammurabi, no hay castigo capital aquí.

Hoy cuando construyes algo en un código prescriptivo aprobado por el gobierno, es Hammurabi (el gobierno = contribuyente) quien finalmente tiene que pagar, no el constructor. Por supuesto el Hammurabi original nunca habría aceptado esto. Pero nuestros Hammurabis elegidos democráticamente lo hacen. Y pagan con nuestro dinero (o crédito).

Como hemos visto en la evolución del Ciclo Urbano de Desastre-Resiliencia, la tendencia natural de los constructores es ir a un primer costo barato, incluso si eso genera una menor elasticidad. ¿Por qué? Se perciben cuatro razones principales:

- Barato es menor inversión
- Barato es más fácil de construir
- Barato es más fácil de vender
- Barato tiene mayor potencial de ganancias

Esto impulsa a los constructores a oponerse a casi cualquier cosa que elevará el primer costo de construcción, incluso una cantidad minúscula. Detrás de ellos hay negocios y asociaciones apoyándolos y estos representan productos que sienten que pueden perder, si los códigos se fortalecen.

Sin embargo, la ironía es que estos constructores tienen visión de túnel cuando se trata de promover su mayor interés. Ya operan en un amplio espectro de mercados con respecto a los códigos. Benefician en mercados con códigos más fuertes, así como en aquellos con códigos más débiles.

A nivel macro, los ciclos de vida urbanos muestran que el aumento de la Capacidad de Resiliencia es probable que impulse el crecimiento futuro y la prosperidad económica, lo que conduce a crear aún más oportunidades para los constructores. Tal vez sólo temen el cambio.

Barato no significa económico (en general rentable). Por el contrario, desde una perspectiva del ciclo de vida, el costo inicial barato es a menudo la opción más cara de la sociedad. Este gasto es compartido entre el consumidor y el público. Esta es una tendencia social general de convertir los costos privados en gastos públicos (tales como los programas gubernamentales que fomentan la toma de riesgos). El comportamiento del consumidor es a menudo el resultado de la ignorancia y la falta de motivación, pero también es impulsado por los incentivos equivocados.

Por un lado, los códigos ofrecen a los compradores una falsa sensación de seguridad: Si está aprobado por el código, debe ser seguro. Existe unaa noción implícita de que si el gobierno considera los acontecimientos positivos y los acontecimientos futuros demuestren lo contrario, ese gobierno debería de alguna manera respaldar y pagar por ello. *Infortunadamente, el 'riesgo moral' es que cuantos más pasos del gobierno tomen los costos de los desastres, más consumidores tienden a ignorar los riesgos subyacentes a favor del primer costo barato.*

Por otra parte, el actual sistema de códigos es tan complejo, convoluto y no transparente que incluso los profesionales se esfuerzan por seguirlo y digerirlo. El gobierno hace poco para promover la sensibilización necesaria para impulsar una mayor resiliencia. Tal vez esto constituiría una auto-admisión de que la Capacidad de Resistencia actual es baja. No es políticamente atractiva. También admitir un problema significa que luego se tiene que arreglar.

En cambio, el gobierno promueve e invierte en más Capacidad de Emergencia. Vamos a mejorar la preparación para responder cuando el desastre inevitablemente golpea. Se trata más fácilmente de ser políticamente cuidadoso y responsable (también amigables con los medios de comunicación). Pero la aplicación de más vendajes nunca te hará más saludable.

Julie Rochman, presidenta del IBHS ha señalado que los códigos de construcción residenciales nunca fueron diseñados para proteger la propiedad, solo dar a la gente el tiempo suficiente para escapar. Para la mayoría de los consumidores, una casa será la transacción financiera más grande e importante de su vida. Sin embargo, muchos no tienen idea de la poca protección que realmente están comprando cuando compran (o alquilan) una casa construida simplemente codificada.

¿En cuántas áreas de nuestras vidas aceptamos estar al nivel mínimo? No en nutrición, salud, educación, transporte, ropa o entretenimiento. Sin embargo, en la parte más importante de nuestra vida (vivienda) estamos contentos de (sin saberlo) estar al mínimo. Permitimos que otros hablen y decidan mantener estándares bajos en nuestro nombre, mientras razonan que no podemos permitirnos nada mejor.

La FEMA revela en profundidad en su "Informe sobre los Fundamentos de Análisis de Riesgo" que *los códigos y estándares requieren niveles mínimos de protección contra los peligros naturales, incluyendo un factor mínimo de seguridad.* Advierte que *cumplir con los requisitos mínimos de regulación y código para la ubicación, el diseño y la construcción de un edificio no garantiza que el edificio estará a salvo de todos los efectos de peligro.* ¿Qué tal si se publica que en cada aviso y publicidad de casa "en venta"? Similar a las advertencias publicadas para los cigarrillos y el alcohol.

Lamentablemente, los consumidores toman conciencia de esto solo después del desastre cuando las aseguradoras les informan de las consecuencias, por lo general demasiado tarde en el proceso de decisión. Incluso aquí los gobiernos son generalmente reacios a permitir que las aseguradoras tasen (con riesgos reales) o coordinen una comunicación más amplia del mercado y campañas de la conciencia pública.

Lamentablemente, los gobiernos estatales a menudo ven a la industria de seguros como un oponente cuyos precios deben ser derrotados en nombre del público, en lugar de un aliado en el objetivo compartido de mejorar la Capacidad de Resiliencia. Esto constituye un obstáculo importante para mejorar el sistema actual. Este antagonismo es a menudo cultivado y reforzado por intereses opuestos al fortalecimiento de los códigos de construcción.

Es raro que los gobiernos admitan que los códigos reflejan un nivel mínimo (a menudo desconocido) de protección de los peligros. Una admisión tan valiente está contenida en un informe de 2009 publicado por la Asociación de Planificación y Urbanismo de San Francisco (SPUR, por sus siglas en inglés) titulado *"La Ciudad Resiliente: Definiendo lo que San Francisco necesita de sus políticas de mitigación sísmica".* San Francisco enfrenta peligros de terremotos, inundaciones, incendios y tsunamis.

Los orígenes de la SPUR se remontan a 1910. Su misión declarada era *mejorar la calidad de la vivienda después del terremoto e incendio de 1906.* Desde entonces se ha convertido en un foro de planificación y acción para la resiliencia local en el área mayor de San Francisco. Es una organización cuasi pública sin ánimos de lucro con un fuerte gobierno local y una participación de múltiples partes interesadas.

El informe aborda la relación entre los códigos de construcción, el rendimiento resiliente y el compromiso de la comunidad. He extraído de él varias afirmaciones muy "revolucionarias":

Nuestro código de construcción contiene cientos de llamadas de juicio sobre cómo deben ser las estructuras fuertes, pero el público y los responsables políticos generalmente no tienen idea de lo que significan estos estándares, ni cuáles serán los resultados de la "caja negra" de las decisiones de ingeniería.

De hecho, los códigos son una misteriosa caja negra controlada por un número muy limitado de "iniciados". Afectan a todos, pero nosotros (y la mayoría de nuestros representantes electos) no tenemos idea de lo que significan o de cómo se comportarán realmente contra los eventos de riesgo real.

San Francisco es probablemente uno de los centros urbanos tecnológicamente más avanzados del mundo. Un desastre importante afectaría seriamente nuestra tecnología de la información global. Si la admisión pública es el primer paso hacia la corrección, este es uno de los pasos más audaces que un área urbana de Estados Unidos ha tomado.

La verdad es que cuando elegimos nuestros estándares de ingeniería realmente estamos eligiendo definir cuántas muertes, cuántas demoliciones de edificios y cuánto tiempo de recuperación tendremos para varios niveles de terremotos. Actualmente, San Francisco no tiene objetivos de desempeño adoptados para determinar estos factores. Como resultado,

- *Los requisitos de diseño y construcción para la nueva construcción todavía se centran principalmente en prevenir la pérdida de vidas y en la mayoría de los casos ignoran la cuestión de los daños en el edificio y la usabilidad después del terremoto.*
- *Poco se está haciendo para rehabilitar las estructuras existentes más antiguas, que constituyen la mayoría de los edificios y que se construyeron sin características resistentes a los terremotos que ahora se requieren.*

Los códigos de San Francisco son probablemente mejores que la mayoría de las ciudades de los Estados Unidos. Sin embargo esto ataca el núcleo del problema. En lugar de diseñar códigos para satisfacer a los constructores y desarrolladores, deben diseñarse para satisfacer el impacto de desastre y el rendimiento de resistencia que la comunidad desea. Sin embargo, nadie pregunta a la comunidad. La 'caja negra' supone por defecto que quieren el menor costo y rendimiento.

El enfoque tradicional para el desarrollo del código está en su mayor parte oculto del "ojo público". El público en general está generalmente ausente de las discusiones del ICC, las comisiones de código estatales y las audiencias de código de condado/ciudad. No existen grupos de vigilancia de resiliencia de interés público que discutan y aboguen en nombre del público. En su lugar, está dominado por las industrias de la construcción y bienes raíces, que están motivadas a defender sus intereses y utilizarla 'asequibilidad' pública para justificar los bajos estándares.

Esto es reforzado por la SPUR (he sustituido 'sísmico' por 'peligro' para ampliar su mensaje):

Lograr un nivel deseable de resiliencia ante los desastres requiere una comprensión clara y específica de lo que es probable que suceda después de un desastre, e ideas específicas sobre cómo mejorar el desempeño de las instalaciones para cumplir con los objetivos adoptados. Los conceptos erróneos más comunes sobre el desempeño esperado del peligro confunden los esfuerzos para mejorar la resiliencia. Por ejemplo, la creencia común de que los edificios y la infraestructura construida para codificar son "a prueba de peligrosidad" es incorrecta. En su lugar muchas nuevas instalaciones están diseñadas con la expectativa (al menos por los profesionales) de que un daño significativo probablemente ocurrirá en un evento de riesgo mayor. La SPUR cree que deberían adoptarse descripciones simples y directas de las metas de desempeño del peligro para que se puedan desarrollar las regulaciones para lograr estas metas.

Poner fin a la "creencia común" de que los códigos son a "prueba de peligro" es un paso significativo. Para que el público pueda decidir cuánto desastre está dispuesto a aceptar, las consecuencias de rendimiento de los códigos alternativos deben hacerse más fáciles de entender y debatir. El informe pasa a detallar varios niveles de medidas de rendimiento y metas para un evento de desastre esperado. Una meta de rendimiento es esencialmente un escenario de destrucción proyectada que permite a una comunidad recuperarse dentro de un tiempo y un costo definidos.

Esto implica que con mayor transparencia y claridad la resiliencia puede ser debatida en público en lugar de dejarse a los oscuros compromisos de las presiones ingenieriles, económicas y de intereses especiales. Esto incluye ser capaz de abordar explícitamente la asequibilidad. El nivel de rendimiento de resiliencia que puede (o no puede) ser otorgado se convierte en una cuestión de elección democrática. La asistencia para los necesitados se convierte en una consideración política.

El objetivo es elevar a todos a niveles más altos de resiliencia en lugar de omitir automáticamente al denominador más bajo posible. Sin embargo, la industria de la construcción tendrá que cambiar, porque se ha acostumbrado a seguir los estándares prescriptivos, en lugar de hacer declaraciones de rendimiento.

Las diversas profesiones de ingeniería utilizan una amplia variedad de términos para describir sus expectativas de desempeño y, en algunos casos, no indican claramente cuáles son. En el caso de los edificios nuevos, el código ... deja de declarar qué rendimiento se espera.

Lo que es más importante, incluso cuando los objetivos de desempeño están explícitamente definidos, casi siempre se expresan en términos de seguridad solamente, es decir, en términos de si las personas cercanas resultarían heridas durante el terremoto mismo. Si bien la seguridad es esencial, esta perspectiva limitada no aborda las cuestiones más amplias de resiliencia: ¿Se podrán utilizar los edificios cuando cesen los temblores y cuándo se restaurarán los servicios completos?

Este excelso documento continúa recomendando:

... creando un sistema de certificación para actualizaciones sísmicas voluntarias similares al sistema LEED para estándares de construcción ecológica; Y agregando fuertes incentivos para que los propietarios construyan estándares sísmicos más altos. Los propietarios y los inquilinos necesitan entender qué rendimiento sísmico esperan de los

edificios que poseen, arriendan y construyen, y las opciones que tienen para mejorar.

Si tiene éxito, San Francisco se convertirá en un modelo para otras ciudades.

Lograr la resiliencia ante los desastres es fundamental para la supervivencia de San Francisco. La resiciliencia no es una meta imposible ni económicamente inviable. El éxito requiere una clara comprensión de lo que va a suceder, y qué pasos deben tomarse ahora (antes del desastre) junto con un calendario de implementación alcanzable y un programa racional de incentivos para hacer los programas factibles.

También pide que se establezcan *asociaciones con los proveedores regionales y estatales públicos y privados para asegurar las modificaciones necesarias a sus sistemas.*

Por último, propone que: *La Ciudad también debe convertirse en un defensor en todos los niveles para el desarrollo de estándares de desempeño consistentes a nivel nacional.*

Chris Polond, reconocido ingeniero estructural y experto en diseño de terremotos con más de 40 años de experiencia, es el autor principal de este informe. En 2014, Chris fue seleccionado para convertirse en miembro de los Consultores en Resistencia a Desastres para el Instituto Nacional de Estándares y Pruebas (NIST) de los Estados Unidos. Este grupo de expertos tiene como objetivo ayudar al NIST en el desarrollo de un Marco de Resistencia a los Desastres. Él es el único miembro que viene del segmento de edificios. Otros representan infraestructura de transporte, electricidad y agua, así como experiencia en emergencia y comportamiento comunitario.

Un resultado de este diálogo público fue que San Francisco se convirtió en la primera ciudad de los Estados Unidos en adoptar públicamente políticas que exigieran la readaptación obligatoria, dentro de determinados plazos, de edificios residenciales antiguos de alto riesgo sísmico.

Involucrar al público en general en la determinación del nivel de resiliencia en los códigos no es algo con que la industria de la construcción actual y el "sistema" se sientan a gusto. En 2014, la Universidad de Colorado llevó a cabo la primera encuesta en su tipo sobre las percepciones de código de construcción pública y las preferencias de resiliencia. La encuesta se llevó a cabo en dos comunidades afectadas por los peligros del terremoto, San Francisco y Memphis, Tennessee. En cada una de ellas se encuestó una muestra representativa de 400 ciudadanos. Estos excluyeron a los miembros de la industria de la construcción. Los hallazgos fueron bastante reveladores y similares en ambas áreas:

- Sólo un 1/3 consideró que los códigos actuales proporcionan desempeño ocupacional/funcional en caso de un terremoto
- Alrededor del 75% quiere que los códigos de construcción proporcionen un mayor desempeño ocupacional/funcional
- 60% están dispuestos a pagar un precio adicional de $ 0,09-0,18 / metro cuadrado para obtener el desempeño ocupacional /funcional, y alrededor del 20% están dispuestos a pagar $ 0,9 /metro cuadrado.
- Esto es contrario a lo que los intereses de la industria de la construcción durante décadas han transmitido con el fin de mantener los códigos de construcción en los niveles mínimos. En una reciente conferencia de la industria en Washington DC, estos intereses parecían incómodos con esa opinión pública y trataron de minimizar el papel de las encuestas. Sin embargo, es importante que en el futuro más decisores políticos obtengan contribuciones públicas cuando sean presionados por los constructores para sacrificar la resiliencia..

El sistema de código de construcción tiene una tremenda inercia incorporada. El cambio no será fácil. Hay dos estrategias que podrían proceder simultáneamente.

- Desarrollar un mandato nacional para elevar las normas de resiliencia del edificio.
- Un enfoque popular de mayor transparencia de los consumidores y propiedad del riesgo (a la SPUR). En otras palabras, transferir la toma de decisiones de "expertos" e "influenciadores" al pueblo.

Finalmente, puede haber una tercera estrategia: el enfoque Hammurabi; Haciendo que los constructores sean más legales y financieramente responsables con respecto a la resiliencia de sus constructos, en lugar de permitirles ejercer presión para obtener códigos que provean la cobertura legal para entregar un desempeño deficiente.

Capítulo 10
Decisiones que tomamos:
Qué Salvar y Qué No

En sus códigos modelo, el ICC selecciona explícitamente qué edificios deben tener una mayor probabilidad de sobrevivir a peligros y cuáles no. Establece cuatro "categorías de riesgo" (anteriormente categorías de ocupación) etiquetadas desde los números romanos I a IV (1-4), siendo IV la mayor probabilidad de supervivencia

La Categoría IV incluye edificios públicos esenciales tales como bomberos, policía, edificios de defensa crítica y refugios de emergencia designados, así como edificios que almacenan materiales peligrosos. Los edificios médicos con quirófanos e instalaciones de tratamiento de emergencia también están en esta categoría.

La Categoría III consiste en edificios escolares con una ocupación superior a 250 personas, edificios médicos con cargas de pacientes residentes por encima de 50 (sin cirugía o tratamiento de emergencia), cárceles y edificios utilizados para la asamblea pública de más de 300 personas.

Todo lo demás pertenece a la categoría II, con excepción de las instalaciones agrícolas, de almacenamiento menor e instalaciones temporales que se encuentran en la Categoría I.

Así, nuestros hogares, oficinas, instalaciones comerciales y logísticas, edificios de escuelas y hospitales más pequeños y edificios de ensamblaje más pequeños caen dentro del gran cubo llamado Categoría II. En un desastre en realidad puede ser mejor estar en la cárcel (al menos desde el punto de vista del peligro).

Como se mencionó anteriormente, los códigos de modelo del ICC y, finalmente, los códigos de construcción estatales y locales de los EE.UU. representan un nivel mínimo de resiliencia. Sin embargo, rara vez los constructores informan u ofrecen a los consumidores una opción de actualización. El inventario existente del edificio apenas ofrece alternativas de actualización. El sistema le colocó en la categoría II, y desafortunadamente no hace fácil actualizar a las categorías III o IV.

Usted probablemente tiene una opción para actualizarse en muchos otros artículos que compra. ¿Compró el dispositivo de teléfono celular más básico, por ejemplo? Los proveedores de telefonía celular son algunos de los mejores vendedores del mundo y esto se convierte en una inteligente mejora de beneficios. *¿Se pregunta por qué los constructores (especialmente los constructores de casas) no tratan de actualizar a sus clientes a edificios más resilientes? En su lugar, generalmente se oponen a cualquier cosa que levante la barra incluso ligeramente.*

¿Acaso no ven un beneficio en la venta de los consumidores sobre la resiliencia? ¿Son miopes y necesitan un empujón? ¿O las políticas gubernamentales hacen que el público se sienta "seguro, ignorante y cómodo" en sus "capullos inseguros pero baratos"?

¿El presidente de Estados Unidos ocupa una residencia de Categoría II? La respuesta es no. La Casa Blanca fue construida en 1800 en una colina para reducir el riesgo de inundación. Originalmente era una estructura de madera con paredes exteriores de arenisca de cantera. En 1814 los británicos la quemaron. Fue reconstruida en madera y luego parcialmente destruida por el incendio de 1929. Finalmente en 1948 poco después de la Segunda Guerra Mundial, el Presidente Truman eliminó todo el interior de madera y lo reconstruyó con acero y hormigón, preservando la fachada exterior. La reconstrucción fue terminada en 1952 y clasificaría a una Categoría IV.

Si la Primera Familia reside en una categoría de resiliencia superior, ¿por qué quedan los ciudadanos restantes de la economía más desarrollada del mundo (por defecto) en la Categoría II? La consecuencia de esto es una escalada alarmante de las pérdidas de desastres. Tristemente, la "sabiduría" dominante es que es demasiado costoso. ¿Realmente aceptamos que los estadounidenses puedan permitirse el lujo de actualizar casi todo lo demás en sus vidas, excepto su vivienda?

En una de las muchas contradicciones de los códigos de los EE.UU., las estructuras de varias plantas para aparcar vehículos son más resilientes a los peligros que las casas y edificios donde las personas viven y trabajan. Los estadounidenses aman sus carros, pero proteger a las personas menos que los carros? Increíble, si no loco.

Igualmente sorprendente, los hogares y edificios en los países menos desarrollados suelen ser más resistentes a los peligros que los de EE.UU. Entonces, ¿por qué los esadounidenses no pueden permitirse la resiliencia que la gente en muchos países de bajos ingresos ya disfruta? La verdad es que realmente pueden.

Lo que se necesita cambiar es que el gobierno (no influenciado por aquellos que se benefician de un *statu quo* de baja resiliencia) ayude a los estadounidenses a darse cuenta de que pueden permitírselo y así tener un suministro adecuado de resiliencia. Un gobierno astuto que educa y faculta a los ciudadanos a tomar decisiones (y si la mayoría exige un nivel más alto de desempeño de construcción, este debería convertirse en el nuevo código estándar). Además, las políticas que estimulan un mercado privado para una mayor resiliencia, especialmente en la vivienda; en lugar de proliferar, los programas que fomentan la toma de riesgos atrapan a las personas en viciosos ciclos conducidos por desastres.

Esto no será fácil. El balanceo del barco será necesario para hacerlo más seguro.

Capítulo 11
El Caballo de Troya de los Desastres: Abuso de la Asequibilidad

Asequible es probablemente la palabra más mal entendida y maltratada en el desarrollo económico. Los políticos la utilizan para atraer a los votantes. Los constructores lq utilizan para promover edificios baratos y códigos débiles. Los activistas civiles lo usan para defender los intereses de los segmentos de bajos ingresos.

En nombre de la asequibilidad los hogares estadounidenses se construyen más desechables que los hogares en la mayoría de los países. Incluso las comunidades urbanas no planificadas en las naciones más pobres a menudo utilizan materiales más resilientes (aunque los métodos de construcción pueden no ser resilientes). Es una contradicción que los estadounidenses no puedan permitirse el costo de la resiliencia, cuando los países con ingresos mucho más bajos pueden. En lugar de gastar más que nadie en las pérdidas de desastre resultantes de la construcción vulnerable.

¿Qué significa realmente asequible y qué no? Aunque puede referirse a muchas cosas, incluyendo alimentos, salud, educación, transporte, energía, ropa, etc., nos centramos en su significado con respecto a la vivienda.

¿Asequible equivale bajo costo inicial, bajo costo de propiedad o alguna combinación de bajo costo de propiedad y riesgo de pérdida? ¿Significa asequible para el consumidor, asequible para la sociedad o ambos? Usted puede fácilmente hacer algo asequible mediante la transferencia de costos (y riesgos) a la sociedad. También puede hacer algo de bajo costo comprometiendo los estándares de rendimiento. Si asequible implica un bajo nivel de rendimiento, ¿quién establece el mínimo? No tiene sentido hablar de asequible a menos que primero se establezca un nivel de rendimiento. Esta norma es lo que los códigos de construcción están destinados a ser.

La teoría de la asequibilidad es la siguiente: Al mantener los códigos débiles, hacemos que la vivienda sea más "asequible". Sin embargo, los códigos débiles dan lugar a mayores pérdidas por riesgo. Cuando ocurren pérdidas extremas, el gobierno interviene y paga. Por lo tanto, todos quedan felices: políticos, constructores y consumidores. Entonces, ¿dónde está el problema?

El "truco" es que este modelo es insostenible. Finalmente, el costo de las pérdidas excede lo que el gobierno puede gravar y prestar. La "casa de cartas" literalmente colapsa sobre nuestras cabezas. Además, las repetidas transmisiones de los medios de comunicación sobre las pérdidas humanas y económicas eventualmente dañan la popularidad de los políticos. En algún momento el "volcán" del cambio hará erupción.

Lo que sigue es un intenso debate, presión y (finalmente otra vez) compromiso. El estándar mínimo se eleva un poco más hasta que también resulta insuficiente (recordar la 2da Ley sobre el crecimiento urbano). Nuevamente todo el mundo espera que el volcán vuelva a hacer erupción. El sistema exhibe una tremenda resistencia incorporada al cambio proactivo, especialmente si el "sistema" se ha fragmentado en cientos y miles de pequeñas piezas. Es el *Ciclo Urbano de Desastre-Resiliencia* que se repite una y otra vez.

De hecho, nunca ha existido una correlación entre los precios de la vivienda y los códigos de construcción más débiles. Los precios están determinados por la demanda y la oferta del mercado. La zonificación, las restricciones de uso de la tierra y las regulaciones de la densidad de edificios son las que afectan primordialmente la oferta y no el costo de construcción incremental de contar con códigos más resilientes. *Que la resiliencia reduce la asequibilidad es un mito creado y sostenido por los constructores.*

La industria de la construcción gana dinero en todos los mercados, desde los códigos más débiles hasta códigos más fuertes (tal vez no tanto). Los consumidores son capaces de ofrecer similarmente viviendas en áreas donde la resiliencia es la principal diferencia. Las poblaciones de bajos ingresos viven en Florida con códigos de construcción más fuertes, así como Texas y Mississippi, que tienen códigos más débiles. No hay pruebas de que los códigos más débiles mejoren la condición económica de los países de bajos ingresos. *Por el contrario, siendo el segmento más vulnerable, los códigos débiles perjudican su capacidad para avanzar económicamente.* La historia nos ha mostrado repetidamente que el aumento de la Capacidad de Resiliencia promueve un mayor desarrollo económico y prosperidad social. ¿No sería mejor para todos los segmentos de ingreso?

La construcción amontonada de baja resistencia puede ser la opción más cara de la sociedad. En el Capítulo 1 observamos que solo tres huracanes destruyeron 1,2 millones de edificios y costaron $250 mil millones (dólares de 2014). Que alcanzan un promedio de $200.000 por construcción. Incluso si atribuimos la mitad a la pérdida de infraestructura y de activos de transporte, todavía promedia $100,000 por construcción. Esto incluye la limpieza, el refugio temporal, la reparación/reconstrucción y la recompra del contenido dañado.

Al final, las casas destruidas de "primer costo barato construido a código" demostraron ser muy caras, con una prima de costo del 60%. La mediana del precio de la vivienda unifamiliar de 2014 era de unos $270.000. La proporción de materiales y construcción es de aproximadamente $160,000 (60%). Los costos restantes corresponden a tierra, ventas, gastos generales, financiamiento y ganancias. Si un código más fuerte hubiera significado un 12% extra, esto se traduce en que la sociedad realmente perdió un promedio de $80.000 por hogar.

Muchos dirán que todo tiene que ver con el azar (es decir, con el juego). Ciertos edificios serán destruidos y terminarán siendo muy costosos pero la mayoría se salvará. Gastar $20,000 para ahorrar $100,000 es una buena apuesta si la probabilidad de desastre es mayor al 20%. Aquí es donde la comunicación pública y la educación sobre el riesgo de vida de un edificio (en lugar de pensar a corto plazo) son importantes. Veamos si podemos calcular esa oportunidad.

Como se señaló en el Capítulo 8, el riesgo de inundación dentro del área de contorno de 100 años es del 26 al 100% durante 30 años. Si los hogares están construidos para durar 70 años (la mayoría de los objetivos mundiales son más altos y los EE.UU. también deberían hacerlo si desea ser sostenible), la probabilidad se convierte en 51-100%; Y eso es solo para inundaciones. En lo que concierne a incendios, el 0,4% de los hogares estadounidenses se queman cada año. Esto equivale a un período de recurrencia de 250 años. Por lo tanto, la probabilidad de un incendio de más de 70 años es del 24%. Una vez más, estos son solo riesgos de peligro único. Todos los edificios enfrentan múltiples peligros (o "amenazas" como las aseguradoras los llaman). Tomemos el caso de un hogar "más seguro" fuera de la planicie de inundación de 100 años, con una probabilidad de inundación del 0,4%. ¿Cuál es la probabilidad de que más de 70 años sean afectados por un riesgo de inundación o incendio? La respuesta es 42%. Definitivamente, deberíamos estar dispuestos a gastar $20,000 (y más) para ahorrar $100,000, incluso en un área de menor riesgo de inundación. Lo anterior ni siquiera consideró el viento añadido y los riesgos sísmicos de muchas áreas. *Nadie (ni siquiera nuestro gobierno) ha intentado educar públicamente y explicarnos esto. ¿Por qué?*

Los impactos humanos de los desastres son las vidas perdidas o heridas, la productividad reducida, las familias dispersas y los recuerdos destruidos. Es difícil asignar números a estas categorías, pero podrían ser varias veces las pérdidas físicas. *Mayor resiliencia es la solución de construcción más 'asequible' en lugar de estándares mínimos establecidos por la 'caja negra' del consenso de los códigos actuales.* ¿Cómo rompemos nuestra adicción al juego de peligro-riesgo aprobada por el gobierno?

Los que se oponen a la resiliencia prefieren que la sociedad se involucre en un peligroso juego de ruleta; uno en el que las posibilidades se apilan contra el consumidor. En la ruleta, la "casa" finalmente gana. En este caso, la naturaleza es la casa.

Infortunadamente apostar contra la naturaleza es un deporte arriesgado incluso para los EE.UU. Cuanto más se acumula en el desarrollo no resiliente, más se pierde. Nuestros hijos heredarán este inventario de pasivos. Añada los muchos otros pasivos que se pasan a las futuras generaciones (obligaciones de jubilación, beneficios médicos, deuda pública). Emerge entonces un patrón problemático.

El gobierno hace muchas cosas para ayudar a los consumidores a pagar casas, especialmente las de bajos ingresos: financiamiento, deducción de impuestos por intereses y transferibilidad de ganancias de capital; por nombrar las más importantes. También tiene muchos programas para atraer inversiones en viviendas de alquiler asequibles. Sin embargo, todas ellas dan el mismo tratamiento a las propiedades si son resilientes o no. *Si el gobierno desea más resiliencia, ha llegado el momento de hacer esa diferenciación y, por último, hacer que las casas resistentes a los desastres sean más "asequibles" en lugar de prolongar la asequibilidad de viviendas propensas a desastres.*

Capítulo 12
Una desastrosa lucha de la cuerda:
La Batalla por la Resiliencia

En los próximos años, el sector de la construcción de los EE.UU. estará preparado para una guerra de proporciones épicas, a medida que aumentan las fuerzas en todos lados: aquellos que luchan por continuar con códigos de construcción débiles, baratos y de cambio lento; *versus* aquellos que presionan por códigos más resilientes ante los riesgos. Ya están en posición aquellos que exigen códigos más ecológicos.

Las apuestas son altas: ideología, economía y, desde una perspectiva más general, la seguridad y la prosperidad de las comunidades y del país. Se tiene la certeza de que será necesario invertir mucho tiempo, esfuerzo y recursos para influenciar tanto a legisladores como a consumidores. Mensajes compensatorios y contradictorios generarán mucho desenfoque y confusión, que solo se aclararán una vez hayan ocurrido los desastres.

Los defensores de la resiliencia y los ecologistas deberían darse cuenta de que ellos comparten un objetivo en común: una sostenibilidad verdadera. La única diferencia es que se están acercando desde diferentes ángulos. Por suerte, valorarán la ventaja de unir fuerzas dentro de una coalición "mezquina y ecológica". "Mezquina", que implica más rigurosidad con los riesgos.

Los defensores de lo "débil y barato" defenderán la "accesibilidad", elección local y estándares voluntarios, en lugar del aumento de la resiliencia por encima de los bajos niveles actuales. Incluso argumentarán que sus construcciones "débiles y baratas" son de alguna manera "ecológicas".

Básicamente, lo "mezquino y ecológico" prevalecerá con mayor transparencia sobre los riesgos, divulgación, y con un consumidor más educado y consciente. Probablemente, lleguemos a ver normas federales obligatorias para la resiliencia, pero aún queda una batalla difícil por delante. Los miembros de las partes opuestas parecen ser:

De lo Débil y Barato
- Constructores, desarrolladores a corto plazo y grupos relacionados con la construcción
- Materiales débiles y baratos
- Aquellos quienes aún creen que barato significa asequible
- Aquellos que quieren menos regulación e implicación federal

De lo Mezquino y Ecológico

- Aseguradores
- Materiales resilientes
- Arquitectos e ingenieros
- Ambientalistas
- Grupos de prevención y recuperación de desastres
- Proveedores tecnológicos

¿Dónde estarán los legisladores? Los funcionarios electos normalmente esperan a ver hacia qué dirección va la opinión pública antes de elegir un bando seguro. Ellos escucharán a ambas partes, quizás enfrenten a una contra la otra y probablemente reciban el soporte financiero de ambas. Tal vez uno o dos se destaquen, adopten una posición precoz y hagan de la resiliencia un componente de su plataforma política e imagen pública.

Sin duda, la creciente atención nacional (y regional en algunos estados) y el debate en cuanto al riesgo climático y su mitigación dan una creciente oportunidad a la resiliencia. Sin embargo, esto también tiene un lado negativo en el contexto multidimensional de los EE.UU. Muchos se oponen a cualquier cosa relacionada con los gases de efecto invernadero o el cambio climático, además de aquellos que se oponen a cualquier cosa federal. *Sería una lástima que la resiliencia quedara atrapada de alguna manera en este conflicto.*

Para los funcionarios públicos no electos y burócratas, la disponibilidad de los recursos y la habilidad para afrontar los cambios serán temas clave. A muchos no les gusta el sistema actual y ven la necesidad de un cambio. Sin importar los niveles locales la resiliencia es frecuentemente sepultada bajo muchas otras urgencias y necesidades apremiantes, mientras que los recursos fluctúan con los ciclos económicos y de construcción. Presiones de intereses económicos arraigados y *lobby* a diario. Muchos funcionarios locales son verdaderos "guerreros" de primera línea de la resiliencia, mientras que otros solo buscan la manera de ganarse la vida.

El escenario está listo, los jugadores están en sus posiciones. Que comience la batalla (o la tormenta).

PARTE II

LA TORMENTA

Primero dijimos: "esto no puede pasarnos",
luego dijimos: "esto no puede pasarnos otra vez",
ahora decimos: "cuándo nos pasará otra vez"

Moore, Oklahoma asesor de gobierno
y sobreviviente a varios tornados.

Capítulo 13
Débil y barato:
El Negocio de la No-Resiliencia

La construcción de viviendas es una parte fundamental de la economía nacional, especialmente una que está creciendo económicamente y cambiando demográficamente. En los EE.UU. esto representa alrededor del 2% del PIB y emplea a más de dos millones de personas.

La Asociación Nacional de Constructores de Viviendas (NAHB, por sus siglas en inglés) es una organización comercial que comenzó en 1942. Esta es una federación de 300 asociaciones estatales y locales con 140.000 miembros en total. Sus miembros construyen alrededor del 80% de los hogares en los EE.UU. Su director general es un abogado quien previamente trabajó como su jefe de *lobby* La NAHB crea un terrible clima sombrío sobre el debate y las políticas de la construcción local y nacional.

El propósito declarado de la NAHB es *asegurar que los estadounidenses tengan acceso a una vivienda segura, decente y asequible.* En nombre de la accesibilidad, esta se opone sistemáticamente a códigos más fuertes. En 2013 declaró orgullosamente haberle economizado a sus miembros $6,200 en cada vivienda construida. Con base en nuestra aritmética previa, esto representa el 4% de los costos de construcción de una vivienda unifamiliar promedio. Anualmente, esto equivale a cerca de $6 mil millones, un valor significativo para sus miembros constructores.

Con respecto a estos ahorros, la NAHB menciona en su reporte anual que esta: *...mantiene un intensivo y constante esfuerzo por mantener los costosos requerimientos fuera de los códigos modelo. Cuando esto se logra, les ahorra a los constructores una cantidad significativa de dinero en los años posteriores en áreas construidas con base en esos códigos.*

En las audiencias del Consejo Internacional de Códigos celebradas el pasado mes de octubre de 2013, por ejemplo, la NAHB tuvo éxito en un 78% de las propuestas de códigos para el Código Residencial Internacional del 2015 (IRC por sus siglas en inglés) que la asociación rechazó o respaldó en sus esfuerzos por mantener flexibles los códigos de construcción, el costo-eficacia y productos neutrales.

Los miembros de la NAHB se beneficiarían directamente con estas victorias cuando las jurisdicciones locales comiencen a adoptar la versión 2015 del código.

En las últimas décadas, las pérdidas ocasionadas por desastres en los EE.UU. han tenido un promedio seis veces más elevado que los ahorros de la NAHB, sin siquiera incluir el total de los costos de incendios. En la medida en que tales ahorros fueran a expensas de la resiliencia, estos serían un tremendo costo económico (por no decir humano) para la sociedad de los EE.UU.

Una de las "victorias" más recientes de la NAHB fue la de ayudar a los constructores de vivienda de Illinois a derrocar un mandato de rociadores contra incendios. Esto establece específicamente que:

La NAHB dio asistencia técnica y financiera para ayudar a los constructores de vivienda de Illinois a preparar una campaña ágil y efectiva el verano pasado con el fin de derrocar el plan del jefe de bomberos del estado de exigir rociadores contra incendios en nuevas viviendas unifamiliares. La NAHB argumentó que el uso de detectores de humo es una alternativa más segura y más costo-efectiva.

La NAHB ignora la abrumadora evidencia presentada en el Capítulo 7 y los muchos estudios y análisis realizados por la Asociación Nacional de Protección contra Incendios (NFPA, por sus siglas en inglés). Por sí misma, esta concluyó que los detectores de humo son la mejor solución para salvar a las personas y a la propiedad. Probablemente, esta es la mejor solución para sus miembros y no para los propietarios y ocupantes de vivienda cuya propiedad y posesiones quedarían destruidas en caso de incendio. Los detectores de humo pueden alertar a las personas para que salgan a tiempo del lugar, pero no pueden suprimir el fuego como tal.

¿Qué pasaría si los miembros de la NAHB tuvieran que reconstruir aquellas viviendas incendiadas (incluso parcialmente) de sus propios bolsillos (por Hammurabi)? ¿Reconsiderarían ellos su posición? Apuesto a que podrían no solo instalar rociadores contra incendios sino mucho más. ¡Qué diferencia la que hay cuando no es el propio pellejo el que se arriesga! Poner en riesgo la propiedad y posesiones de alguien más siempre es más fácil que arriesgar las propias, en especial si se puede hacer dinero mientras se hace esto.

En el proceso, ellos financiaron una encuesta "científica" de 800 personas para probar que los consumidores de Illinois no querían rociadores contra incendios. El 89% respondió que los detectores de humo eran la única seguridad que ellos necesitaban. El 28% no quería rociadores contra incendios ni obteniéndolos gratis.

Si estas encuestas son correctas esto solo prueba cuan desinformada y mal informada está la gente. No confíe en que la NAHB informa a las personas de la manera adecuada. La única vergüenza es que el gobierno no hizo bien su trabajo. Infortunadamente, este patrón se ha venido repitiendo por muchos años y en muchos estados. Los próximos capítulos revelarán como la NAHB ha opuesto sistemáticamente la resiliencia a muchos otros riesgos.

Esto no le resta valor a las muchas contribuciones que la NAHB ha hecho con relación a la vivienda, tales como entrenamiento, prueba de productos, *lobbys* sobre financiación de la vivienda, y derechos de propiedad. Sin embargo, todo su desfavorable rol para fortalecer la resiliencia es su faceta más oscura.

A su favor (o por sentido de culpa), la NAHB creó una organización de caridad (el Fondo de Ayuda para Catástrofes de la Industria de la Construcción), permitiéndole a sus miembros hacer contribuciones para ayudar a los afectados por desastres. De acuerdo a una declaración hecha en diciembre de 2012, esta presentó un balance de $800,000. La NAHB también incluye en su página web una sección de recursos para la recuperación de desastres. No obstante, el foco está en la capacidad para atender emergencias y no en la construcción de viviendas que sean menos propensas a los desastres. La NAHB hace esfuerzos de relaciones públicas para parecer preocupada y útil, pero sus acciones demuestran que esta hace claramente parte del problema.

La NAHB ha intentado de muchas maneras batallar con los códigos. En 1997, contrató al Centro de Análisis de Riesgos de Harvard para hacer un estudio sobre el costo-beneficio social de códigos más fuertes. Tres años más tarde, un informe hizo la increíble afirmación de que al gastar más en viviendas resilientes se corría el riesgo de dejar a las personas con menos ingresos para otros bienes de salud y seguridad. Específicamente, que incrementar el costo de una vivienda promedio en $150 podría causar entre 3 y 60 muertes prematuras, y pérdidas entre 20 y 800 años de vida ajustados por calidad. La declaración fue tan ridícula que nadie la tomó en serio. El fundador de este Centro, John Graham, tuvo una larga historia defendiendo los intereses de las compañías que se oponían a las reglamentaciones, incluyendo la industria del tabaco.

En junio de 2013, el gobierno de los EE.UU. propuso un Plan de Acción para el Cambio Climático (CAP, por sus siglas en inglés) con el fin de abordar el cambio climático y la resiliencia. Posteriormente en ese mismo año, la NAHB emitió un artículo académico titulado "Panorama sobre el cambio climático y la resiliencia". Este advirtió a los miembros que *las políticas y programas en consideración podrían impactar de manera significativa la forma en la que construimos.* Allí se mencionó que el CAP podría *presionar para que se actualicen los códigos de construcción como medio de mitigación de desastres y que "hay muchas partes de la legislación que vinculan a códigos de construcción actualizados con construcciones resilientes.* La NAHB prometió trabajar con agencias federales y nuestros amigos en el Hill para asegurar que tales políticas son voluntarias y no imponen una carga excesiva a la industria de la construcción. Los "amigos en el Hill" acá significan los legisladores federales que reciben sus contribuciones financieras a la campaña.

La NAHB señaló que trabaja con oficiales y accionistas *para mejorar los requerimientos de códigos de construcción con base en la observación de los daños producidos por fenómenos climáticos severos, pero continúa oponiéndose a los aumentos globales en la exigencia del código, lo que hace que la vivienda sea menos asequible...* La NAHB se beneficia del estado actual, fragmentado e inconsistente de los códigos de construcción de los EE.UU. Preocupada por los estándares de mandatos federales propuestos por algunos legisladores, señaló que *está trabajando con esos legisladores para garantizar que los estados y localidades puedan conservar su derecho a modificar el modelo de los códigos de construcción, que por encima de los estándares de códigos permanezcan voluntarios y que las decisiones de planificación y zonificación queden en manos de las jurisdicciones locales.*

Se necesita dinero para ejercer influencia política. No solo dinero para la promoción, educación y estudios, sino también para contribuciones políticas a nivel federal, estatal y local. La NAHB gasta alrededor de $2 millones al año en dichas contribuciones para proteger sus intereses. En el pasado quedó demostrado que esta espera votos favorables para su sostenimiento. Esto no incluye los gastos con fines políticos por asociaciones estatales y locales afines así como por miembros individuales, lo que bien podría exceder esta cantidad.

Esto no se trata de ignorar que algunos constructores se están moviendo en contra del torrente de la NAHB y que están construyendo viviendas más resilientes. Ellos están adoptando las prácticas recomendadas por el Instituto para la Construcción y la Seguridad en el Hogar (IBHS por sus siglas en inglés) con el fin de reforzar sus proyectos y "actualizar" a los consumidores. Infortunadamente, son demasiado pocos y están principalmente enfocados en el mercado de lujo de construcción a la medida. No obstante, ellos merecen el estímulo y apoyo público por su iniciativa.

Dado que la NAHB ha existido por más de 70 años, esta seguramente debe tener alguna responsabilidad por el desempeño actual no resiliente de los ambientes residenciales construidos en los EE.UU. Se puede pensar que ellos pudieron haber aprendido algo durante décadas de desastres y pérdidas económicas, pero no. Su preocupación principal parece ser la de defender a toda costa el *statu quo*, incluyendo los $6 mil millones de dólares que ahorran sus miembros en costos, todo esto en nombre de la accesibilidad de los consumidores.

Al final, ¿realmente necesitaremos levantar el velo protector de los códigos (que ellos ayudan a diseñar para sí mismos) y comenzar a hacerlos responsables (como una vez lo prescribió Hammurabi) por aquellas viviendas construidas por ellos que pueden ser fácilmente destruidas? Alinear los intereses económicos de las partes, con frecuencia, es la mejor solución para resolver el conflicto de intereses. Mi suposición es que esto podría cambiar drásticamente sus métodos de construcción para un mayor beneficio de la sociedad.

Capítulo 14
Cuando el desastre ataca:
Toco madera

Si los constructores son los motores de la construcción no resiliente de los EE.UU., el combustible que utilizan es madera barata. A lo largo de la historia, la madera ha sido el material de construcción de bajo costo que más ha prevalecido. Sin embargo, este presenta tres desventajas: es inflamable, es débil y se pudre (o se lo comen). Por tanto, esto conlleva un costo de ciclo de vida más elevado para protegerlo y hacerle mantenimiento de manera apropiada, lo que elimina su ventaja inicial de costo. Es decir, a menos que usted se arriesgue a perderlo de manera prematura, que es lo que está ocurriendo cada vez más en los EE.UU.

A medida que la experiencia en desastres se acumula con el tiempo, la mayoría de las sociedades se cambian a materiales de construcción no inflamables, más fuertes y no orgánicos, especialmente en la medida en que estos se comienzan a producir de manera masiva. Infortunadamente, excepto por los rascacielos urbanos y la construcción del Sur de la Florida, el sector residencial de los EE.UU. nunca siguió esta evolución general (a excepción de la residencia del Presidente). En cambio, la mayoría de los grandes segmentos de infraestructura comercial, institucional y esencial realmente evolucionaron. Por lo tanto, por más de un siglo los EE.UU. se han mantenido como el mayor consumidor a nivel mundial de madera para construcción alimentando su mercado residencial.

La madera es un gran material para hacer muebles, gabinetes, decoración de interiores y manualidades. Incluso una sola cabaña o una casa de campo en madera está bien. No obstante, desde una perspectiva de prevención de desastres, con la posible excepción de edificaciones bajas en áreas con menos densidad sísmica, la madera es un material de alto riesgo. El riesgo solo empeora con una densidad y altura urbana mayor.

Las estadísticas son difíciles de obtener, pero la información relacionada sugiere que más del 90% de las construcciones destruidas o dañadas de los EE.UU. a causa de riesgos naturales son principalmente construidas con madera. La gran mayoría son viviendas de una o dos plantas. Que la NFPA haya dejado de reportar esta información sobre incendios desde hace más de una década, sugiere una posible presión por parte de intereses en cuanto a publicidad adversa. Una presión similar, probablemente, también ha causado que el gobierno eluda la recopilación y presentación de los datos sobre el porcentaje de construcciones en madera destruidas. El hecho de que la madera sea rara vez empleada en la construcción de escuelas, hospitales, estructuras gubernamentales, instalaciones de cadenas de suministro, servicios básicos e infraestructura, particularmente instalaciones con categorías de riesgo III y IV, debería hablar por sí mismo.

A la madera empleada predominantemente para la construcción se le llama madera blanda. Esta es sacada de los árboles de pino, picea y abeto. EE.UU. es por mucho el mayor consumidor a nivel mundial de esta madera con una quinta parte del consumo global. El consumo de China es de más o menos la mitad del volumen de los EE.UU. (con una población cuatro veces mayor), el de Alemania de una tercera parte, el de Japón y Canadá cada uno de aproximadamente una cuarta parte y el de Rusia menos de una quinta parte.

Estos mismos países, excepto Japón, son también los mayores productores de madera a nivel mundial. EE.UU. es el número uno, seguido de Canadá, Rusia, Alemania, Suecia y China. Sin embargo, en cuanto a exportaciones, Canadá es el número uno, seguido de Rusia, Suecia, Alemania, y Finlandia. Las principales áreas productoras de los EE.UU. están en el sudeste, noroeste y noreste del país. Las dos primeras representan casi el 80% de la producción.

En su pico de construcción de 2005, los EE.UU. consumieron 65 mil millones de pies tablares (una unidad de volumen de la industria mide 12 por 12 por 1 pulgadas). El 80% fue utilizado en construcciones unifamiliares (nuevas y remodeladas). Solo el 3% fue empleado en construcciones multifamiliares y el 6% en edificios no residenciales. Cinco años más tarde en medio de la recesión, la demanda se redujo a la mitad. Desde entonces, esta se ha recuperado de manera parcial.

Un detalle importante es que menos de la mitad de la madera consumida por las viviendas unifamiliares de los EE.UU. es empleada para construir nuevas viviendas. De hecho, más de la mitad es utilizada para reparar, hacer mantenimiento y mejorar las viviendas ya existentes. El hecho de que el conjunto de construcciones existentes consuma por sí mismo demasiada cantidad de madera hace que se plantee una pregunta: *¿Cuánto de este consumo se debe al alto nivel de destrucción y obsolescencia de un ambiente construido en madera?* De ser esto cierto, entonces la no resiliencia y la corta vida útil son importantes ejes impulsores para mantener los altos niveles de demanda de madera y forman parte integral de la estrategia de la industria maderera.

Otra estadística relacionada es que durante los 30 años del periodo entre 1977 y 2007 el gasto doméstico promedio en reparación, mantenimiento y mejoramiento de vivienda se incrementó en un 77% (dólares constantes). Esto también podría indicar el creciente costo de mantener un entorno construido de forma vulnerable.

EE.UU. también es el mayor importador de madera del mundo, lo que representa alrededor del 15% del comercio mundial. Otros importadores principales son China, Japón, Italia y el Reino unido. Más del 90% de las importaciones de los EE.UU. son canadienses. Durante la recesión las importaciones alcanzaron el 40% del consumo doméstico. Como los precios bajaron, lo productores de los EE. UU. no podían competir con Canadá. En 2011, como el volumen y los precios se recuperaron, las importaciones se ajustaron al 30%. Como lo revelaremos más adelante, el gobierno de Canadá ha subsidiado tradicionalmente la producción maderera.

El Consejo Americano de la Madera (AWC, por sus siglas en inglés) es una organización comercial que representa el 75% de la producción maderera de Norteamérica. Fue fundada en 2010 como una asociación que agrupa a la industria maderera mediante la consolidación de las tres organizaciones predecesoras: la Asociación Nacional de Productos Forestales, la Asociación Forestal y Papelera de Estados Unidos y el Instituto Americano del Papel.

Por su declaración de misión, el AWC pretende *aumentar la utilización de madera garantizando una amplia aceptación reglamentaria de productos madereros, desarrollando herramientas de diseño y guías para la construcción de madera, e influyendo en el desarrollo de las políticas públicas que afectan la utilización y fabricación de productos madereros.*

Además, el AWC *provee una estructura organizacional a las empresas y asociaciones de productos madereros para que trabajen juntas en los códigos y las normas de construcción, en las cuestiones políticas de construcción ecológica, y en un conjunto enfocado de normas ambientales. Trabajando juntas; la industria puede tener recursos, influencia y credibilidad para lograr políticas que puedan asegurar un futuro sólido para la industria de productos madereros.*

La industria de productos y forestación maderera de los EE.UU. (incluyendo el papel y otros productos) emplea a un poco más de 300.000

trabajadores. Los mayores estados productores de madera, con envíos anuales por encima de los $3 mil millones (2011), son:

1. Oregon $4.7
2. Carolina del Norte $4.1
3. California $4.0
4. Texas $3.7
5. Wisconsin $3.3
6. Pensilvania $3.3
7. Georgia $3.2
8. Washington $3.2
9. Alabama $3.0

De manera interesante, cuatro de ellos también aparecieron en la clasificación estatal del Instituto para la Seguridad de las Empresas y los Hogares (IBHS, por sus siglas en inglés) en los códigos de construcción de la Costa Atlántica y del Golfo discutidos en el Capítulo 5. Los cuatro (Carolina del Norte, Texas, Georgia y Alabama) estaban en la peor mitad de la lista. ¿Mera coincidencia o existe alguna correlación inversa entre los códigos de construcción de un estado y el tamaño de su industria maderera? Como veremos, la industria maderera generalmente se opone a códigos de construcción más fuertes.

¿Qué dice el AWC sobre la resiliencia a los desastres? En realidad, prefieren no decir mucho. Una declaración anunció su participación en el "Mes de la Seguridad en la Construcción" de la Cámara de Comercio Internacional (ICC, por sus siglas en inglés) en 2014. Esta incluyó la increíble cita siguiente: *por su diseño, los códigos de construcción están elaborados para que todas las estructuras compatibles provean los mismos niveles de seguridad, sin considerar los materiales utilizados principalmente. Como resultado, cuando se construye de acuerdo al código, la construcción de la estructura de madera tiene una seguridad contra incendios y un registro de rendimiento comprobados.*

Pero que, de forma abrumadora, el registro demuestre exactamente lo contrario es de poco interés para ellos. Su sencilla razón es: *si el código de construcción lo permite, debe ser seguro; de hecho, debe ser tan seguro como cualquier otra cosa que los códigos de construcción permitan.* El que, de manera reiterativa, se haya probado lo débiles que son los códigos de construcción, es algo de lo que se aprovecha la industria maderera. En otras palabras, ponen todo a favor para que la madera pueda afirmar que es tan buena como todo lo demás. Esto resume fundamentalmente su posición en la resiliencia.

El AWC cree que el mundo necesita una mejor "educación" para convertirlo a su filosofía de sostenibilidad. Con esto en mente, hace poco la industria redujo los gastos publicitarios, aunque eso significara que los consumidores podrían duplicar el riesgo.

Solo en lo que respecta a los riesgos sísmicos, las construcciones de madera de poca altura parecen ser resilientes debido a su inherente ligereza. Sin embargo, estas deben estar ancladas apropiadamente a los cimientos. Por esta razón, la industria no se ha opuesto firmemente a programas e iniciativas del código relacionadas con los terremotos; por el contrario, ellos se sienten en peligro con respecto a iniciativas de viento y fuego y, generalmente, se han opuesto a la resiliencia.

El Consejo sobre Calidad Ambiental (CEQ, por sus siglas en inglés) del presidente de los EE.UU. está encargado de coordinar las actividades y la agenda del CAP. En octubre de 2014 lanzaron un plan. Seguido a esto, el director general del AWC comentó que este *esboza un compromiso para promover la madera como material de construcción, el cual incluye cambios favorables en el código de construcción, para permitir de 7 a 15 pisos en construcciones de madera.*

El consumo de madera en construcciones de varios pisos es solo la décima parte de lo que se utiliza en viviendas unifamiliares. Sin embargo, en años recientes la construcción de varios pisos ha sido el segmento de la construcción de más rápido crecimiento. La industria maderera quiere más de esto. No importa que las construcciones de varios pisos sean más resilientes ante los riesgos, porque, realmente, estas contienen menos materiales combustibles. El AWC simplemente desea que ignoremos y olvidemos lo que le sucedió a Roma, Londres, Chicago y a cientos de otras ciudades en siglos anteriores. Para colmo, ahora el gobierno de los EE.UU. los ayudará a hacerlo.

A lo que aludió el anuncio es a la denominada "Alta Competencia de Madera". El Departamento de Agricultura de Estados Unidos (USDA, por sus siglas en inglés) consideró prudente gastar $2 millones para diseñar y construir rascacielos de madera. Arquitectos, ingenieros y constructores seleccionados reciben dinero de contribuyentes para pagar los servicios de ingeniería y las variaciones del código necesarias para hacer que dichas construcciones sucedan. Por cierto, "variación del código" es una forma educada de decir que reducen los códigos débiles de una vez.

¿Son las estructuras de madera de 15 pisos parte de algún proyecto secreto del gobierno para reducir los desastres y restablecer la resiliencia de los EE.UU.? Definitivamente, no. Entonces, ¿por qué el gobierno está haciendo esto y cuál es la relación entre el USDA y la industria maderera?

Si hay un ejemplo de "peste" política en este libro es este. Para aquellos no familiarizados con el término, "peste" se refiere a los gastos del gobierno en proyectos de partidos políticamente influyentes, los cuales tienen poco o ningún beneficio para la sociedad. Si el USDA es realmente serio, tal vez la primera construcción de madera de 15 pisos debería ser ocupada por sus propios empleados. En su lugar, ellos ocupan actualmente, de forma segura, el Edificio Whitten, una estructura resiliente de acero y concreto en Washington DC.

Lo que muchos no saben es que el USDA ha evolucionado para convertirse en el padre adoptivo de la industria maderera. Su presupuesto de 2015 de $150 mil millones al año, contiene la siguiente declaración de visión:

Para expandir la oportunidad económica a través de la innovación, ayudando a la América rural a desarrollarse; para promover la sostenibilidad de la producción agrícola con el fin de que alimente mejor a los estadounidenses y que a su vez ayude a alimentar a otros alrededor del mundo; y para preservar y conservar los recursos naturales de nuestra nación mediante bosques restaurados, cuencas mejoradas, y sanas tierras de trabajo privadas.

¿Dónde encaja aquí el fomento de la madera para la construcción? No es un producto que alimentará a los estadounidenses ni a otros. Ni es talando bosques una forma de restaurarlos. ¿Tal vez, solo ayude al desarrollo de la América rural?

El UDSA considera la producción maderera como "cultivo" y su razón es que *los bosques ayudan a generar riqueza rural a través de la producción de productos madereros.* Por lo que todo su apoyo es para el beneficio de la "riqueza rural". Lo que no revelan es que la mayoría de esta riqueza forestal está controlada principalmente por grandes empresas.

Dentro del USDA, la agencia responsable es el Servicio Forestal de los EE.UU. (USFS, por sus siglas en inglés); la cual gastó $6 mil millones en 2014. Su misión declarada es *mantener la salud, diversidad, y productividad de los bosques y praderas de la nación para cubrir las necesidades de las generaciones presentes y futuras.*

El USFS gasta alrededor de $340 millones al año en productos forestales en su mayoría para cumplir con su misión de "productividad". Esta incluye el Laboratorio de Productos Forestales (FPL, por sus siglas en inglés), que desarrolla *todo desde los mejores materiales de construcción para bates de béisbol, hasta productos de alto valor hechos de nanomateriales derivados de la madera.* Uno de sus proyectos fue trabajar con la NAHB para desarrollar un estándar "ecológico" amigable con la madera, que promueva e incentive un uso mayor de esta en hogares.

El presupuesto de investigación del USFS de $275 millones apunta a *expandir los nuevos mercados existentes y en desarrollo a favor de la amplia gama de productos forestales, incluyendo la madera.* Y este agrega que *esta investigación será utilizada para generar empleos, incrementar el valor de los recursos forestales infrautilizados y generar valor para los terratenientes.* Todo esto plantea la pregunta: ¿La Administración de Incendios de los EE.UU. (USFA, por sus siglas en inglés) trabaja para los contribuyentes o los terratenientes forestales de los EE.UU.?

Uno de sus programas supone la aplicación de la Ley Federal de Asistencia, Gestión y Mejora de Tierras (FLAME, por sus siglas en inglés) del 2009, que convoca a los administradores de tierras federales con el fin de desarrollar una estrategia conjunta de manejo de incendios forestales. Un artículo bajo esta ley, se titula "Comunidades humanas de construcciones adaptadas a los incendios" y pretende "aumentar la utilización de madera en construcciones ecológicas". ¡Entonces ellos creen que pueden manejar mejor los incendios construyendo *más* edificios de madera combustible! Ignoran los evidentes hechos de que las construcciones que sobreviven a los incendios forestales están construidas, principalmente, con materiales no combustibles.

El USFS hace muchas cosas para administrar y proteger los bosques. Sin embargo, parece ser que algunas de sus partes han evolucionado en una extensión de la industria maderera. En nombre del desarrollo rural y ahora "ecológico", el USFS a cargo del USDA ha perseguido una política industrial basada en la madera. De lo que no se dan cuenta, es del dañino impacto que esto está teniendo en la resiliencia del entorno de construcción de los EE.UU.

Al utilizar su influencia política, especialmente en los estados de uso intensivo de madera, la industria trabaja duro para proteger sus intereses. La industria de la silvicultura y los productos forestales gasta alrededor de $15 millones al año en *lobby* del gobierno. Esta hizo $6.5 millones en contribuciones políticas durante el proceso de elección federal de 2012. Un bajo precio para tener al gobierno trabajando para usted.

Pero nuestro propósito aquí no es "golpear" a los productores madereros; sino entender el papel que han venido desempeñando en la resiliencia a los desastres. A continuación, un ejemplo.

Los *"Check-offs"* se han convertido en maneras populares para financiar la publicidad de productos agrícolas. El congreso proporcionó la legislación habilitadora en una *Farm Bill* (ley de agricultura) de 1996. Por cada unidad vendida de un producto básico, se destina una tarifa predeterminada a un fondo relacionado con la industria. Por ley, todos los vendedores por encima de cierto volumen anual, deben ajustarse a este. Aunque los vendedores financian las contribuciones, al final son los consumidores quienes lo pagan en el precio. Luego, estos fondos son utilizados para investigación, publicidad y educación. Lo más reconocido de *check-offs* ha sido la campaña de la industria lechera *"Got Milk?"* (¿Tienes leche?).

En 2012, la industria maderera con ayuda del USDA finalizó un programa *check-off* maderero. Este incluyó tanto a productores de los EE.UU. como a importadores canadienses. Su objetivo fue recaudar $15-30 millones en un año, para promover la mayor utilización de madera.

En 2008, en un informe de *check-off*, la industria maderera describió el desafío que enfrentó como la competencia *por materiales sustitutos* que ha causado *la disminución de la cuota de mercado* y *por* los *aumentos recientes de concreto en el mercado residencial*. Señaló que *esto se debe, principalmente, a asuntos de durabilidad y a las ganas de tener productos que no requieren mantenimiento*. Declaró que la prioridad de la industria es *asegurar que los códigos de construcción permitan que la madera sea utilizada, y que esta sea considerada por arquitectos, especificadores y gestores tanto como sea posible*. Un objetivo es aumentar la utilización no residencial de madera y que la *cuota de mercado pueda adquirirse del acero y concreto*.

Por lo tanto, los consumidores pagarían $30 millones al año, para que la industria maderera a cambio, pueda educarlos mejor e influenciarlos para que reemplacen materiales más resilientes por madera. Todo gracias a un programa del gobierno; en el que el 65% de la financiación está dirigida al desarrollo del mercado y a iniciativas relacionadas con los códigos que apuntan a expandir la utilización no residencial como construcciones de madera de varios pisos.

El programa está ahora en su cuarto año y el Consejo de la Madera Blanda (SLB, por sus siglas en inglés), cuyos 19 miembros son nombrados por la Secretaría de Agricultura de los EE.UU., lo ejecuta. El actual Secretario, Tom Vilsack, parece ser el mayor portavoz del gobierno de la industria, proclamó recientemente *"la madera será uno de los más avanzados materiales de construcción"*. Se puede presumir que él apoya construcciones más altas de madera.

En diciembre de 2014, ocurrió un grave incendio en un edificio en el centro de Los Ángeles con daños estimados en $100 millones, el cual destruyó el complejo de apartamentos de siete pisos llamado Da Vinci, que cubría casi una manzana de la ciudad, y dañó edificaciones vecinas. Se sospecha que fue un incendio provocado. Las únicas secciones del complejo que no se quemaron fueron los dos primeros pisos, que eran la zona de parqueo hecha de concreto; los cinco pisos siguientes eran todos de madera. Afortunadamente, el edificio estaba desocupado, debido a la proximidad, dos carreteras interestatales concurridas fueron cerradas por muchas horas causando caos para decenas de miles de conductores.

Los códigos de construcción de Los Ángeles permiten actualmente un máximo de cinco pisos en construcciones de madera. Algo más alto requiere acero y concreto. A propósito, estos eran apartamentos de lujo, no hogares "asequibles" de bajos ingresos. Los constructores disfrutan del mayor beneficio de esta fisura del código que permite construcciones "baratas y débiles". Unos cuantos oficiales electos que son opositores se quejan de que en una ciudad con grave escasez de tierra, tales edificaciones de mediana altura son ineficientes desde la perspectiva de planeación urbana.

Está garantizado que el AWC y el Consejo de la Madera Blanda están trabajando duro en las "fisuras" de variación del código para construcciones de madera aún más altas. Mientras tanto, gracias a los dineros *check-off*, las construcciones de madera de 3-7 pisos, están aumentando cada vez en todos los EE.UU., para el detrimento de la resiliencia.

Un mes más tarde, un complejo de apartamentos de 4 pisos hecho de madera y valorado en $75 millones de dólares, llamado Avalon en Edgewater, en Nueva Jersey, se quemó hasta los cimientos. Edgewater es una comunidad del área metropolitana de Nueva York de rápido crecimiento, ubicada sobre el río Hudson, justo al sur del puente George Washington; un soplete de plomero de mantenimiento inició el fuego, el edificio estaba ocupado y tenía un sistema de riego operativo. Nueva Jersey ha adoptado el código modelo de la

ICC, que utiliza el nivel de riego de la NFPA. Sin embargo, en vez del estándar completo (NFPA-13), la ICC permite la cobertura parcial de riego bajo el NFPA-13R para apartamentos de mediana altura. El fuego se extendió rápidamente en áreas sin rociadores, envolviendo todo el edificio; se perdieron 240 apartamentos y alrededor de 1.000 inquilinos fueron desplazados. Todos escaparon (la ICC lo llamaría un éxito), pero perdieron sus hogares y posesiones.

Este fue el segundo incendio que ocurrió en el mismo complejo; el primero fue durante la construcción. El alcalde de Edgewater prometió: "nos aseguraremos de que nada como esto se vuelva a construir" y que "los hogares serán reconstruidos, pero de acero y concreto…". Posteriormente, los legisladores estatales entregaron por separado, tres proyectos de ley, para mejorar los códigos de construcción, restringir la construcción de apartamentos de madera a tres pisos y en áreas con densidades por debajo de 1.930 personas por milla cuadrada; incluso, poner una moratoria de dos años para las construcciones de madera, hasta que se adopten códigos más seguros. Sin embargo, los intereses de la madera, el constructor y la industria de los apartamentos, han impedido hasta ahora que los proyectos de ley se obtengan a través de los comités pertinentes.

Los mismos intereses presionaron al Departamento para los Asuntos de la Comunidad de Nueva Jersey, acusado por normas de construcción que, en efecto, no fortalecen los códigos en vigencia de la ICC "basados en el consenso". El departamento realizó correcciones menores que no alcanzaron a satisfacer a los bomberos ni a los ciudadanos preocupados. Puede ser un poco sorprendente que los jefes tanto de este departamento como del legislativo Comité de Vivienda y Desarrollo Comunitario sirvieran, respectivamente, en el Consejo en Viviendas Asequibles y el Comité Mixto en la Disponibilidad de Viviendas. De nuevo, parece que la resiliencia fue sacrificada en nombre de la "accesibilidad".

En contraposición, el código de construcción de Nueva York (como Londres) prohíbe las construcciones de madera, conocidas también como construcción Tipo V, para apartamentos. Hasta ahora, Nueva Jersey niega a sus ciudadanos un nivel similar de resiliencia.

El desarrollador y propietario del proyecto, comunidades Avalon Bay, es una Sociedad Cotizada Anónima de Inversión en el Mercado Inmobiliario (REIT, por sus siglas en inglés), comercializada públicamente con un valor en el mercado de $25 mil millones. Tiene alrededor de 82 unidades de apartamentos en 18 principales mercados metropolitanos de EE.UU. Con más de 20 proyectos nuevos, esta continúa construyendo a ritmo acelerado, aprovechando la creciente demanda de viviendas de alquiler. Varios de estos proyectos están en Nueva Jersey. Para mantener su reputación, la compañía anunció que aplicaría la estricta NFPA-13 para rociadores y actualizaría sus cortafuegos a concreto de albañilería, en lugar de placas de yeso (también conocidas como paneles de yeso), permitidas por los códigos de la ICC.

La compañía presume que recibió un premio *GreenStar* del *Global Real-Estate Sustainability Benchmark* (GRESB), una organización internacional afiliada al Consejo de la Construcción Ecológica de los EE.UU. (USGBC, por sus siglas en inglés). Como se discutirá más adelante, todos estos programas "ecológicos" significan muy poco cuando se trata de resiliencia. El Informe de 70 páginas sobre responsabilidad corporativa de la compañía, de 2014, no menciona ni una vez la palabra "resiliencia". Con suerte, esta experiencia servirá como un "llamado de atención" para que su administración pase a más códigos, no solo en Nueva Jersey, sino también a todo el país. Sin embargo, las últimas noticias fueron que la compañía está reconstruyendo el complejo anterior con tan solo unas leves mejoras de resiliencia.

Infortunadamente, Avalon no es el único promotor inmobiliario con una estrategia de inversión construida sobre los mínimos estándares de la ICC. Muchos están rápidamente poblando el entorno de construcción urbana con apartamentos de madera vulnerables. Un ejemplo son las comunidades Crescent, situadas en Charlotte, Carolina del Norte, con más de mil millones de dólares en bienes y un gran inventario de tierras. Crescent impulsa la estrategia aún más allá, mediante la venta de muchas de sus urbanizaciones a inversionistas institucionales escépticos a la resiliencia (muchos de los cuales están utilizando sus dineros de pensión y retiro).

Crescent se centra en las zonas vulnerables, pero los estados sureños en crecimiento toman mucha ventaja de los bajos estándares permitidos por códigos. En uno de sus folletos de publicidad, la industria maderera presenta a Crescent como uno de sus desarrolladores modelo y destaca un gran complejo de apartamentos de lujo en Atlanta, donde una estructura de madera de 275.000 metros cuadrados de cinco pisos, reposa sobre un garaje de concreto. La construcción de apartamentos tipo IIA tiene una clasificación de incendios de una hora, así que, no hay mucha esperanza de salvar algo más que a usted mismo en caso de incendio.

El proyecto utiliza pirorretardantes para madera, en lugar de rociadores de agua en muchas áreas. Sin embargo, se sospecha que tales retardantes causan problemas de durabilidad a más largo plazo. El sitio afirma que se almacenaron más de 4.000 toneladas de CO_2 en la madera utilizada. Un incendio lanzaría al aire la mayoría de estas en pocas horas. Con relación al viento, el código local permite diseñar para 90 m/h. Atlanta está a 450 km de costas propensas a huracanes. Sin embargo, se sabe que, ocasionalmente, hay tornados en el área. El edificio ni siquiera resistiría un tornado moderado.

Crescent afirmó tener otros 19 proyectos en ejecución o planeados por un valor de más de $1 mil millones con diseños similares. Entre ellos está Tampa, Florida, una de las ciudades más vulnerables a los vientos y las inundaciones en los EE.UU. Sus códigos de viento están dentro del rango de 110 y 120 m/h, considerablemente menor que los de Miami. Sus edificios ni siquiera resistirían un huracán categoría dos, además, el área es conocida por tener tornados con frecuencia.

La urbanización de apartamentos de lujo de $45 millones de Crescent, ubicada en Westshore, se enorgullece en diseñar para estos bajos códigos, con elementos similares a los de Atlanta. Si se tiene un cortador de galletas que produce dinero, ¿por qué no utilizarlo en todos lados? Sin embargo, la compañía parece inteligente al no mantener por mucho tiempo sus futuras obligaciones financieras. Otra urbanización construida anteriormente, Crescent Bayshore, fue vendida a un inversionista institucional por $111 millones. Por lo general, estos inversionistas se enfocan en finanzas a corto plazo para tomar sus decisiones. Tal vez, los fondos de pensiones y retiro a más largo plazo deberían ser los preocupados. El sistema actual permite que las construcciones no resilientes sean muy rentables para los proveedores y desarrolladores de materiales, por lo que tenemos muchas de ellas.

Buscando construir incluso a mayores alturas, la industria maderera propone que los rascacielos utilicen secciones más gruesas de madera, la razón es que el fuego solo quemará parcialmente esta madera sin llegar a quemarla rápidamente por completo. Sin embargo, los problemas son tanto su costo mayor como la seguridad de ocupar de nuevo un edificio cuya estructura ya se ha quemado (algo similar a manejar un carro "carbonizado").

Tal vez, la industria maderera (junto con el USDA) debería dejar de gastar las decenas de millones de dólares que se gasta cada año en estudios, publicidad, influenciar el código, *lobby* y contribuciones políticas para hacer crecer los mercados y solo ofrecer a los clientes lo siguiente: **si durante los 10 primeros años su estructura se quema o se pierde debido a altos vientos, ellos reemplazarán la madera gratuitamente.** ¿Será que pueden, finalmente, tomar la responsabilidad por lo que dicen y poner su dinero donde está su boca (Hammurabi lo aprobaría bastante)?

Apuesto a que es un riesgo que nunca tomarán; si no están dispuestos a hacer la apuesta, ¿por qué debería hacerlo el público?

Capítulo 15
El cuarto de máquinas de la madera mundial:
Canadá grita: ¡árbol cae!

No es coincidencia que su bandera esté adornada con una hoja de árbol. Si hay un país que ha hecho lo máximo para asegurarse de que el mercado nacional y el maderero de los EE.UU. estén protegidos y en desarrollo, es Canadá.

El 46% de la superficie Canadiense está destinada a los bosques y a la propiedad forestal. Alrededor de 4 millones de kilómetros cuadrados (km2) están sobre la mitad de la superficie adyacente a los EE.UU. A nivel provincial, los gobiernos poseen el 93% de esta. Más de la mitad está ubicada en tres provincias: Quebec, Ontario y Columbia Británica; en términos de existencia de árboles de madera blanda, las tres representan el 77% del total de Canadá. Columbia Británica con casi el 60% de esta, podría ser catalogada como el "capitolio de la madera" de Canadá (si no es del mundo).

El 75% de los bosques canadienses o alrededor de tres millones de km2 están disponibles para la tala, de estos, cerca de la mitad están sujetos a la administración forestal; de hecho, cada año se corta menos del 1%. Durante la reciente recesión de EE.UU., esto cayó a la mitad del porcentaje. Canadá tiene bastante madera para vender y Columbia Británica está encargada de asegurarse de que se venda.

Con el fin de aumentar su imagen de sostenibilidad, entre los años 2000 y 2010, Canadá logró grandes avances para certificar sus prácticas de gestión forestal. Actualmente, lleva la delantera en el mundo con una superficie certificada tres veces mayor que los EE.UU. y cerca de ocho veces mayor que cada una de las de Rusia, Suecia y Finlandia por separado. La certificación se refiere a una combinación de cosecha controlada, replantación, biodiversidad y prácticas de calidad en el manejo del agua, que puedan ser verificadas por un tercero.

En décadas recientes, los bosques en las partes occidentales de Norteamérica han sufrido de una enfermedad natural: la plaga del escarabajo de pino de montaña, sólo en Columbia Británica afectó a 160.000 km2 de bosques. No se ha aplicado aún ninguna cura factible a gran escala, y la madera infectada es inapropiada para la construcción; como alternativa, ahora los canadienses promueven la quema de esta, como una fuente de combustible (de ahí el reciente alboroto de la biomasa "ecológica").

Canadá sólo consume el 40% de su producción, con un 60% sobrante para vender, es la "Arabia Saudita" de los exportadores madereros. EE.UU. importa dos tercios de esta, situación que lo convierte en el mercado más importante de Canadá. El tercio restante va para Asia, principalmente para Japón y China, que ha crecido superando así a Japón. Columbia Británica es responsable del 70% de las exportaciones, mientras Quebec y Ontario en conjunto fueron el otro 20%; estos dos últimos disminuyeron significativamente durante la recesión, al no poder competir contra los bajos costos de Columbia Británica.

La construcción de viviendas es el mercado objetivo más grande. Por esta razón, Canadá tiene un fuerte interés en los códigos de construcción de los EE.UU. y su industria maderera está deseosa por participar en su programa *check-off*. Es razonable suponer que la resiliencia del entorno de construcción de los EE.UU es bastante baja en sus prioridades y preocupaciones. Por el contrario, a mayor riesgo de destrucción, mayor consumo de madera para la reconstrucción.

Mientras Canadá exporta exitosamente la no-resiliencia a los EE.UU., ¿qué tan bien le va en ese sentido? Varias de sus regiones enfrentaron peligros de incendios, inundaciones y terremotos.

La capacidad de resiliencia de Canadá con relación a los incendios es baja. Tan solo en el periodo de cuatro años entre 1999 y 2002, se incendiaron más de 150.000 construcciones residenciales y 1.200 personas murieron. Las pérdidas económicas alcanzaron los $3,2 mil millones y la línea de tendencia sigue en aumento. Para un país con una décima parte del tamaño de la población de los EE.UU, esto debería ser una gran preocupación sobre vulnerabilidad.

Sin embargo, la influencia política de la industria maderera evita que sean fortalecidos sus códigos de construcción. Incluso, se ha debatido por años en el Parlamento, una iniciativa propuesta por la Asociación Internacional de Bomberos, para recolectar y reportar las estadísticas relacionadas con los incendios a nivel nacional. Intereses especiales no quieren que dicha información sea accesible al público. El sistema Canadiense, encargado de recolectar estadísticas nacionales de incendios forestales, está bien organizado. Sin embargo, pospone el seguimiento y reporte de los incendios que afectan a su gente, mientras prescribe que viven y trabajan en construcciones vulnerables a los incendios.

Los códigos canadienses de construcción han seguido un patrón similar al de los EE.UU. con la autoridad ejecutada en provincias y distritos. Aun siendo un país más pequeño, su enfoque en los códigos modelo ha sido más unificado. Desde 1941, su gobierno federal ha publicado un código modelo llamado el Código Nacional de Construcción. Este fue expedido por el Instituto de Investigación en Construcción (IRC por sus siglas en inglés), parte del Consejo nacional de investigación canadiense (NRC por sus siglas en inglés) y actualizado en un ciclo de cinco años.

Al igual que en los EE.UU., este código modelo no tiene una condición jurídica hasta que lo adoptan las jurisdicciones locales. Al igual que en los EE.UU., los intereses locales dan forma a modificaciones y varianzas. Como es de esperarse, el resultado son códigos débiles, especialmente respecto a los peligros de incendios, pero también, a ciertos diseños sísmicos.

Los gobiernos, particularmente, a nivel provincial apoyan la industria maderera en muchos aspectos. Debido a que ellos poseen la mayoría de los bosques, tienen un margen en los precios de la madera y las regalías. De forma tradicional, las autoridades canadienses fijan precios a una fracción de la tarifa al otro lado de la frontera con EE.UU. Como resultado, la industria ha recibido un estimado de $3-3.5 miles de millones (EE.UU.) en subsidios anuales.

A cambio, los gobiernos imponen políticas que controlan en gran medida lo que hace la industria .Esto ha incluido requerimientos mínimos de recolección, mandatos de procesamiento nacional y restricciones en las exportaciones de leña cruda. Esto evita que la industria ajuste los volúmenes de producción cuando la demanda del mercado ocurre en ciclos. Con el fin de vender el volumen prescrito se ven forzados a exportar, o incluso a "desechar" la madera, y qué mejor lugar que su vecino, los EE.UU.

Tales políticas han mantenido los precios de la madera de EE.UU. artificialmente bajos, dificultando de esta manera la competencia de otros materiales más resilientes. En ocasiones, también han causado dificultades a los productores de madera de EE.UU, los cuales tienen costos mayores y sufren el choque de las fluctuaciones de volumen del mercado. La mayoría de los productores estadounidenses perdieron dinero durante la recesión pasada, muchos tuvieron que cerrar, y algunos fueron comprados a bajos precios por sus competidores canadienses.

El razonamiento para tales políticas del gobierno ha sido mantener altos niveles de empleo en la industria canadiense. *En nuestro mundo interconectado, ¿quién imaginaría que las políticas sociales de un país podrían afectar la capacidad de resiliencia de otro?* Pero sí es posible.

Por supuesto, la industria maderera de EE.UU. no se ha quedado quieta. La llamada disputa de la madera blanda entre Canadá y los EE.UU se ha mantenido por un tercio de siglo. Incluso el ex presidente Carter (del estado maderero de Georgia), en 2001, dijo al New York Times: *"los gobiernos provinciales otorgan una corta anual permisible a los propietarios de aserraderos, al precio bajo que sea necesario para mantener completamente los empleos en la industria maderera...{esto} está comenzando a causar problemas con la industria maderera en los Estados Unidos..."*

Por muchas décadas, ha habido negociaciones del Departamento de Comercio, determinaciones de la Comisión de Comercio Internacional, evaluaciones de aranceles compensatorios, memorandos de acuerdos, impuestos de exportación, retiros, requerimientos de depósito de efectivo, determinaciones del Acuerdo General sobre Aranceles Aduaneros y Comercio (GATT, por sus siglas en inglés), revisiones de tratado de libre comercio entre los Estados Unidos y Canadá, intervenciones del congreso, acuerdos, problemas de aplicación, fallos de renovación, más aranceles compensatorios, paneles del Tratado de Libre comercio de América del Norte (TLCAN), decisiones de la Organización Mundial de Comercio, aranceles anti *dumping*, retos en el Tribunal de Apelación Estadounidense, más acuerdos, más asuntos de cumplimiento, más arbitraciones, más violaciones … y así, sucesivamente.

Finalmente, en Octubre de 2006 las partes alcanzaron una distensión bajo el acuerdo sobre la madera blanda, que proporciona un mecanismo de solución de una disputa actual y un procedimiento arbitral. Este se renovó en 2012 con fecha de expiración a finales de 2015. No obstante, continúan siendo retos, paneles, impuestos, supuestas violaciones, afirmaciones anuales, etc.

A lo largo de esta historia, se ha clarificado que Canadá tiene poca intención de cambiar drásticamente sus políticas sociales. Aunque Canadá sigue siendo un gran aliado y amigo político, en el tema de resiliencia del entorno de construcción, esta ha hecho más daño a su aliado del que los legisladores o el público de ambos lados saben.

Capítulo 16
Falso Sentido de Seguridad:
Una Cultura Para el Desastre

No se trata simplemente de que la urbanización aumente el riesgo de desastre de manera exponencial (nuestra 2da Ley). Un síntoma igualmente preocupante es que esta cultiva paralelamente un falso sentido de seguridad. El peligro real está en el espacio creciente entre los niveles de amenaza de desastre y los de riesgo percibido. Examinemos más allá.

Cuanto más se desconectan los humanos de la naturaleza, más tienden a ignorar y menospreciar las fuerzas de la naturaleza. La gente en las áreas rurales circundantes y en los pequeños pueblos es, notablemente, más consciente y respetuosa con la naturaleza en su vida diaria y en sus acciones. Por siglos, la gente en los pueblos tradicionales de las montañas supo dónde y cómo construir; sin urbanismo ni códigos oficiales, sin ingenieros ni científicos, pero con una apreciación más clara de las fuerzas naturales.

Llamémoslo "micro resiliencia". Esta es una característica perdida en la vida urbana. La urbanización produce una fabricada realidad de riesgo, a medida que reducimos el contacto con la naturaleza y aumentamos el contacto con otras personas; esta tiene dos dimensiones:

Primero, percibimos la seguridad en números. Generalmente, nos sentimos más seguros cuando otros están a nuestro alrededor. Además, si esos otros están haciendo lo mismo que hacemos, nos sentimos, incluso, más seguros en nuestras acciones.

Segundo, la urbanización refuerza la omnipresencia y la "omnidependencia" del gobierno. Cada vez nos apoyamos más (y nos relajamos) en la noción de que el gobierno nos protege y se encarga de nuestra seguridad. Así, cuando el gobierno declara que algo es seguro, debe serlo; entonces, cuando algo va mal, esperamos que el gobierno entre, nos cuide y pague por los daños excesivos.

Los políticos de oficio refuerzan esta forma de pensar. Todos quieren aparentar tener el control. El gobierno es capaz de abordar cualquier problema que podamos tener. Lo que esperan de los ciudadanos es que sigan las reglas, paguen los impuestos y ayuden a que los reelijan, o en su defecto, a que se mantengan en el poder. Para los políticos esto último es, tal vez, lo más importante.

El único problema es que las fuerzas naturales no escuchan a los políticos. La naturaleza tiene la posición más fuerte (e independiente). Apostar constantemente contra las fuerzas naturales, es apostar contra la "casa". Seguir doblando la apuesta en políticas y prácticas no resilientes es una estrategia segura hacia la bancarrota.

Sin embargo, los gobiernos son reticentes a admitir cuando sus propias políticas son la causa principal de los desastres emergentes. Cuando la naturaleza ataca, estos cambian instintivamente a modo respuesta de emergencia y a conveniencia, culpan al "tiempo" o más recientemente al "clima"; emergen para mostrar públicamente que tienen el control. Los medios contribuyen a sensacionalizar los desastres y convertirlos en "destruc-tenimiento". En el proceso, los dedos acusan, se hacen promesas; fondos del gobierno y de ayuda se abren temporalmente. Con el tiempo, algunos códigos mejoran pero no lo suficiente; después de todo la furia ha disminuido y la atención se ha concentrado en otras cosas, la vida vuelve a la rutina de siempre; sólo para que el *ciclo desastre urbano - resiliencia* se repita.

No nos damos cuenta de que hemos sido condicionados a buscar comodidad en la noción de que los códigos de construcción nos protegen adecuadamente; es lo que constructores, desarrolladores y muchos provee-dores desean que creamos. Como lo hemos visto, a menudo estos códigos los protegen y benefician, más de lo que protegen y benefician a los consumi-dores. Generalmente, a los políticos les causa ansiedad contradecir esto; tal vez debido al miedo de culparse indirectamente ellos mismos, incluso si quisieran rechazar la tentación continua de las contribuciones políticas que estos intereses ofrecen.

De todas maneras, estas medidas son insostenibles. Eventualmente, el gobierno (i.e. sus ciudadanos) no puede permitirse el costo creciente de los desastres. Una solución es aprender de nuevo a protegernos mejor a un nivel básico, es decir, volviendo a la micro resiliencia. ¿Estamos listos para que nos saquen de nuestra zona de confort? y si es así, ¿quién nos ayudará a hacerlo?

Las políticas públicas que proporcionan mayor transparencia en resiliencia, educación y motivación serían más responsables que las que tenemos hoy en día. Esto significaría una más amplia difusión de que los códigos representan sólo estándares mínimos y que son los resultados inestables de un intenso compromiso técnico, económico y político. Quizás, es algo que se debería enseñar en cada escuela primaria. Particularmente, cuando se trata de vivienda, el segmento más propenso a los desastres, claramente se debería revelar que la razón principal por la que los códigos se mantienen bajos, es la política social: asegurar la "asequibilidad" para los niveles de más bajos ingresos.

Se debe debatir si esta es una política social inteligente. Los segmentos de bajos ingresos son los que menos pueden solventar los desastres. ¿Realmente la prevención de desastres es discrecional y voluntaria como la "débil y barata" facción quiere que creamos? Si es así, entonces solo los ricos pueden pagarlo. ¿O es indiscrecional e importante que todos vivan en una vivienda resiliente? si es la última, deberíamos discutir cómo ayudamos a los de más bajos ingresos a solventarlo.

Lo que descubriremos es que los beneficios de elevar toda la sociedad a niveles más altos de resiliencia, son mayores que el costo de ayudar a las categorías de bajos ingresos a solventarlo; esto constituye un beneficio social para todos. En vez de acceder constantemente a la noción de que la resiliencia es inasequible, nuestras políticas públicas deberían comenzar a reflejar que la sociedad no puede permitirse vivir sin ella.

El nivel de resiliencia que una sociedad escoge no es algo que debe decidirse en organizaciones profesionales, o en la ICC, en el estado o los consejos de códigos locales bajo la presión de grupos de intereses especiales. Es algo que debe decidirse en debate público abierto, como lo propuso la Asociación de Investigación en Planeación y Urbanismo del área de la bahía de San Francisco (SPUR, por sus siglas en inglés) (Capítulo 9).

El desafío es que este confía en un público que está mejor educado acerca de riesgos, desastres y opciones. No en la educación proporcionada por la publicidad de la industria y los programas *check-off*, que es lo que más tenemos hoy en día. La mayoría de los esfuerzos de comunicación pública se enfocan en la supervivencia personal, dando por hecho, que estaremos en construcciones vulnerables de calidad inferior. Tal vez, lo que hace falta son organizaciones de vigilancia de interés público dedicadas a la resiliencia, para que eduquen, reten, expongan y sacudan el *status quo*, similar a aquellas que han llevado el movimiento ecológico hacia el cambio.

Probablemente, la capacidad de resiliencia no aumentará hasta que el gobierno federal adopte una serie de políticas responsables de resiliencia, en oposición, a la colcha de retazos de contradicciones ineficientes con las que vivimos hoy en día. Si usted está listo para darse por vencido, ¡por favor no lo haga! Como lo discutiremos a continuación, el gobierno de los EE.UU lo logró con éxito, hace décadas cuando se enfrentó con el mejoramiento de la resiliencia de autotransporte.

Capítulo 17
Fuera del camino pedregoso:
Hacer resilientes a los Carros

En este punto podrá estar desanimado y preguntarse si hay esperanza de cambio. Mi respuesta es sí. En este sentido, la historia de los automóviles en Estados Unidos proporciona información útil.

Como se menciona en el Capítulo 2, pasamos la mayor parte de nuestras vidas en edificios, le sigue el transporte en el número dos, en realidad es más peligroso estar en automóviles que estar en edificios. Hace medio siglo, este riesgo era muchas veces mayor y aumentaba de manera problemática.

En 1965, Ralph Nader publicó un libro titulado 'Inseguro a Cualquier Velocidad: Los peligros del diseño del automóvil americano', el cual marcaría su ascenso como figura pública. Su libro pionero criticaba el historial de seguridad de los constructores de automóviles y los acusaba de oponerse a los esfuerzos para mejorar la seguridad. Formado como abogado con una breve experiencia en el gobierno, no tenía experiencia directa en la industria automotriz, en vez de eso se basó en material público e información de expertos de la industria.

Mostró ejemplos de cómo los constructores de automóviles evadían sistemáticamente críticas bien fundadas y técnicamente informadas, exponiendo la presión política del constructor para oponer y retrasar nuevas características de seguridad. En ese momento General Motors (GM) era el constructor de automóviles más grande del mundo, y Nader centró un capítulo en su polémico modelo Corvair, en otro discutió cómo la industria influyó y distrajo el "establecimiento de seguridad de tráfico" para que mirara hacia otro lado ignorando los problemas de seguridad reales.

La industria, GM en particular, trató en un principio de acosar e intimidar a Nader, lo que fue contraproducente. En 1966 el presidente de GM se presentó ante el Senado de Estados Unidos para disculparse por las acciones de su compañía, Nader demandó y la compensación que recibió de la corte le ayudó a lanzar su movimiento por los derechos de los consumidores. 13 años después, el ex ejecutivo de GM John DeLorean admitió en su libro que las críticas de Nader eran válidas. La leyenda de los automóviles Lee Iacocca admitió posteriormente algo similar.

Sin embargo, no todo el mundo compartía su punto de vista. Thomas Sowell en su libro de 1995 'The Vision of the Anointed' argumentó que Nader ignoró y desestimó los puntos medios entre seguridad y accesibilidad. Eso debe sonar familiar.

La verdad es que la seguridad de los automóviles fue un problema grave desde sus inicios. En 1925 la tasa de mortalidad fue de 17 por cada 100 millones de millas recorridas por vehículo. En los tiempos del libro de Nader, cuarenta años más tarde, se había reducido a 5,3. A pesar de que esta disminución parecía impresionante, no lo era, los kilómetros por vehículo habían incrementado siete veces. De ahí que en números absolutos las víctimas mortales eran más del doble, acercándose a 50.000 anualmente. Los constructores de automóviles estaban satisfechos, Nader no.

Un año más tarde, el Congreso de los Estados Unidos tomó medidas y se pasó la "Ley Nacional de Seguridad de Tráfico y Vehículos" de 1966, se estableció la "Oficina Nacional de Seguridad en Carreteras" (que ahora se llama "Administración Nacional de Seguridad del Tráfico en Carreteras") autorizada a establecer y hacer cumplir las normas nacionales tanto para automóviles como para carreteras.

Si hoy gozamos de un alto nivel de seguridad en carreteras y automóviles, se debe a las medidas adoptadas desde entonces. Su primer director, William Haddon un médico de profesión, aplicó métodos analíticos para abordar las causas fundamentales del problema de seguridad en lugar de centrarse en los síntomas y vendajes. Se establecieron e implementaron numerosas mejoras en los estándares de diseño de los automóviles y las carreteras. Estos incluyen muchas de las cosas que damos por sentado hoy en día: reposacabezas, volantes con absorción de energía, parabrisas de alta resistencia, cinturones de seguridad, sólo por mencionar algunos. En el diseño de carreteras, las mejoras incluyen la demarcación de curvas, señales y postes de separación, mejor iluminación, barreras de contención, barandas y mucho más.

Además se inició un intenso programa de sensibilización y educación pública. La campaña atrajo socios que incluían al gobierno, escuelas, negocios y comunidades. Hoy 50 años después, la tasa de mortalidad es 80% inferior al 0,7 por cada 100 kilómetros recorridos por vehículo. En números absolutos, las muertes se han reducido en un tercio a pesar de que las millas por vehículo se triplicaron.

Esto se asemeja en muchos sentidos a los problemas relacionados con nuestro tema: los constructores que se oponen a estándares más fuertes, que aplican presión política y se esconden detrás de las reclamaciones de asequibilidad. Tal vez lo que necesitamos es un Ralph Nader de la industria de la construcción para impulsar el cambio, fortaleciendo el sistema disfuncional que ha debilitado severamente la resiliencia de nuestro entorno construido.

Nader levantó la bandera, pero la industria de seguros puso la mayor parte de las bases en la promoción de la seguridad. Para aquellos con edad suficiente para recordar, algunos de los anuncios más frecuentes en la televisión mostraban maniquíes en automóviles chocando contra las barreras, llevaron la seguridad hasta la sala de los consumidores.

¿Implementar mejores características de seguridad añade costos? Sí

¿Se reduce la demanda del mercado para los automóviles? No

¿Se afecta la asequibilidad de los automóviles? No

¿Los constructores de automóviles cambian su forma de hacer negocios? Sí

¿Subir el listón para toda la sociedad beneficia a todos? Sí

Hoy en día los consumidores no se imaginan la compra de un automóvil sin estas características de seguridad, incluso si fueran opcionales, familiares, amigos y vecinos protestarían y los llamarían irresponsables.

En lugar de obstruirlas, los constructores de automóviles ahora comercializan activamente sus ventajas de seguridad. Compiten para superar a los demás con nuevos y más innovadores diseños de seguridad aún no requeridos por la ley. La anterior carrera a la baja se ha convertido en una carrera a la cima. Los constructores de automóviles siguen siendo conscientes del costo y la asequibilidad, pero no a expensas de la seguridad.Las décadas de 1960 y 1970 fueron un momento en que los automóviles de los Estados Unidos no eran construidos para durar. El modelo de negocio era la obsolescencia temprana (o destrucción) de los automóviles con el fin de que los consumidores compraran de nuevo cada dos o cuatro años. Ese modelo se mostró insostenible, ya que la competencia extranjera abrió los ojos de los consumidores a los automóviles de mayor duración (es decir, más resilientes). Lo que en gran medida ayudó fue que se mejoró la transparencia pública, la educación generalizada y las métricas de rendimiento de terceros en materia de seguridad, calidad y rendimiento fáciles de entender.

Hoy todo el mundo produce automóviles más duraderos, funcionales y de más bajo mantenimiento. Los constructores de automóviles meten las manos al fuego al incluir garantías de varios años, la industria automovilística muestra significativamente más responsabilidad y se encarga de los principales defectos de la mayor parte de la vida útil de un automóvil (¡A Hammurabi le encantaría!).

¿Están las compañías de seguros abandonando el área de seguros para automóviles? ¿Varían bruscamente las tasas después de un año "malo"? De hecho, se han involucrado más y compiten de manera agresiva por los clientes, incluso se rumorea que Google está entrando. No hay absolutamente ninguna necesidad de que el gobierno intervenga en los seguros para automóviles o en los contribuyentes para rescatar los esquemas de pérdida de dinero. Todo debido al hecho de que las causas subyacentes de riesgo son bien conocidas y gestionadas, porque el gobierno realmente hizo lo que se suponía que debía: hacer que los productos sean más resistentes. El riesgo estructural se abordó con soluciones estructurales.

¿Se puede replicar lo que se logró con los automóviles y la seguridad vial para hacer los edificios más resilientes ante las amenazas? Yo creo que sí. Tres diferencias lo hacen más difícil en el entorno construido:
- Una larga historia de fragmentación y proteccionismo territorial.
- Muchos constructores dispersos, en lugar de unas pocas grandes empresas.
- Un proceso de construcción menos controlable.

Sin embargo, estos obstáculos no son insuperables y no deben impedir que el gobierno federal actúe.

En 2010, el Instituto de Aseguramiento para la Seguridad en Empresas y Viviendas (IBHS) abrió unas instalaciones de pruebas de choque, únicas en su clase, de 40 millones en Carolina del Sur. Financiado en su totalidad por las compañías de seguros y reaseguros de propiedad, su objetivo era mostrar cómo se comportan realmente las diferentes casas de uno y dos pisos y edificios comerciales a escala real cuando se "estrellan" con peligros naturales. Estos riesgos incluyen huracanes hasta categoría tres (210 kilómetros por hora), lluvia, granizo e incendios forestales. Su impresionante cámara de prueba mide 1950 metros cuadrados y seis pisos de altura.

Durante los últimos cinco años las pruebas de choque del IBHS han demostrado que muchos de los códigos y prácticas de construcción en el lugar no protegen a las personas y los bienes. Los resultados han sido compartidos con los constructores, proveedores de materiales y funcionarios públicos, sólo el público en general no ha tenido aún un conocimiento generalizado de esto, ya que los resultados no han sido emitidos.

¿Cuánto tiempo esperará la industria de seguros antes de que estas pruebas de choque se muestren en la televisión y otros medios de comunicación y sean llevadas directamente a los hogares de los consumidores? Creo que primero pretenden construir credibilidad, dar tiempo a los legisladores para reaccionar y trabajar con la comunidad de la construcción para lograr el cambio. Sin embargo, si esto falla, espero que estén listos y dispuestos a hacer lo que hicieron exitosamente con la seguridad de los automóviles que estimuló la conciencia pública, la educación y la reacción.

Si el gobierno federal está realmente comprometido con la resiliencia, deben hacer lo mismo. De hecho, ¿no sería apropiado que el gobierno pidiera a la industria de la construcción que pagara una campaña de concienciación pública haciendo uso de una parte de sus fondos check-off y de publicidad, similar a lo que hicieron con la industria del tabaco?

Cuando los consumidores se den cuenta de cuan inseguras son sus casas y los edificios construidos bajo código y se enteren de la disponibilidad de opciones anti-riesgo, tal vez llegarán a ser compradores con una mente más resiliente. Los constructores ya no tienen la excusa de que los compradores no están dispuestos a pagar por edificios más resistentes.

El IBHS no sólo está poniendo a prueba la insuficiencia de los productos y códigos de construcción actuales, sino que también demuestra cómo las actualizaciones rentables pueden mejorar los hogares y edificios nuevos y existentes. Probar nuevos productos y aplicaciones debería ayudar a estimular una innovación más resiliente en la industria de la construcción.

El IBHS está pidiendo a la ICC, estados y municipios, adoptar rápidamente estas prácticas en los códigos. Pero el "sistema arteroesclerótico" está obstruido por la inercia. Sólo el aumento de la conciencia pública y la presión obligarán a la acción sobre los códigos. Sin embargo, el IBHS no está a la espera de mejoras en el código, ha creado su propio estándar de resiliencia adicional al código, llamado 'Fortificado'.

Una nueva casa o edificio puede ser construido, o uno ya existente reequiparse, a un nivel Fortificado. Los propietarios de viviendas Fortificadas disfrutan de una mayor seguridad y resistencia a los peligros que generalmente se correlaciona con menores costos de operación y mantenimiento. También se benefician de las primas de seguro reducidas en estados donde los reguladores de seguros lo permiten. Tales edificios merecen beneficios e incentivos adicionales tales como, licencias, financiación, impuestos, tasación, valor de reventa e imagen favorables.

De hecho, un estudio realizado por la Universidad del Estado de Florida en 2012, concluyó que las casas construidas bajo el código más resiliente de construcción de la Florida de 2002, encabezaron un precio de reventa 12,3% mayor en comparación con los derechos adquiridos durante de los códigos anteriores más débiles. Esto intensifica un desastre mayor en los años siguientes, una fuerte señal que relaciona la capacidad de resiliencia con el valor de un edificio. Sin embargo, la mayoría de los constructores de viviendas todo lo que saben es aplastar el pisoteado camino como dinosaurios.

Ralph Nader simplemente encendió una luz en la oscura y turbia zona de la seguridad para los automóviles que afectó a la sociedad, hoy todos debemos estar agradecidos con él por ello. Encender ese mismo tipo de luz sobre las prácticas de construcción y sus relativos es lo que necesitamos ahora para salir de nuestra ruta actual no resiliente y destructiva.

Capítulo 18
Pioneros que vieron la luz:
La Historia de John Freeman

John Ripley Freeman nació en 1855 en una granja en Maine, obtuvo un título de ingeniero civil en el MIT en 1876 (solo 15 años después de la fundación de la institución), después de trabajar 10 años en una empresa local de agua y energía se unió a la Mutual de Seguros contra Incendios en Boston como ingeniero e inspector. En el momento las compañías de seguros se preocupaban principalmente por los incendios.

Fue un período emocionante ya que el surgimiento de la energía eléctrica y la capacidad de bombear agua ofrecieron nuevas soluciones para hacer frente a la amenaza de los incendios urbanos. Freeman aplicó sus conocimientos de ingeniería para analizar la prevención y control de incendios, parte de su tiempo se mantuvo dedicado a la gestión del agua municipal, como consultor y como voluntario. Mantendría su compromiso con el servicio público de por vida.

En 1896 se había convertido en presidente de la Mutual de Fabricantes en Seguros contra Incendios, una posición que mantendría durante el resto de su vida. Durante los siguientes 35 años la empresa creció casi 50 veces y se hizo muy rentable, las demandas por pérdidas se redujeron en un 93% mientras que los dividendos de los asegurados se elevaron a 96% de las primas.

Freeman llamó a los seguros su vocación y a la ingeniería su pasatiempo, aplicó conocimientos técnicos para evaluar y reducir los riesgos, su estrategia era unir la práctica de la ingeniería con los principios de aseguramiento.

Tras el terremoto de 1906 en San Francisco se interesó en gran medida en éstos, estudió el tema e inició una colaboración con Japón, esto incluyó viajar extensamente a otros países para estudiar las causas de las fallas en la construcción antisísmica.

Freeman fue autor de numerosos libros y artículos, entre ellos 'La Salvaguardia de la vida en los Teatros' (1905),'La Protección contra Incendios de las Ciudades' (1915) y 'Daños de Terremotos y Aseguramiento para Terromotos' (1932). Se desempeñó como Presidente de la Sociedad de Ingenieros Mecánicos de América en 1905 y la Sociedad Americana de

Ingenieros Civiles (ASCE, por sus siglas en inglés) en 1922 y ayudó a fundar la Asociación Nacional de Protección contra el Fuego (NFPA).

En su calidad de servidor público sirvió como consultor en muchos países, ciudades y proyectos, incluyendo el Canal de Panamá, la cuenca del río Charles (Boston), China (río Amarillo, Gran Canal), California y Chicago. Después de visitar laboratorios hidráulicos en Europa ayudó a establecer el primer laboratorio nacional de hidráulica.

Más tarde en su vida recibiría muchos premios, reconocimientos y títulos honorarios, le ofrecieron la presidencia del MIT, pero se negó, prefiriendo seguir siendo un hombre de negocios. Sirvió en el MIT durante 40 años y ayudó a diseñar su nuevo campus en Cambridge.

Su estrategia ganadora continúa hasta nuestros días en FM Global, el eventual sucesor de su negocio original, ahora una importante compañía de seguros comerciales e industriales en 130 países que tiene seis mil millones en primas brutas, de las cuales una cuarta parte está fuera de América del Norte. Como sociedad mutualista de seguros es propiedad de sus asegurados.

FM Global asegura un tercio de las empresas Fortune 1000 en América del Norte y 27% de los establecimientos comerciales e industriales en todo el mundo. Su enfoque de mercado es corporativo, industrial y de grandes propiedades institucionales, su enfoque hacia el negocio de los seguros sigue siendo no tradicional. Aunque la mayoría de las aseguradoras de propiedades evalúan el riesgo y calculan las primas usando modelos actuariales (es decir, la probabilidad) basados en datos históricos, FM Global emplea análisis de ingeniería para evaluar, reducir y gestionar los riesgos de los clientes.

La misión de FM Global da fe de su convencimiento de que la mayoría de las pérdidas de bienes se pueden prevenir. En un centro de investigación de 1.600 acres en Rhode Island pone a prueba los productos de construcción contra los riesgos de viento, fuego, agua y explosiones.

Los resultados muestran que, siguiendo a los clientes del huracán Katrina que siguieron las recomendaciones del código FM Global, sufrieron ocho veces menos daños que los que no lo hicieron. La mayoría de las aseguradoras de propiedades simplemente juegan un juego financiero de apuestas al riesgo "probabilístico". El enfoque de FM Global para los seguros es 'determinista', es decir, se invierte con la certeza de la resiliencia.

Cuando se diseña mal un riesgo, como prescriben la mayoría de los códigos de construcción, lo único que podemos esperar es que el riesgo no te toque (llamémoslo riesgo "estructural"). Esencialmente, estás en una mesa de juego apostando contra la naturaleza. Cuando el riesgo se diseña en forma adecuada se gana un alto nivel de certeza de que se podrá soportar. La incertidumbre que queda (llamémoslo riesgo "residual") llega si se ha perdido u olvidado algo, o porque de alguna manera haya un error humano. En última instancia, eso es lo que FM Global pretende asegurar.

El historial demuestra que funciona, asegurar a los que apuestan con riesgo estructural es un mal negocio, mientras que asegurar el riesgo residual es un negocio inteligente. El riesgo estructural debe ser abordado a través de soluciones técnicas, no seguros. El riesgo estructural fue lo que se redujo significativamente a medida que los automóviles se hicieron más seguros; sin embargo, los códigos de construcción de hoy en día todavía contienen un alto nivel de riesgo estructural.

El premio a la elección de los compradores de la revista Business Insurance nombró a FM Global el mejor asegurador comercial general y el mejor por servicio y experiencia. El premio del administrador del riesgo de la revista Property Casualty 360 –National Underwriter de 2013 le dio A FM Global una calificación máxima en nueve categorías. En 2008, la revista Euromoney la nombró "mejor aseguradora de propiedades en el mundo".

Curiosamente, Shivan Subramaniam, CEO desde 1999 y presidente desde entonces, es un ingeniero (mecánico) con un título en administración del MIT, más de un tercio de los 5.000 empleados de FM Global son ingenieros. En su informe anual de 2013 señala que la clave de nuestro éxito a largo plazo es el compromiso que tenemos con nuestros clientes para hacer sus instalaciones y empresas más resilientes.

FM Global promueve y ayuda a sus asegurados a invertir en capacidad de resiliencia. Se ha demostrado en varias ocasiones que estas inversiones valen la pena. En 2013 FM Global devolvió 435 millones a sus asegurados, el más alto en la historia, desde 2001 se han devuelto más de dos mil millones. Comparemos esto con NFIP, que en el intento de asegurar el riesgo estructural de inundación ha vaciado a los contribuyentes estadounidenses.

El informe resalta varios estudios de casos de clientes; uno de ellos habla de cómo EMC (un importante proveedor de almacenamiento de datos) planificó su nueva planta de operaciones en la India. Se señala que "EMC y FM Global se reunieron al inicio del proyecto e hicieron hincapié en la importancia de construir por encima de las normas locales".

Hay un contraste marcado entre esto y el "niño enfermo" de la resiliencia, la vivienda en los Estados Unidos, lo que ha dado lugar a un mercado de seguros de vivienda problemático e insostenible. FM Global prefiere no participar en este mercado, ¿Por qué? Porque el mercado residencial está atrapado entre los códigos de construcción inadecuados y la regulación politizada e inflexible (a menudo ignorante) de los seguros.

De hecho, puede no ser práctico tener un equipo de ingenieros de FM Global mirando a todas y cada casa. Pero no hay que hacerlo, se pueden aplicar principios técnicos de sonido para hacer que los códigos de construcción hagan su trabajo debidamente. Sin embargo, el actual código de construcción basado en el consenso no ha podido cumplir en la reducción del riesgo estructural por la enorme cantidad de tiempo y recursos que consume. Una combinación de políticas públicas miopes, funcionarios mal informados y que se benefician los intereses privados, ha diluido constantemente los códigos de construcción de vivienda y ha creado un entorno construido vulnerable al riesgo... a expensas del público.

Eso es precisamente lo que la IBHS y la industria de seguros tratan de corregir actualmente.

Capítulo 19
Predecir lo impredecible:
Límites de Compartir Los Problemas

Los seguros son probablemente una de las actividades humanas menos comprendidas, se intuiría que compartir una mala situación entre un mayor número de personas es mejor que sobrellevarla solo. Es «Mejor», a menos que compartirla haga que todos (o muchos) subestimen los riesgos colectivamente y se genere un riesgo estructural.

Como se explicará, los seguros de propiedad se diferencian de todas las otras formas de aseguramiento a las que estamos acostumbrados, tales como los de automóviles, vida y salud. Sin embargo se han tratado y regulado como si fueran lo mismo. Sólo recientemente nos dimos cuenta del terrible error que esto es (por desgracia, muchos vuelven a la negación, mientras que los nuevos operadores siguen siendo ignorantes). Examinaremos un modelo simplificado de lo que en realidad se trata.

Supongamos que se contratan 1.000 pólizas por $100 de cobertura con una prima anual de $1 cada una, supongamos también que la probabilidad media histórica de pérdida es de 0,8% anual. Por lo tanto, si la historia se repite, en 10 años la aseguradora recaudará $10.000 y pagará $8.000, esto deja en promedio $200 al año para los gastos de funcionamiento y rendimiento del capital invertido. Hasta ahora parece fácil.

Sin embargo, todo esto se basa en la suposición de que los promedios históricos de riesgo se repitan. Incluso si eventualmente lo hacen, en el corto plazo pueden fluctuar violentamente (especialmente si los riesgos son estructurales). Digamos que el rango de pérdida anual varía de 0,2% a 2% ¿Qué pasa si en los próximos cinco años las pérdidas resultan ser 1%, 2%, 0,6%, 1,2% y 0,8%, con un promedio de 1.12% o 40% por encima de la media histórica?

Asumamos que el capital invertido es de $5.000 o el 5% de la cobertura total del seguro ($100.000), supongamos también que los ingresos de inversión cubren los gastos de operación y que el costo del capital es del 8%. Si hacemos las cuentas, el negocio está en problemas para el tercer año y en bancarrota (es decir, perdió todo su capital) para el cuarto año.

Si la línea de tendencia de la pérdida va hacia arriba (debido a la urbanización y costalización), basándose en los promedios históricos la empresa siempre termina en bancarrota; aunque se recapitalice y aumente constantemente las primas, a menos que de alguna manera se gestione el riesgo estructural y se reduzcan los picos de pérdidas (reducir la volatilidad de la pérdida a riesgo simplemente residual) el modelo no funcionará. Ejes paralelos múltiples están trabajando en contra: el comportamiento no elástico, la urbanización, la volátil gama de riesgos y los ocasionales años "raros" fuera del rango, así como una pérdida de 3, 4 o 5%, además de enfrentar un público que se queja y regulaciones obstructivas al proponer que se aumenten las primas post-desastre, o ser presionados para reducir las tasas tras unos años afortunados sin incidentes.

Por el contrario, ¿alguna vez se han preguntado por qué las aseguradoras aman los seguros para automóviles y los seguros de vida? ¿Por qué GEICO y los progresistas no se están promocionando el uno al otro en la televisión, la radio y la web para vender sus seguros de propiedad? En muchos estados de EE.UU. las aseguradoras están dejando, evitando o limitando la actividad inmobiliaria residencial. ¿Qué hace a este tipo de seguros distinto al de propiedad?

Las razones:
1. La gente tiende a ser más predecible como conjunto que la naturaleza.
2. La mayor parte del riesgo en automóviles y seguros de vida es residual y no estructural.

En otras palabras, los riesgos estructurales en los automóviles y en la vida se han reducido significativamente en el siglo pasado; la medicina ha erradicado muchos decesos y la esperanza de vida sigue aumentando, la salud pública ha mejorado, las campañas contra el tabaco están funcionando y las aseguradoras pueden calificar a los fumadores como de mayor riesgo, las carreteras y los automóviles son más seguros, la policía toma medidas contra los hábitos de conducción inseguros, los análisis actuariales basados en datos históricos funcionan bien en la predicción de pérdidas de automóviles y de vidas dentro de un estrecho rango de variación, no hay grandes fluctuaciones y años "raros".

En el mundo de la propiedad las grandes fluctuaciones de desastres se han convertido en la norma, las pérdidas pueden fácilmente duplicarse y triplicarse de un año a otro, mientras que la probabilidad de que esto ocurra en los automóviles y la vida es casi cero.

Con el estado actual de vulnerabilidad del entorno construido, las pérdidas por riesgo se están haciendo impredecibles, lo que también significa no asegurables, no tenemos idea de lo que nos va a golpear de un año a otro con un entorno construido en mal estado para resistir el impacto. Sin embargo, un gran segmento del gobierno y del público todavía creen que los seguros y la respuesta a los desastres son la solución ¿Quién les va a contar?

Nassim Nicholas Taleb es un eminente académico estadounidense, filósofo, inversionista y autor. En su best seller de 2007 *El Cisne Negro*, discutió cómo nos preparamos mejor para hacer frente a eventos inesperados y de alto impacto. Un evento 'cisne negro' es aquel que:

1. Sorprende al observador.
2. Tiene un efecto importante.
3. Se racionaliza por retrospectiva como si pudiera y debiera haberse esperado.

El último punto es particularmente interesante, significa que la información ya existe y sugiere que un cisne negro puede pasar, pero de alguna manera es ignorado o no se tiene en cuenta en nuestra consideración del riesgo. Gran parte de lo que experimentamos hoy con respecto a los desastres se refiere exactamente a eso.

Taleb argumenta que hay pocas esperanzas para tratar de predecir con exactitud cuándo y dónde ocurrirán tales acontecimientos, además de que los mecanismos de distribución de riesgos no funcionan con los cisnes negros, la mejor manera de compensarlos es la construcción de vigor general (él lo llama antifragilidad). En otras palabras: aumentar la capacidad de resiliencia.

Su teoría denuncia esencialmente el uso generalizado de la distribución de probabilidad normal (que es la columna vertebral del análisis de riesgos tradicional) como un fracaso para protegernos de los fenómenos extremos, el pensamiento estadístico colectivo respecto a los peligros naturales ha demostrado subestimar los riesgos en repetidas ocasiones. Sólo genera una sensación engañosa de confort y nos relaja en la inacción relativa (es decir, actúa como un tranquilizante).

El pensamiento de tipo consenso (a la ICC, los códigos de Consejos estado, etc.) es por naturaleza una curva de campana y nunca toma una posición proactiva en cisnes negros impredecibles. Los códigos de construcción de Estados Unidos han caído en esta trampa, mientras tanto, la información que sugiere que los cisnes negros están llegando está a nuestro alrededor... aunque el "sistema" sigue sin verla ni darse cuenta de ello.

Taleb concluye que los eventos cisne negro no necesariamente sorprenden a todos, un evento cisne negro para un pavo no es lo mismo que para su carnicero, el objetivo es evitar "ser el pavo", identificar las vulnerabilidades y actuar con antelación para 'convertir los cisnes negros en blancos'.

Infortunadamente, en lo que respecta a los desastres en los Estados Unidos la frecuencia de la incidencia del 'pavo' parece estar en aumento, mientras que el sistema nos sigue manteniendo tranquilizados.

Capítulo 20
Invertir o Apostar:
Breve Historia de los Seguros

En el artículo 'In Nature's Casino´ de la revista New York Times de 2007, el reconocido corredor de bolsa de Wall Street convertido en autor, Michael Lewis (del famoso ' Póquer del mentiroso '), describe cómo los seguros para catástrofes se están convirtiendo en la última sala de juego de grandes apostadores. El problema es que muchos de estos jugadores apuestan en gran medida los ahorros del público.

La historia de los seguros sigue la historia de los desastres urbanos, muchos de los desafíos y limitaciones que enfrentamos hoy en día son el resultado de esta evolución. Por ello vamos a tomarnos el tiempo para analizarla y entenderla en este capítulo, que al igual que muchas otras cosas nació en el fuego.

Los seguros de propiedad surgieron de los primeros días de comercio y seguros marítimos, e inicialmente sólo cubrían incendios. El incendio de Londres en 1666 sembró los inicios de la industria, un plan de 1667 para la nueva ciudad incluyó la ubicación de una oficina de seguros a pesar de que no existía, en 1681 el economista Nicholas Barbon creó la primera compañía para asegurar nuevas casas construidas en ladrillo afiliando cerca de 5.000 edificios.

Pronto surgieron más aseguradores, algunos eran sociedades mutualistas propiedad de los asegurados, mientras que otras eran sociedades anónimas propiedad de los inversionistas. La mayoría emplearon su propio servicio de extinción de incendios privado (aún no se había creado uno público), marcaron los edificios con sus logos para su fácil reconocimiento y si el edificio en llamas no estaba asegurado por ninguno de ellos, simplemente lo ignoraban. Eventualmente juntaron equipos y recursos para establecer estaciones de bomberos dispersas en varios lugares de la ciudad, creando la base para futuros servicios de bomberos municipales.

En la América colonial Benjamín Franklin ayudó a avanzar en la práctica de los seguros, promovió el concepto de un seguro perpetuo, donde el pago por adelantado de una prima aseguraba la propiedad contra el fuego de por vida. En 1751 fundó una de las primeras compañías mutualistas de seguros y se adelantó en advertir al público sobre los riesgos de incendio. Curiosamente, la empresa se negó a asegurar edificios de madera por ser demasiado arriesgado (qué revelador).

Las ciudades portuarias alojan la mayor parte de las compañías de seguros de carga y marítimos, a comienzos de 1800 las guerras frecuentes causaban interrupciones recurrentes de envíos y embargos, esto más la aparición de la fabricación nacional les impulsó a expandirse hacia los seguros contra incendios de propiedad. Estas políticas ahora cubrían tanto las estructuras de los edificios como su contenido.

Durante mediados de los años 1800 los aseguradores se centraron en los mercados locales individuales, algunos tenían agentes en otras ciudades, pero muchos estados desalentaron la competencia de compañías de fuera del estado gravando sus primas. Entonces, un devastador incendio en el distrito financiero de la ciudad de Nueva York en 1835 causó alrededor de 20 millones en pérdidas. 23 de las 26 aseguradoras locales se declararon en bancarrota. Esto enseñó a las aseguradoras la valiosa lección de diversificación del riesgo.

Se dieron cuenta de que la forma más rápida y menos costosa para crecer era involucrar agentes en varias ciudades, en 1860 el sistema de las aseguradoras locales había sido reemplazado en su mayoría por empresas nacionales con redes de agentes locales.

Las barreras de entrada en la industria eran bajas, los estados adoptaron leyes de incorporación uniformes con bajos requerimientos de capital, el número de competidores se multiplicó al igual que la reducción de precios, las primas se basaban en los costos a corto plazo sin tener en cuenta el impacto de los grandes incendios ocasionales. Así, cuando estos eventos ocurrieron, muchos asegurados quedaron sólo con documentos de pólizas sin valor. El sistema era disfuncional.

Así comenzaron los esfuerzos de la industria para controlar las primas, en 1866 setenta y cinco aseguradoras formaron el Consejo Nacional de Aseguradores, se crearon juntas locales en todo el país para establecer tasas uniformes, sin embargo, cuatro años después del esfuerzo se vino abajo.

La alta incidencia de fallas en los seguros y la necesidad de proteger a los consumidores provocó el inicio de la regulación del sector. En 1850, Nueva York y Massachusetts se convirtieron en los primeros estados en codificar las leyes de seguros, adoptaron un nivel mínimo de capitalización 100.000, que pronto volvería a resultar insuficiente para cubrir grandes eventos de fuego.

En 1860 cuatro estados habían establecido departamentos de seguros a cargo de un inspector, dos décadas después el número había aumentado a 25.

En los estados sin un departamento formal, el tesorero del estado o la secretaría de estado actuarían en esa calidad.

Una decisión de 1868 del Tribunal Supremo de Estados Unidos confirmó el papel de los estados en la regulación de los seguros al declarar que no era comercio interestatal, de ahí que durante muchas décadas los seguros estarían exentos de regulación federal.

El incendio de Chicago 1871 tomó a los aseguradores y al gobierno por sorpresa, fue un "cisne negro" bona fide. En retrospectiva, había un montón de pruebas para predecir que esto pasaría (solo recordar a Londres). Alrededor del 50% de las propiedades quemadas estaban aseguradas, las pérdidas de seguros ascendieron a $100 millones, casi 200 compañías de seguros tenían negocios en Chicago en ese momento, 68 quedaron en bancarrota. El capital de las supervivientes se vio gravemente afectado, los asegurados recibían un promedio de 40 centavos de dólar.

Un año más tarde, otro incendio en Boston destruyó la totalidad del distrito mercantil. Al ser comercial, el 75% de éste estaba asegurado y las pérdidas de seguros ascendieron a $50 millones, los asegurados recibían 70 centavos de dólar, 32 empresas se declararon en bancarrota. Este fue el segundo golpe para la industria en dos años.

Al darse cuenta de que las primas eran insuficientes para la poca capacidad de resiliencia de las zonas edificadas aseguradas, la industria hizo un segundo intento de fijación de tarifas. En 1875 la Junta Nacional fue revitalizada con 1.000 juntas locales, organizadas en distritos y estados con el Consejo Nacional como árbitro final. Sin embargo, los agentes locales, acostumbrados a fijar sus propias tarifas, se opusieron a esta estructura vertical. El esfuerzo de nuevo se derrumbó en la recesión económica que siguió a la crisis financiera de 1873.

Por último, en 1877 la industria hizo su tercer intento, desmantelaron la burocracia central y dejaron que los agentes establecieran consorcios de fijación de tarifas locales independientes. El Consejo Nacional se propuso recopilar estadísticas y promover la prevención de incendios, y funcionó. A mediados de la década de 1880 casi todas las tasas en los EE.UU. fueron establecidas por estos consorcios.

El rápido crecimiento del comercio y la inversión en propiedad durante este período contribuyeron al éxito del programa, este crecimiento tejió una interdependencia entre los agentes. Las aseguradoras habían quedado traumatizadas por las pérdidas anteriores, cada agente representó varias aseguradoras, pero cada aseguradora deseaba sólo una fracción del riesgo en una propiedad o bloque urbano en particular, era común entonces que los agentes reunieran una docena o más de diferentes aseguradoras sólo para asegurar una propiedad grande. Puesto que compartían el negocio tenían muy pocos incentivos para competir en precio, los que se negaron a cooperar fueron dejados fuera de las ofertas.

Las tasas más altas que prevalecieron ayudaron a estabilizar la industria y permitieron grandes pérdidas ocasionales inesperadas, las juntas locales demostraron ser duraderas incluso durante las crisis económicas, además dieron comienzo a algo más.

La "ciencia" de los seguros contra incendios estaba todavía en sus inicios, las juntas locales comenzaron la inspección de propiedades y el desarrollo de métodos para la valoración del riesgo de construcción, algunas incluso crearon sistemas de valoración con incentivos; penalizarían las propiedades por defectos anti fuego y las recompensarían por las mejoras. Esto partía de la posición habitual de los agentes de establecer las tasas en función de su conocimiento personal e idiosincrasia local. Los agentes comenzaron a combinar su conocimiento personal con datos objetivos dentro de las juntas locales, se formaron los comienzos de la ciencia actuarial de la que la industria dependería en gran medida más adelante.

Los asegurados, sin embargo, no estaban conformes con las tasas más altas y muchos se quejaron con los legisladores estatales. En 1885 Ohio se convirtió en el primer estado en aprobar leyes anti-compactas que prohibían a la industria la colusión en las tasas, para 1906 diecinueve estados habían votado por leyes similares. Sin embargo, estas no eran eficaces, las aseguradoras simplemente establecieron agencias de valorización privadas para proponer tasas de asesoramiento "recomendables" que por lo general eran seguidas por la industria.

La década de 1880 fue un período de rápido crecimiento económico y expansión de la construcción; la cobertura de los seguros creció un 50%. Para 1890 el 60% de las propiedades quemadas estaba asegurado, este nivel se mantendría hasta la década de 1910 cuando se elevó al 70%. Se debe tener en cuenta que la mayor parte de este crecimiento se registró en los estados del norte, sobre todo lejos de las costas inmediatas. En el mundo previo al aire acondicionado, los estados del sur más propensos al riesgo aún no se habían descubierto.

En la década de 1900, dos desastres pusieron a prueba a las aseguradoras, el incendio de Baltimore y el terremoto de San Francisco. Estos demostrarían cuán fuerte y estable se había vuelto la industria.

El incendio de Baltimore de 1904 causó $55 millones en pérdidas aseguradas, 90% de las reclamaciones fueron pagadas y sólo unas pocas empresas se declararon en quiebra. El desastre de San Francisco de 1906 fue mucho más severo, el terremoto provocó incendios que ardieron durante tres días destruyendo más de 500 manzanas de la ciudad, las pérdidas ascendieron a $350 millones de los cuales estaban asegurados dos tercios. Sin embargo, fue menos que un cisne negro debido a que la industria estaba preparada financieramente, 90% de las reclamaciones fueron pagadas, sólo alrededor de 20 compañías tuvieron que suspender los negocios, algunas sólo temporalmente.

El buen desempeño de la industria en Baltimore y San Francisco obligó a los gobiernos de estado a reconsiderar sus puntos de vista sobre los ajustes a las tasas colaborativas. Sin embargo, aún estaban bajo la presión de los asegurados, muchos estados abandonaron las leyes anti-compactos, en su lugar fijaban tasas uniformes ellos mismos o aprobaban las tasas determinadas por la industria. Kansas fue el primero en aprobar una ley de fijación de tarifas en 1909, la industria desafió la constitucionalidad de la ley y la llevó a los tribunales, en 1914 la Corte Suprema de Estados Unidos falló a favor de Kansas, se declararon los seguros como un bien público sin perjuicio de la regulación de precios (similar a la electricidad).

Nueva York fue el estado más importante para los seguros, en 1911 se aprobó una ley menos estricta que la de Kansas. La ley estaba influenciada por una investigación legislativa en el marco del Comité Merritt, un comité legislativo de 1905 había descubierto la corrupción y la especulación financiera en el negocio de los seguros de vida, algunos legisladores esperaban descubrir irregularidades similares en la industria de los seguros de propiedad, pero no lo hicieron. En 1911, el Comité Merritt concluyó que el negocio de los seguros de propiedad en realidad apenas era rentable, lo que sugirió que la cooperación entre empresas era a menudo por el interés público y recomendó que las juntas (y oficinas) de la industria continuaran estableciendo las tasas con la supervisión del estado.

Si bien la ley de Nueva York conservó las juntas, también se centró en la prevención de la discriminación, es decir, requería tasas similares para propiedades similares, las tarifas establecidas por las juntas serían presentadas al estado para su revisión. Sin embargo, por primera vez la ley también requirió la presentación de estadísticas uniformes, muchos estados siguieron el enfoque de Nueva York y en 1920 veinte estados habían legislado algún tipo de regulación similar para los seguros.

La necesidad de recoger y presentar estadísticas tuvo consecuencias de largo alcance para la industria, dado que casi todas las grandes empresas hacían negocios en Nueva York, la ley del estado tuvo implicaciones nacionales. Así nació la necesidad de un sistema de clasificación uniforme.

En 1914, la industria creó una oficina actuarial dentro del Consejo Nacional para recoger y enviar datos a los estado, en el trabajo con las comisiones de seguros se establecieron normas de clasificación uniformes en toda la industria, la recolección periódica de datos uniformes impulsó el desarrollo de la ciencia actuarial en el campo de los incendios.

El concepto de no discriminación introducido por Nueva York puso a la industria en la pendiente resbaladiza de no distinguir las diferencias de riesgo entre propiedades de categoría similar; algo que eventualmente pagarían muy caro. Esto llevó a las aseguradoras a confiar más en el análisis actuarial en lugar de las condiciones técnicas actuales del riesgo para bienes asegurados. La posterior extensión de los métodos actuariales de incendios a otros riesgos resultaría desastrosa, ya que el viento, las inundaciones y la amenaza de terremotos resultarían ser menos predecibles actuarialmente que el fuego.

A medida que un mayor uso de materiales de construcción no combustibles, sistemas de prevención y protección contra incendios se impusieron en ciudades de Estados Unidos, las grandes catástrofes por incendios se convirtieron en cosa del pasado. Una de estas alternativas de prevención de incendios fue el uso de asbestos, la NFPA lo recomendó y los códigos de construcción insistieron en ello, medio siglo más tarde todos se arrepentirían.

Otras aseguradoras comenzaron a ofrecer cobertura contra el viento, las inundaciones, el granizo y otros peligros. Sin embargo, por lo general una aseguradora diferente suscribía cada peligro individualmente con tasas establecidas por distintas oficinas, mientras que los agentes armaban los paquetes. La mayoría de los estados aún no había permitido a las aseguradoras individuales cubrir múltiples peligros.

En 1944 sería el próximo hito de la industria, el gobierno federal presentó una demanda antimonopolio en contra de la Asociación de Aseguradores del Sureste (que fijó las tarifas en el sureste de EE.UU.) y el Tribunal Supremo consideró que la Asociación estaba violando la Ley

Sherman. De este modo, por primera vez los seguros de propiedad estarían sujetos a regulación federal. Es interesante que la misma lógica federal nunca se extendió al tema de los códigos de construcción, el eje del riesgo subyacente de la industria.

En respuesta, el año siguiente el Congreso aprobó la Ley McCarran-Ferguson que permitió a los estados mantener la regulación de seguros siempre y cuando cumplieran con ciertos requisitos federales. La industria estaba exenta de ciertas disposiciones antimonopolio, la Asociación Nacional de Comisionados de Seguros (NAIC) tuvo tres años para desarrollar modelos de leyes de desarrollo de tasas para que los estados las adoptaran.

En 1946, la NAIC aprobó modelos de leyes de tasas que requerían la aprobación previa estado-por-estado para entrar en vigor. Durante la década de 1950 todos los estados aprobaron leyes de tasas, pero muchos se desviaron del modelo, algunos estados permitían a los aseguradores individuales proponer tasas que podrían diferir de las recomendaciones de la junta, mientras que otros requerían que las agencias fijaran tarifas comunes para todos. La industria trató de preservar el sistema de clasificación de la junta el mayor tiempo posible, pero ya estaba en declive.

Un auge de la construcción siguió a la Segunda Guerra Mundial, la vivienda unifamiliar comenzó siendo más del doble en 1950 en comparación con la década de 1940. La expansión urbana estaba en su apogeo, lo que permitió a los constructores de viviendas alejarse de los códigos de construcción más estrictos de los centros urbanos, y aplicar normas semi-rurales.

El número de viviendas construidas durante la década de 1950 fue tanto como las construidas durante los 30 años anteriores, también el uso de aire acondicionado provocó una migración a largo plazo desde el norte de la región del Cinturón del Sol, más vulnerable a desastres. Una tercera tendencia que comenzó fue el aumento de la migración a las zonas costeras vulnerables. A continuación se presentan los comienzos de la vivienda privada unifamiliar de Estados Unidos por década (millones):

1900	2,4
1910	2,3
1920	4,3
1930	2,1
1940	4,7
1950	10,3

1960	9,2
1970	11,4
1980	9,9
1990	11,0
2000	12,3
2010	7,5 (ritmo basado en datos de 2010-2015)

Los consumidores querían casas más grandes y precios constantes y los constructores de viviendas encontraron maneras de reducir costos mediante la construcción de estructuras de madera más ligeras. Ya que las hipotecas requerían seguros, la demanda de seguros aumentó; sin embargo, suscribir la cobertura de riesgo único en un mercado creciente ya no era rentable ni eficiente para la industria.

Los consumidores, ahora unidos por los constructores de viviendas, presionaron a los legisladores por tarifas más bajas, como resultado los estados comenzaron a cambiar las leyes que permitían a las aseguradoras suscribir múltiples riesgos. En 1950, la Compañía de Seguros de América del Norte con sede en Filadelfia introdujo la primera póliza de riesgos múltiples para un solo propietario. Ésta prometía 20% de ahorro, en comparación con la compra de coberturas por separado. Anunciaba:

¡Una idea nueva de aseguramiento! La nueva póliza de propietarios de la Compañía de América del Norte lo protege contra la pérdida causada por incendio, robo, rayos, viento, explosión, granizo, disturbios, daños de vehículo, vandalismo y contaminación. Aquí, en una sola póliza, los propietarios están provistos de seguros esenciales a un precio considerablemente inferior a las cuatro pólizas separadas que sustituye.

Nótese que no mencionaba inundación o terremoto. Las aseguradoras ya estaban preocupados por el creciente riesgo de posibles inundaciones (ante la incredulidad de gobierno), pronto otros se unirían al nuevo mercado de seguros de propiedad para riesgos múltiples y se inició una nueva junta de tasas. Los agentes no estaban conformes porque ganaban comisiones más bajas en comparación con la práctica tradicional de agrupar ellos mismos las coberturas, sin embargo, las pólizas demostraron ser muy populares entre los consumidores. Las ventas de primas crecieron de cero a $68 millones en 5 años y a $1.5 mil millones para 1965, mientras que los incendios y otros mercados de riesgo único se estancaron. Los seguros multirriesgo se convirtieron rápidamente y siguen siendo hasta hoy el mayor segmento de seguros de propiedad de Estados Unidos con aproximadamente $70 mil millones al año.

En el ciclo sin fin de políticas de más versus menos competencia de seguros, un comité del Senado de Estados Unidos en 1959 (llamado O'Mahoney) declaró que la competencia debería ser de nuevo (deja vu) el principal regulador de la industria. Esto dio "luz verde" a los estados para que los aseguradores individuales se desviaran más fácilmente de las tasas de la junta, lo que esencialmente significaba una baja en las tasas. Durante la década de 1960, la regulación se desarrolló en dos vías, la mayoría de los estados se movió hacia una mayor competencia de precios, mientras que unos pocos continuaron adhiriéndose a un estricto sistema de aprobación de tarifas, con el paso del tiempo esto llegaría a socavar la solidez financiera de la industria.

Durante 1960 se intensificó la competencia en el mercado residencial de riesgos múltiples, lo que redujo las primas convirtiéndolo en uno de los segmentos de seguros menos rentables. Sin embargo, los mercados estaban creciendo rápidamente y las aseguradoras valoraban y defendían la cuota de mercado, ya que no había ocurrido ningún evento mayor desde San Francisco, los desastres no eran altos en sus mentes. Ahora eran firmas financieras y de marketing, con poca comprensión técnica de los edificios que aseguraban, se sentían cómodas, dándose empujones de vez en cuando con el gobierno, pero en general sintiéndose seguras. Con poca memoria, la industria se movía en la dirección equivocada, los reguladores también estaban relajados y contentos porque los consumidores tenían tasas bajas.

Tanto la industria como el gobierno ignoraron el creciente riesgo causado por la rápida urbanización, los patrones de migración al sur y a la costa, la expansión de peligros-vulnerables y el estancamiento de los códigos de construcción. Todos fueron socavando rápidamente la capacidad de resiliencia (las Leyes 2 ª y 3 ª). Todo el sector de vivienda estaba siendo construido predominantemente con madera barata, lo que ellos no vieron fue el cisne negro que literalmente los elevaría de sus asientos 25 años más tarde.

Las juntas de tasas comenzaron a consolidarse por sí mismas, en la década de 1970 las tasas que proporcionaron eran meramente consultivas, las aseguradoras podrían usar cualquiera de ellas o desarrollar unas propias. Estas organizaciones de asesoramiento continuaron proporcionando las estadísticas requeridas a los estados, también proporcionaron un fácil acceso (y en retrospectiva optimista) a la información para los nuevos participantes de la industria. Una de las más grandes agencias, la Oficina de Servicios de Seguros se convirtió en una corporación con fines de lucro en la década de

1990, por lo que quedó fuera del control de la industria de seguros, la cual desarrollaría posteriormente un sistema de clasificación para la efectividad de los códigos de construcción (Lista de Códigos de Clasificación de la Eficacia de las Edificaciones) que proporcionó una visión limitada de lo malo que era en realidad el sistema de códigos de construcción.

El problema principal era que todos los análisis actuariales en que las aseguradoras confiaban estaban basados en décadas de datos carentes de grandes catástrofes, se basaron en estas estadísticas en lugar de lo que realmente estaba sucediendo con los propios edificios. Aislados en sus "torres de marfil " actuariales omitieron la evidencia visible de que los edificios y las comunidades se estaban haciendo más riesgosos rápidamente. Durante décadas, este análisis mal dirigido alimentó una intensa competencia de mercado que llevó a la industria a depreciar el riesgo, la tormenta perfecta estaba en camino, y como diría Taleb, se habían convertido en "el pavo".

En 1992, el huracán Andrew sorprendió al mundo inmobiliario, un "cisne negro" bona fide de esta magnitud, con la industria totalmente sin preparación, no ocurría desde Chicago. Tomó a todos por sorpresa, en retrospectiva la información estaba allí (los mismos edificios), lo podrían haber predicho.

Sin embargo las aseguradoras residenciales habían dejado de mirar los edificios reales desde los días de las juntas locales de un siglo antes, no tenían realmente idea de lo que estaban asegurando. Su principal fuente de confianza estaba en los datos actuariales que les habían provisto, ahora eran organizaciones financieras, legales y de marketing. John Freeman habría negado con la cabeza y les habría dicho que los seguros de propiedad no se tratan de las finanzas; se tratan de la ingeniería.

Las pérdidas de seguros por Andrew alcanzaron un nivel sin precedentes $16 mil millones, 11 compañías de seguros quedaron en bancarrota; otro 30 perdió más del 20% de sus excedentes de capital, casi un millón de asegurados quedaron sin aseguramiento. Las aseguradoras ahora no sabían cómo evaluar y fijar precio al riesgo inmobiliario, sus modelos les habían fallado, mientras miraban para otro lado el entorno construido que habían asegurado se hacía menos y menos resiliente.

La mayoría de las aseguradoras simplemente salió del estado, corrieron pero no podían esconderse. De lo que nunca se dieron cuenta fue de que en las próximas décadas varios cisnes negros volverían en su contra, el primero en Nueva Orleans y más tarde en Nueva York/Nueva Jersey. La industria se estaba volviendo ciega en lo que concernía al aseguramiento de hogares.

Incluso hoy día los sistemas de información existentes carecen de los datos necesarios sobre la resiliencia de las propiedades específicas que aseguran, la mayoría son todavía incapaces de integrar el conocimiento local de sus agentes e inspectores. En lugar de los actuarios, ahora dependen de las "cajas negras" de los modeladores de riesgo que son terceros, además, las regulaciones de privacidad, legados poco confiables y la rivalidad entre competidores, limitan aún más su capacidad de compartir, utilizar y hacer transparente la información crítica, incluso a niveles estadísticos globales. Esto los inhabilita para evaluar el riesgo adecuadamente y mantiene a los consumidores en la oscuridad. Es una situación que ciertamente ya no sirve al interés público. Sin embargo, los políticos y los reguladores no lo han apreciado plenamente.

Lo más alarmante es que nadie conoce el perfil global de los edificios estadounidenses destruidos o dañados en las tragedias, nadie recoge estadísticas nacionales, regionales o incluso según los principales eventos, las características del tipo, edad y construcción de dichos edificios. La FEMA y los reguladores de seguros del estado no lo requieren, las mejores compañías de seguros tienen piezas del rompecabezas, pero no existen mecanismos para el intercambio o la combinación de información, la transparencia es inexistente, todo lo que escuchamos son números de grandes pérdidas. Como resultado, el público generalmente desconoce cuáles edificios de la misma zona tienen mayor o menor riesgo de peligro. Hasta que esto se aborde continuaremos conduciendo en la oscuridad.

En una desviación equivocada posterior, el Congreso aprobó el Acta de Modernización Financiera en 1999 permitiendo a los bancos y firmas asociarse con las aseguradoras. La industria financiera convenció al gobierno de que esto era una buena política en la teoría, en diez años el colapso financiero demostraría que era una mala idea. En lugar de hacer un seguro menos arriesgado, esto expuso a los asegurados a los riesgos financieros mal concebidos que los bancos y las empresas de seguridad estaban tomando.

El pequeño mercado de seguros comerciales básicamente siguió el camino de los residenciales. Los seguros de grandes propiedades comerciales, institucionales e industriales tomaron una dirección diferente y más sana, éste mercado se benefició de una menor distorsión procedente de las regulaciones de seguros más asequibles y por los códigos de construcción, lo que permitió una interacción más directa entre las aseguradoras y los compradores y los educó para gestionar simultáneamente el riesgo y el costo en beneficio de ambas partes, esto ayudó a compañías como FM Global a perfeccionar su enfoque más técnico hacia la gestión de riesgos.

¿Las autoridades reguladoras se durmieron al volante? En general, la regulación de seguros se ha convertido en una importante fuente de ingresos para los estados. En el año 2000 se generaron más de $10 mil millones en honorarios, licencias, etc. Solo alrededor del 8% en realidad se destinó a pagar los costos de la regulación de seguros, el 92% restante fue a parar en las arcas generales de los estados para ser invertido en otro lugar. Los gobernadores de los estados designan a la mayoría de los miembros de la Comisión, aunque en algunos estados son elegidos.

Los reguladores consideran que su función primaria es la protección de los consumidores, lo que normalmente significa una combinación del mantenimiento de la solvencia de las compañías de seguros evitando el fraude descarado y el mantenimiento de las tasas bajas. Sin embargo, también sufren de poca memoria y de dependencia de los modelos, no ven su papel como la gestión del riesgo de amenazas estructurales subyacentes.

Los reguladores también se relajaron cada vez más, con la idea de que el gobierno iba a rescatar a los consumidores cuando las aseguradoras fallaran. Como el gobierno asumió un papel más importante como fuente o asegurador definitivo de los fondos de ayuda, los reguladores enfocaron cada vez más su atención en mantener las tasas bajas (sin darse cuenta de que esto aumenta la toma de riesgo del consumidor). Cuando pasan unos años sin desastres, los consumidores tienden a olvidar las vulnerabilidades inherentes a largo plazo y exigir tasas más bajas, ejercen presión sobre los funcionarios, quienes no reconocen que el próximo gran desastre puede estar al acecho a la vuelta de la esquina.

Hoy en día la propia industria de seguros de propiedad está pasando por otro ciclo de autoengaño a corto plazo bajo la vigilancia de los reguladores, han pasado tres años sin un cisne negro desde Sandy. En un ambiente de primas altas, pérdidas a corto plazo bajas y tasas de interés bajas, los inversionistas están apurados (recuerden la canción de Elvis "... los tontos se apresuran"), ejerciendo una presión a la baja sobre las primas. Mientras el riesgo real subyacente impulsado por la disminución de la capacidad de resiliencia sigue aumentando, el precio a corto plazo del riesgo, impulsado por los mercados financieros, está disminuyendo. Ellos volverán a quemarse como los inversionistas en el pasado, cuando el próximo gran desastre en los Estados Unidos probablemente rompa la marca de pérdida de $100 millones.

Esta divergencia entre el riesgo a medio plazo y precio del riesgo a corto plazo debería preocupar a los reguladores; sin embargo, están tan inmersos en su papel de negociadores de precios que no visualizan los peligros por adelantado. Sería mejor si los reguladores pidieran a las aseguradoras fijar el margen de primas entre las más bajas a corto plazo y las pérdidas esperadas superiores a mediano plazo en un fondo de emergencia para 'cisnes negros'. Pero nadie confía en que el gobierno no saquee esos fondos ocasionalmente para pagar cosas no relacionadas.

Un impedimento adicional es que la propiedad representa una pequeña parte del universo de los seguros que supervisan los reguladores, tienen poco tiempo y aún menos conocimiento para participar en asuntos críticos de reducción de riesgos como el aumento del entorno construido resiliente. Copiándose de los seguros de vida, muchos consideran discriminatorio hacer distinciones de riesgo entre propiedades, también suelen desconfiar de sanciones e incentivos para los consumidores con respecto al riesgo. Por supuesto, si las tasas prevalecientes ya infravaloran el riesgo, hay poca capacidad de bajarlas aún más para los edificios resistentes.

Además los reguladores no estimulan ni crean un entorno propicio para que aseguradoras ayuden a aumentar la concienciación acerca de la capacidad de resiliencia en el mercado, las aseguradoras por lo general no han colaborado entre sí en la reducción de riesgo local por temor a las leyes antimonopolio.

La NAIC recoge una gran cantidad de datos estadísticos y publica numerosos informes y estudios para los miembros y el público, tratando de abordar temas de desastres y de código entre los reguladores, incluso impulsándolos a promoverlos de manera más directa dentro de sus estados. Sin embargo, se ha logrado muy poco.

En conclusión, los seguros de propiedad carecen en general de un socio en el gobierno para abordar adecuadamente lo que debería ser el objetivo compartido de reducir el riesgo en el entorno construido. Irónicamente, en la actualidad la industria de la madera recibe más ayuda del gobierno en la gestión del riesgo de desastres que la que recibe la industria de seguros.

Capítulo 21
Daltónicos:
Cincuenta Matices de Verde

Uno de los principales retos de la sostenibilidad es medirla, en especial cuando el objetivo es motivar, reconocer y recompensar para influenciar las decisiones y el comportamiento. La mayoría de experiencias en edificios hasta el momento ha sido dentro de la dimensión "verde" de la sostenibilidad.

El *US Green Building Council* (USGBC) es una organización sin ánimo de lucro con el mayor impacto en la construcción ecológica o "verde" en décadas recientes. Su Liderazgo en Eficiencia Energética y Diseño Ambiental (LEED, por sus siglas en inglés), presentado en el año 2000, es la tercera parte dominante en el sistema de clasificación certificado de construcciones verdes. Sus placas en las entradas de los edificios son bien reconocidas con niveles de rendimiento certificadas, de plata, oro o platino.

En 1993, los fundadores del USGBC (un inconforme de los bienes raíces, un ejecutivo de mercadeo de aire acondicionado y un abogado ambiental del gobierno) estaban juntos en Washington D.C. Era una época de "optimismo verde", ya que la primera administración de Clinton y Gore llegaba al poder. El ejecutivo de mercadeo, Rick Fedrizzi, hasta hace poco ocupó el puesto de presidente de la junta directiva y de presidente.

En la actualidad, USGBC tiene más de 13.000 miembros (en su mayoría compañías) y 77 divisiones. Se han capacitado 200.000 profesionales en LEED en 135 países. 52 000 edificios, que abarcan aproximadamente tres mil millones de metros cuadrados, son o están en el proceso de ser certificados en LEED. Han añadido a los edificios a razón de 450.000 metros cuadrados al año, incluyendo muchos edificios públicos. También organiza "Greenbuild", la conferencia y exposición sobre construcciones verdes anual más grande del mundo.

El éxito de USGBC ha incentivado a los gobiernos, tanto federal como local, a proponer regulaciones, legislaciones y cambios en los códigos para convertir la eficiencia energética en un requerimiento estándar para las edificaciones, en especial para las instalaciones públicas. Cada vez más estados y municipios ofrecen incentivos, especialmente beneficios en los impuestos, a desarrolladores privados para la certificación en LEED.

LEED es un sistema basado en puntos que no requiere análisis energético o ambiental. Consiste en una lista de comprobación de criterios de construcción, ambientales y humanos en seis áreas: sitio de desarrollo, ahorro de agua, eficiencia energética, selección de materiales, calidad ambiental en interiores e innovación/diseño. Comenzó en edificios comerciales nuevos, pero en 2005, se expandió a hogares e instalaciones educativas, así como a edificios comerciales ya existentes.

Se ha criticado al LEED porque se dice que no brinda rendimiento de la eficiencia energética y que los profesionales han aprendido a engañar al sistema. Incluso USGBC ha admitido que *la información actual indica que los edificios no se desempeñan tan bien como lo indican las métricas del diseño. Como resultado, los propietarios de los edificios pueden no obtener los beneficios prometidos.* Sin embargo, su rápida y amplia aceptación, su relativa simplicidad y su mercado atractivo continúan impulsando el crecimiento del LEED.

Varios de los agentes de materiales, equipos y de construcción se quejan de que el LEED los pone en desventaja, ya sea que no se vean tan "verdes" como ellos creen que deberían o que los hace menos económicos. En respuesta a esto, algunos han creado sus propios sistemas de clasificación "verdes". Los constructores de viviendas y los productores de madera son algunos de ellos.

En 2006, la Asociación Nacional de Constructores de Viviendas (NAHB, por sus siglas en inglés) se unió al Consejo Internacional de Codificación (ICC, por sus siglas en inglés) e introdujeron su propia "Guía de construcción sostenible" (es de resaltar que el Servicio Forestal de los Estados Unidos lo financió) y un "Estándar nacional de construcción verde en 2009", certificado por el Instituto Nacional Americano de Estándares (ANSI, por sus siglas en inglés). La Guía y los Estándares de la NAHB les dan a los constructores más flexibilidad, ya que no aumenta los puntos mínimos en cada categoría de la clasificación. Estos estándares son incluso más flexibles para aplicaciones caseras más pequeñas, que constituyen el mercado más grande para los constructores. Lo más importante para el costo de la certificación es dos tercios menor al LEED. Por supuesto, este es el precio de permitir muchos recortes. A pesar de que es de forma interesada y claramente no independiente, la NAHB está usando sus influencias políticas para persuadir a las autoridades de que acepten su programa como una alternativa igual al LEED.

La industria de la madera también expresó su gran desagrado por el LEED. En 2003, un artículo académico de la Asociación Americana para los

Bosques y el Papel (predecesora del Consejo Americano de la Madera, AWC) asegura que el LEED *no da un buen augurio para la madera y sus productos, que discrimina el uso de los productos de madera* y *que no da incentivos para el uso de la misma en construcción.* El LEED utiliza materiales que están a 800 kilómetros, o más cerca, del punto en el que se van a usar, mientras que la madera suele ser traída de lugares más lejanos. El LEED sólo reconoce un tipo de certificación forestal internacional (*Forest Stewardship Council*). El LEED también reconoce materiales tanto reciclados como renovables, en formas similares (cree que los materiales renovables deberían tener más crédito). Finalmente, se prefieren materiales que se renueven con mayor velocidad que aquellos más lentos, como es el caso de la madera.

La industria de la madera se sintió ofendida cuando el LEED no se creyó su autoproclamado estatus de *uno de los productos más amigables con el medio ambiente.* Se sentía como si USGBC representara *un sentimiento anticosecha preservacionista* y que la industria de la madera *no era un participante bienvenido* en el desarrollo del LEED. En otras palabras, la industria de la madera no pudo aplicar sus políticas ni la presión de sus relaciones públicas a USGBC. En respuesta a esto y bajo presión, políticos de estados productores de madera han tratado de restringir el LEED, tanto en sus estados como en gastos de apropiaciones federales. Muchos la llaman "La guerra de las maderas".

En 2004, la industria de la madera creó su propia organización sin ánimo de lucro alternativa llamada *Green Building Initiative,* GBI (Iniciativa de Construcciones Verdes) ubicada en Oregón (un estado productor de madera, por supuesto). Encontró a sus aliados en las industrias de químicos y plásticos (tales como el vinilo) que también estaban inconformes con el LEED. En 2009, GBI aseguró ser la primera organización de construcciones "verdes" acreditada por la ANSI. Así como el ICC, se enorgullece de utilizar un enfoque "de consenso".

En 2010, GBI presentó su propio sistema de clasificación de edificios "verdes" llamado "Green Globes" (Globos Verdes); en este sistema un edificio puede completar hasta cuatro globos. Este se desarrolló originalmente en Canadá como una versión fácil de un programa británico llamado *Building Research Establishment Environmental Assessment Method* (BREEAM) que apareció por primera vez en la década de 1990. Esta importación fue luego adaptada al mercado de Estados Unidos.

Las industrias de la madera y del plástico han intentado distanciar sus conexiones visibles con GBI, y así crear la ilusión de independencia; sin embargo, su presidente de la junta directiva actual es un ejecutivo de un proveedor de químicos para techos (en su mayoría de madera) y suelos, así como de muchos productos de madera; representantes de los plásticos y constructores de vivienda permanecen en la junta. El presidente anterior era integrante de un grupo de presión de la madera. El reemplazo que contrataron procedente de USGBC sólo duró un año (al parecer hubo un choque cultural) y el gobierno volvió a manos de otro *lobbista* de la madera.

GBI prefiere no interponerse en el camino de los constructores de vivienda, apoyando lo que estos han hecho. No informa sobre las estadísticas de los proyectos, pero los pocos casos de estudio que muestra son todos en estados productores de madera. Su mapa del sitio muestra muchos proyectos en Estados Unidos, que probablemente sean cerca de mil y muchos son construcciones públicas. Presionados por simpatizantes de la industria de la madera, la Administración de Servicios Generales de los Estados Unidos aceptó los Globos Verdes como una alternativa igual al LEED para las construcciones gubernamentales.

Los Globos Verdes se promueven a sí mismos como basados en la Web, más simples y económicos que el LEED, como que permiten más certificaciones de tipos de productos de madera, se enfocan más en los ciclos vitales de los materiales y son más flexibles en la adquisición de puntos al eximir algunas áreas al ponerlas como no aplicables.

No parece que los Globos Verdes puedan competir con el LEED en reconocimiento del mercado, independencia y con los grupos críticos, y por un largo tiempo estará en un distante segundo lugar.

Tanto el LEED como los Globos Verdes representan métricas de tipo prescriptivo relacionadas a "acciones verdes", por ejemplo, instalar un panel solar, un baño con uso eficiente del agua o un portabicicletas, lo que se premian con puntos de valoración. El otro enfoque para la medida es tratar de calcular de forma técnica una "huella ecológica".

A comienzos de 1990, Europa experimentó con esta fórmula más técnica y alrededor del año 2010, comenzó a exportarla a Estados Unidos. Una Declaración Ambiental Certificada (EDP, por sus siglas en inglés) establece la huella ecológica específica de un producto. Al recolectar las EDP de todo lo que va dentro del edificio, más el impacto de la actividad de instalación, de alguna manera se llega al total de la huella ecológica general del edificio. A partir de ahí, lo que hagas con eso es tu decisión. O, como lo sugieren los partidarios de EDP, se puede usar para las especificaciones y sistemas de clasificación del edificio.

En comparación con el sistema de puntuación "verde", este suena tedioso y lo es. Sin embargo, esto no impidió que algunos arquitectos e ingenieros entusiastas empezaran a pedir las EDP. Las personas de los materiales comenzaron a apresurarse para crearlas y en el proceso hicieron grandes esfuerzos para hacer ver a los otros como "menos verdes".

Incluso si se hace de forma apropiada, una EDP general sólo brinda el panorama de la huella de un edificio mientras es construido y no de la vida útil que se espera de él; no dice nada sobre la huella ambiental durante su vida de servicio. Las suposiciones de condiciones de límite para las EDP son un factor importante; por consiguiente, todo material ha tratado de establecer las condiciones más favorables.

La madera se ha esforzado para establecer y convencer que es un material "verde" único y, por esto, debería tener un trato especial y preferencial. Miremos qué significa esto.

Es bastante obvio que los árboles en un bosque son "verdes". Absorben CO_2 y brindan muchos otros beneficios ambientales. Pero ¿es "más verde" cortar árboles que sólo dejarlos ahí? Cuando los árboles son cortados, les toma alrededor de 30 años volver a crecer. Entonces, durante ese periodo, su habilidad de absorber CO_2 se reduce quizá a la mitad, si asumimos que su crecimiento es lineal. Por tanto, cortar un árbol nunca puede ser mejor que sólo dejarlo ahí.

Aquí es donde la industria de la madera juega con las suposiciones. Aseguran que en los bosques los árboles no viven por mucho tiempo (en realidad, pueden vivir por cientos de años), que morirán, caerán y, por ende, serán desperdiciados. Algunos incluso pueden quemarse en incendios forestales. Entonces, este es su argumento, cortémoslos, usémoslos y después llamamos a todo esto como una cosecha "sostenible". Si su teoría es cierta, ¿por qué no dejamos que cosechen todo el Amazonas?

Probablemente se quema más madera en los edificios cada año que en los incendios forestales. No sé si alguien haya intentado calcular esto, pero quiero intentarlo: La casa de madera promedio de EE.UU. contiene alrededor de 40 metros cúbicos, lo que corresponde a cerca de 90 árboles (aproximadamente 18 metros de alto por 35 centímetros de diámetro). Al año hay 500.000 incendios de estructuras (incluyendo multifamiliares, lo que indica más madera). Asumiendo que en promedio dos tercios de la madera se quema, eso da un cálculo de aproximadamente 30 millones de árboles. Los 3.000.000 de kilómetros cuadrados de bosque en EE.UU. contienen alrededor de 15 mil millones de árboles que van de 28 a 74 centímetros de diámetro. USFS (Servicio Forestal de Estados Unidos) estima que los incendios forestales en tierras nacionales, en promedio, afectan a 1 600 kilómetros cuadrados al año. Ahora incrementemos esta cifra a 2.000 kilómetros cuadrados, contando las tierras privadas. Esto da como resultado sólo 10 millones de árboles grandes quemados. ¡Los incendios de edificios vencen a los incendios forestales 3 a 1!

Hay validez en el manejo forestal, pero no del tipo practicado por la silvicultura comercial, incluso cuando tienen certificación. Es practicada por conservacionistas de los bosques e involucra un cultivo muy selectivo, a pequeña escala y no mecanizado. Por su naturaleza, no es rentable y por esta razón, no la practican los operadores comerciales. Sin embargo, la determinación de vender un producto suele distorsionar la visión de la realidad de las personas.

Como se habrán dado cuenta, ninguno de los parámetros anteriormente citados abordan la dimensión de la resiliencia de un edificio a los desastres naturales. Mi comentario favorito de USGBC es: *"Puedes ser categoría platino hoy y estar en la más baja mañana, Pero ¿qué tan sostenible es eso?* Un edificio con una calificación alta puede ser "verde", pero si es vulnerable al peligro no puedes ser sostenible; cuando se convierta en una pila de escombros tampoco va a ser "verde".

Entonces, ¿por qué el LEED y otros no incluyen la resiliencia en sus sistemas de clasificación o, incluso mejor, la hacen un prerrequisito para obtener una calificación? Nunca he obtenido una respuesta directa, pero creo que la razón es que no quieren ser demandados. Estados Unidos es un país litigante y sería muy fácil ser demandado por calificar un edificio que luego sufra un desastre. En especial cuando ya sabes que el sistema de códigos de construcción está lleno de vacíos (¿se han preguntado por qué nadie nunca demanda al gobierno por esto?). Claro que van a hablar y decir lo mucho que apoyan la resiliencia, pero eso es todo.

Recientemente, *Resilient Design Institute*, una organización sin ánimo de lucro de Vermont, impulsó una iniciativa dentro de USGBC para incluir algunos criterios relacionados a la planeación de la resiliencia y emergencias en el LEED como un programa piloto de prueba. Sin embargo, incluso si se adopta, serían discrecionales y podrían no evaluar la vulnerabilidad al desastre de una construcción. Pueden ser fácilmente compensados por un portabicicletas o un urinal sin agua, que el LEED provee. Es difícil igualar a la resiliencia al mismo nivel de importancia de otras cosas "verdes" que el LEED premia.

Lo que se vuelve aparente es la facilidad con la que se asegura que esto o aquello es "verde". Por lo que todos y sus similares de repente han declarado que tiene el producto "más verde". De todas formas, ¿quién se encarga de verificar? Todo es tan subjetivo y fácil de manipular. Y si cumples con todo lo que el sistema de clasificación dice, te dan un distintivo con el que presumes: "¡Soy verde!".

Es mucho más difícil hacer tales presunciones con la resiliencia. Es la naturaleza quien pone a prueba dichas declaraciones en el próximo desastre, y la naturaleza no es indulgente ni se puede manipular. Es sólo ahí que separamos a los "niños" de los "hombres". Esto es lo que IBHS busca hacer. Las compañías de seguros, con todas sus limitaciones, son las únicas que pueden hacer declaraciones creíbles sobre si una construcción es resiliente o no. Tienen mucho en riesgo. Ninguna de estas organizaciones de clasificación "verde" tiene algo en riesgo sobre aquello que declara.

Aun así, decenas de miles de personas y compañías, incluso gobiernos, están gastando decenas de millones de dólares para jugar el juego de los parámetros de clasificación "verde". ¿Por qué? Los hace sentir bien y ayuda a su imagen pública. También puede hacer sentir bien a sus empleadores, clientes y vecinos. Si ayuda a las ventas, a la moral e incrementa un poco el valor de la propiedad, puede ser un buen negocio. Si potencialmente también ahorra en costos de recursos y beneficia al medio ambiente, mejor, pero esto no está garantizado.

Desde el punto de vista de EDP, incluso si el análisis incluye la huella del ciclo de vida operativo, ¿qué pasa si esta vida se reduce debido a una falla de construcción? ¿Qué pasa si una huella un poco más grande en el momento de construcción pudo haber asegurado una vida útil más larga contra desastres futuros? La ausencia de consideraciones de resiliencia las hace irrelevantes.

Sin considerar la vulnerabilidad a los desastres de las construcciones, todos los parámetros "verdes" antes mencionados se convierten en un vertedero de basura. Si utilizar los recursos naturales sabiamente es el objetivo, lo que es mejor podría ser todo lo contrario dependiendo de la vulnerabilidad a los desastres de una construcción. O, como le he dicho a las personas de las clasificaciones: *"Si tienes que construirlo dos veces, ¡definitivamente no es verde!"*

A pesar de sus buenas intenciones, parece que cuando se trata de construcciones, el movimiento verde ha perdido el objetivo.

Capítulo 22
Renovación del ambiente construido:
De repetición a resiliencia

Para todos los progresos tecnológicos de la humanidad, crear el entorno construido sigue siendo una de las actividades más desordenadas. Está lleno de incertidumbres, retrasos, promesas sin cumplir, defectos, daños y costos imprevistos. Cualquiera que haya construido una vivienda u otro edificio sabe de lo que estoy hablando.

Muchas personas que lo hacen como modo de vida llegan a una estrategia de repetición y de simplicidad del sitio de la obra. Como resultado, la industria tiende a ser lenta para adoptar el cambio, incluso cuando es para mejorar.

Cuando se miran construcciones de siglos anteriores, las personas se sorprenden por los trabajos manuales y los detalles. Infortunadamente, nuestros centros educativos y de capacitación no dan como resultado los artesanos de épocas anteriores. Hoy en día, te sientes afortunado si puedes evitar que los trabajadores no se lastimen, sigan instrucciones, cumplan con las metas de productividad y eviten errores.

Una forma de lograr esto es delegar lo que puedas fuera del predio. Prefabricar tanto como sea posible en fábricas y tiendas, en las que la calidad y los costos pueden manejarse mejor a través de la mecanización y luego ensamblar los componentes y los subsistemas en el predio. Entre más fácil el proceso de ensamblaje, mejor. Entre más grande sea el proyecto, es más probable que el ensamblaje sea delegado a subcontratistas especializados. La estandarización, la repetición, tanto dentro como fuera del predio, combinadas con una buena gestión del proyecto se convierten en la clave para rebajar costos y evitar dolores de cabeza.

Así, con el tiempo, una cadena completa de suministros se desarrolla para crear el entorno construido. La parte negativa de este sistema es que cambia muy lentamente. Cuando se pregunta por qué los constructores se resisten tanto a los cambios en el código, la razón subyacente es que hay demasiado conferido y dependiente del status quo.

Toma entre 20 y 25 tipos diferentes de habilidades comerciales para construir una casa en los EE.UU., incluyendo reguladores de concreto, enmarcadores, soldadores, albañiles de ladrillo y bloque, carpinteros, techadores, plomeros, electricistas, instaladores de suelos, colocadores de baldosas, pintores, etc. La disponibilidad de diferentes habilidades comerciales depende de las prácticas de construcción que predominen en el área.

Por ejemplo, hay alrededor de 60.000 albañiles de ladrillo y bloque en EE.UU. Sin embargo, el 60% de ellos están ubicados en sólo 10 estados en los que la construcción con ladrillo y bloque se usa comúnmente. Mississippi, uno de los estados más vulnerables a desastres con códigos de construcción débiles, cuenta con solo 270 albañiles. Es sólo una décima parte del número de albañiles en Virginia, un estado con una población sólo tres veces más grande.

Esto puede afectar las opciones de los constructores si de repente decidieran usar muros de bloque de concreto en un estado con pocos albañiles. Las actualizaciones de los códigos que implican cambiar los tipos de necesidades requeridas, tales como cambiar de madera a bloque, tienen implicaciones en la mezcla de las habilidades comerciales. La fuerza de trabajo es una fuerte razón subyacente por la que los constructores resisten los cambios en el código.

La perspectiva a futuro de las habilidades comerciales depende de la demanda del mercado, las opciones de capacitación y el atractivo de las ocupaciones competentes. La industria se enfrenta cada vez más a la amenaza de un decrecimiento de la mano de obra, incluso mientras el desempleo general permanece alto. Para que la fuerza de trabajo no se convierta en un obstáculo para fortalecer los códigos, las políticas públicas de educación necesitan dar más apoyo al comercio y a la capacitación vocacional. Tomando de nuevo a Mississippi como ejemplo, el salario promedio anual de los albañiles es de USD37.000; es más del doble de lo que ganan los trabajadores de preparación de alimentos, de los cuales hay 13.000 en el estado. En comparación, Virginia sólo tiene 40% más trabajadores de preparación de alimentos, a pesar de que es tres veces más grande. Entonces, tener más códigos de resiliencia ayudaría, con el tiempo, a incrementar los sueldos de bajos ingresos.

En ninguna parte es aplicado de manera más agresiva el enfoque "modelo" que en la construcción de vivienda. Excepto que con el tiempo, este modelo se ha vuelto más frágil. En la actualidad, en EE.UU. y Canadá el método dominante para construir la estructura de una casa o un apartamento de bajo costo se llama "plataforma con entramado ligero de madera". El método anterior se llama armazón de globo ligero de madera. En las recientes décadas, los constructores de vivienda descubrieron cómo utilizar pedazos de madera más pequeños y ligeros, y menos madera para crear el mismo espacio de suelo. Lograron que, en su mente de consenso, el ICC (y sus predecesores) aprobara estos diseños y en los códigos locales y estatales. Es más fácil, más rápido y menos costoso; mucho mejor para el constructor.

¿Pero es mejor para el consumidor? Los constructores dicen que sí, porque es "asequible" y "aprobado por los códigos"; otros dicen que no, porque se ha probado que es vulnerable a los desastres. Las pruebas son los millones de hogares que se han convertido en escombros (o incineradores) en las últimas décadas. También la destrucción documentada de IBHS en su instalación de "prueba de choque". Este modelo es en esencia el "Corvair" de la construcción de vivienda.

Para reducir más el trabajo y el costo en el predio, muchos constructores de vivienda han comenzado a comprar partes prefabricadas, como celosías de techo. A pesar de que aseguren que tienen mejor diseño y calidad, en parte, este corte del costo del diseño se da al reducir, incluso más, la cantidad y el tamaño de los componentes de la madera.

En el periodo posguerra, aproximadamente 70 millones de hogares familiares se construyeron en EE.UU. con estándares más débiles de resiliencia. Esta acumulación de construcciones constituye el núcleo de su baja capacidad de resiliencia y seguirá siendo una responsabilidad privada y pública por muchas décadas venideras. Infortunadamente, esta máquina de construcción por "modelo" continúa operando a toda velocidad, incrementando el "vacío de vulnerabilidad" cada día. Más de un millón de hogares, en su mayoría no resilientes, se añaden anualmente a esta acumulación de construcciones.

IBHS ha clasificado las secciones más vulnerables a los vientos de estos hogares, así:
1. Techos, en especial las esquinas
2. Puerta, ventana y entradas del garaje
3. Muros exteriores

Hace recomendaciones para reforzar esas áreas y así reducir la vulnerabilidad al viento. Sin embargo, no reduce ningún riesgo de incendio o inundación que estas estructuras posean.

La evolución de la construcción de viviendas en el transcurso del siglo pasado se enfocó en simplificar el ensamble y en reducir los costos de los materiales y de la fuerza de trabajo. En teoría, los arquitectos e ingenieros deberían ser los impulsores técnicos principales del cambio. Discutiremos ambos.

En la actualidad, hay más de 100.000 arquitectos en EE.UU. (más que albañiles). El *National Council of Architectural Registration Boards* establece:

Un arquitecto creará la estética y la imagen general de los edificios y las estructuras, pero el diseño de un edificio involucra mucho más que su apariencia. Los edificios también deben ser funcionales, seguros y económicos; y deben adaptarse a las necesidades específicas de las personas que los usan. Más importante, deben ser construidos teniendo en cuenta la salud, la seguridad y el bienestar públicos.

¿Cómo se sienten los arquitectos sobre la "seguridad" de nuestro entorno construido y qué hacen sobre la resiliencia?

El Instituto Americano de Arquitectos (AIA, por sus siglas en inglés), fundado en 1857, es la organización profesional líder de los arquitectos. Tiene 300 divisiones y ha representado un papel importante en las construcciones "verdes" y en el comienzo de USGBC.

Es decepcionante que su plan estratégico de 2010-2015 no tenga ninguna referencia sobre desastres o resiliencia. Y ninguno de los miembros de sus comunidades la encara. ¿Es posible que ahora vivan en otro planeta?

En sus programas de defensa incluyen una sección sobre desastres, pero está orientada principalmente hacia la respuesta y la recuperación después del desastre. Los códigos y los estándares hablan mucho sobre lo "verde", pero no mencionan la resiliencia. Parecen felices de tomar su parte en el "sistema".

En mayo de 2014, durante el "Mes de la seguridad en construcciones", la AIA se unió a muchas otras asociaciones para declarar su "compromiso" conjunto para promover la resiliencia, pero también lo hizo la NAHB. Excelentes relaciones públicas.

En los encuentros (incluyendo su convención de 2014) hablan sobre la resiliencia, pero siempre en un contexto ambiental y social, nunca se enfocan en el ambiente construido de los que son responsables principales del diseño. Su prioridad actual parece ser diseñar edificios con carbono neutral, mientras permanecen en silencio sobre si estos edificios sobrevivirían los desastres.

En general, la suavidad y la falta de rendición de cuentas de la AIA en referencia a la subestimada resiliencia de los edificios de EE.UU. parece ser parte del problema. Su conferencia de 2015 al parecer enfrenta la resiliencia de forma más directa. Si son coherentes con su responsabilidad profesional, esperemos que se conviertan pronto en parte de la solución, que expongan las deficiencias de los códigos actuales de construcción y presionen para un cambio más rápido.

Esto no es para demeritar el trabajo de muchos arquitectos que diseñan edificios increíbles que son resilientes. Es muy interesante que la mayoría de estos proyectos se están construyendo por fuera de los Estados Unidos.

Mientras que la responsabilidad general del diseño es de los arquitectos, son los ingenieros civiles quienes cargan la responsabilidad específica de asegurarse de que las estructuras de los edificios soporten los desastres.

El Departamento del Trabajo de EE.UU. reportó que en 2012 había más de 270.000 ingenieros civiles. Hasta el siglo 18 hubo muy poca distinción entre los arquitectos y los ingenieros civiles. El diseño y la construcción era el rol combinado del "maestro constructor" (que es el significado de la palabra griega "architekton"). En 1771, un inglés, John Smeaton, se convirtió en el primer ingeniero civil autoproclamado. En 1818, se estableció la Institución de Ingenieros Civiles en Londres y su primer enfoque fue la infraestructura más que los edificios. El primer título de ingeniería civil en EE.UU. fue entregado en 1835.

La Sociedad Americana de Ingenieros Civiles (ASCE, por sus siglas en inglés) se fundó en 1852 como la primera asociación de ingeniería en América. Al comienzo también se incluyó a los arquitectos, hasta que la AIA hizo su propia organización. Actualmente, la ASCE cuenta con 145.000 miembros en 174 países. Las tres iniciativas estratégicas de la ASCE son la infraestructura, la sostenibilidad y los requerimientos educativos para dar licencia a los ingenieros.

Ha emitido numerosas declaraciones respecto a la resiliencia y a la mitigación de desastres:

>#389: Mitigación impactos de desastres naturales y producidos por el hombre (1992/ 2014)
>#390: Mitigación de los desastres por terremotos (1992/2012)
>#475: Mitigación de los desastres por vientos (2000/2013)

En #475, se resalta que la ASCE *apoya la creación de un programa nacional unificado para reducir de forma efectiva las pérdidas económicas y de comunidad que se experimentan cada año como resultado de los vendavales. Dicho plan fue autorizado por el Congreso en 2004 en la Ley pública 108-360, pero no ha habido una apropiación específica.*

Estipula que debe crearse una sociedad público-privada para desarrollar el plan nacional. El plan debe incluir *la implementación de códigos y estándares innovadores que brinden construcciones resistentes a los vientos y programas para asegurar mayor rendimiento y educación pública sobre los desastres que produce el viento.*

Al argumentar la necesidad, la ASCE destaca: *En la actualidad no existe un programa nacional unificado preparado para enfocarse en la reducción de los efectos de los vientos extremos a través del desarrollo e implementación de las estrategias de mitigación rentables. Un programa nacional unificado que aborde el diseño y la construcción resistentes a los vientos, la alerta y detección temprana, la mejora a la respuesta a la emergencia y la educación y conciencia pública pueden resultar en una reducción considerable de pérdidas, tanto humanas como económicas.*

Esto comienza a sonar como la creación de estándares federales para los riesgos por vientos. Los defensores de lo "débil y barato" pueden ver esto como una amenaza al actual "sistema" de códigos. Aparentemente, el presidente Bush firmó la ley en 2004 y fue parcialmente financiada hasta 2008. Desde entonces, ha habido repetidos esfuerzos para financiarla sin éxito debido a la oposición de los intereses de las industrias. Finalmente, en 2015, HR23, *The National Windstorm Reduction Act Reauthorization (Reautorización de la Ley Nacional de reducción de vendavales)* pasó ambas cámaras del congreso y el presidente la firmó el 30 de septiembre. Esto asignó unos muy largamente esperados $65 millones entre 2015 y 2017 para investigaciones de resiliencia contra el viento. Tomó siete años superar la oposición.

Aquellos que se benefician del status quo están determinados a protegerlo. Sin embargo, la naturaleza les está demostrando que tienen las horas contadas. La repetición a alta velocidad de la no resiliencia puede mantener bajos los costos, hacer más fáciles los negocios y proteger ciertos mercados, pero sólo continuará hundiendo a EE.UU. dentro del hoyo de la vulnerabilidad a los desastres.

Capítulo 23
Lo que el viento se llevó:
Repetición del Desastre

Las estadísticas de los seguros de EE.UU. muestran que en el periodo de 20 años entre 1993 y 2012 alrededor de tres cuartas partes de las pérdidas se debieron al viento: huracanes, tormentas tropicales y tornados. Un evento catastrófico se define como uno en el que hay pérdidas por más de \$25 millones. Los tornados fueron la categoría de desastre que creció más rápido. Las tormentas de invierno, el granizo y las inundaciones promediaron alrededor del 10%.

La vulnerabilidad a los vientos es el mayor contribuyente a la baja resiliencia de EE.UU., afecta a casi dos tercios del país. En las costas del Atlántico y el Golfo están expuestos 18 estados a huracanes y tormentas tropicales. Además, la mayoría de estados al Este de las Montañas Rocosas están expuestos a tornados.

De acuerdo con la Administración Nacional Oceánica y Atmosférica, EE.UU. es la nación más propensa a tornados en el mundo. Esto aparentemente se debe a su posición topográfica única, ubicado entre el frío canadiense y los aires cálidos del Caribe.

El método más utilizado para categorizar los tornados es la Escala Fujita (EF), que se basa en medidas de ráfagas de máximo tres segundos. Las velocidades máximas (km/h) para los seis niveles son:

EF0	137
EF1	178
EF2	217
EF3	265
EF4	322
EF5	sin límite

El 88% de los tornados son EF0-EF1 (término moderado) y por lo general, duran entre 1 y 15 minutos. El 11% son EF2-EF3 (fuertes) y se pueden extender por más de 20 minutos. Finalmente, alrededor del 1% son EF4-EF5 (violentos) con duración potencial de una hora. El tornado promedio tiene un ancho de 91 metros, pero puede llegar a exceder los 8 mil metros.

Sin embargo, incluso los tornados violentos tienen bandas muy estrechas de vientos extremadamente fuertes. Los estudios muestran que entre el 80 y 85% del daño a construcciones por los tornados EF5 es causado por vientos con velocidades menores a los 217 km/h.

En el periodo de 20 años entre 1991 y 2010, hubo un promedio anual de 1.253 tornados. El promedio de ocurrencias anuales en los doce estados más vulnerables en estos 20 años fue:

1. Texas   155
2. Kansas   96
3. Florida   66
4. Oklahoma   62
5. Nebraska   57
6. Illinois   54
7. Colorado   53
8. Iowa   51
9. Missouri   45
10. Alabama   44
11. Mississippi   43
12. Arkansas   39

Basados en este registro, durante un siglo cada uno de estos estados pudo experimentar entre 4.000 y 15.000 tornados; de esos, entre 500 y 1 800 pudieron haber sido fuertes o violentos.

En 2011, las pérdidas económicas y las muertes debidas a tornados alcanzaron un registro de USD28 mil millones y 551 vidas perdidas. Algunos dirían que el *cisne negro* que todos ignoraban asoma su cabeza de nuevo. Sacudió el mundo de los seguros y de las pólizas.

El porqué de que EE.UU. parezca estupefacto cada vez que tales desastres ocurren es una paradoja política. Usando los registros de los últimos 50 años, las áreas de alto riesgo que tienen una frecuencia de 5 a 10 huracanes en un área de 16.000 kilómetros cuadrados están trazadas y son bien conocidas.

Sabemos (como se practica en el sur de Florida) cómo construir de forma económica para enfrentar vientos de más de 265 km/h que protegerían de tornados EF0-EF3 y de más del 90% del daño causado por tornados EF4-EF5. Podría pensarse que lo códigos de construcción en estas áreas serían ajustados con una alta calidad. Lamentablemente, no es así. El ICC ignora los riesgos, con la fatalista excusa de que la resiliencia de los tornados no justifica los costos. En uno de los más flagrantes estándares de negligencia, el nivel en el código actual para la mayoría de las áreas con riesgo de tornados está fijo en 145 km/h.

Varias ciudades en áreas de tornados han adoptado cargas de vientos más altas para construcciones comerciales, pero no para las residenciales. Bajo la lógica de que la probabilidad de ser golpeados es baja, los funcionarios prefieren apostar contra la naturaleza (usando la vida y posesiones de las personas) en lugar de construir la capacidad de resiliencia. Este juego es incluso más grande para las áreas urbanas (recuerden la segunda ley). Cada vez más comunidades y propietarios invierten en soluciones parciales opcionales, tales como refugios para tormentas o habitaciones seguras, que pueden salvar vidas, pero aun así sacrifica la propiedad.

Los funcionarios señalan al ICC, que ha fallado al proponer códigos de modelos para la resiliencia de tornados. El problema no es sólo que el sistema de códigos de construcción está fragmentado, sino que la manera de mirar los desastres también lo está. Cada desastre se examina aparte de los otros.

En ese contexto, la mentalidad de "consenso" está convencida de que la resiliencia de tornado no es rentable debido a que su frecuencia de recurrencia en cualquier edificio en particular es baja. El compromiso de "consenso" lo etiqueta como "incosteable". Sin embargo, tal pensamiento de "único peligro" es de una mente estrecha, obliga a la conclusión de que invertir en riesgos individuales no es económico. Por el contrario, cuando se examinan las combinaciones de riesgos en conjunto el resultado es diferente.

Un diseño de construcción resiliente encierra los riesgos múltiples del viento, fuego y agua que se presentan en las ubicaciones más vulnerables. En conjunto, el riesgo combinado de estos desastres es considerable. Los códigos de construcción que abordan al mismo tiempo los múltiples desastres son justificables. Además, los diseños resilientes también brindan mayor durabilidad, menores costos de mantenimiento y ahorros de energía. Finalmente, las personas que piensan en los desastres deben reconocer la presencia de los "cisnes negros" y no quedar siempre como ineptos.

Que tantos profesionales talentosos, asociaciones técnicas y los "pensadores de consenso" del ICC hayan fallado en articular tales conceptos es decepcionante. Al darme cuenta de este vergonzoso desempeño, reto a los ingenieros conscientes de la resiliencia a rebelarse contra el consenso y presionar por estándares que permitan llegar a una resiliencia que enfrente múltiples desastres.

Solo a mediados de 2014, la Fundación Nacional de Ciencia solicitó propuestas para financiar ocho estudios sobre "Marcos de decisión para construcciones sostenibles y resilientes a múltiples desastres". Desde Katrina, se ha comenzado a hablar de nuevo sobre la resiliencia a múltiples desastres, algunas de estas conversaciones han sido dirigidas por el *Architectural Engineering Institute* (Instituto de Ingeniería Arquitectónica), pero en su mayoría está enfocada en la infraestructura y no en el "punto débil" de los desastres, es decir, los hogares, y tienen poco, si es que algún, impacto en los códigos. De hecho, la mayoría de ingenieros parece que se hubiera rendido o que prefirieran no hablar de los hogares resilientes.

¿Deberíamos culpar a los ingenieros? Da a un ingeniero un conjunto de suposiciones y él podrá diseñar cualquier construcción que desees. Estas suposiciones incluyen máximo impacto del viento, fuerza de impacto de los muros, resistencia a incendios y niveles máximos de inundación. Todo el conocimiento está disponible para diseñar construcciones de diseño resiliente, sólo si establecemos de forma correcta los niveles de riesgo.

El problema es que los parámetros de diseño que se da a los ingenieros están por debajo de los niveles reales de riesgo que las construcciones experimentan durante su vida útil, especialmente en aplicaciones residenciales y comerciales ligeras. ¿Quién establece los parámetros de diseño? Respuesta: "El sistema de consenso". Infortunadamente, la mayoría de ingenieros, ya sea por voluntad o no, son parte de este "sistema".

El Instituto de Ingeniería Estructural de la ASCE está encargado de establecer los impactos de diseño mínimos para los edificios y otras estructuras bajo ASCE 7. En 2010, publicó un mapa de vientos de EE.UU. actualizado bajo ASCE 7-10. Estos son los que el ICC usa en sus códigos modelo, tales como el IBC de 2012. Esta versión hizo poco para mejorar la resiliencia al viento en comparación con la anterior versión ASCE 7-05.

Cuando se observan los mapas, la velocidad del viento aparece mayor. Pero cuando se mira la letra pequeña, podemos descubrir que jugaron con los factores para calcular el diseño de las presiones del viento. En esencia, el resultado es presiones más altas para una estrecha franja de tierra costera y presiones más bajas para todo el interior. Básicamente, los tornados son ignorados.

Algunos de estos argumentos se derivan de estudios que afirman que las construcciones en el interior se benefician de la protección contra el viento de estructuras y de la dureza natural a lo largo de la costa. Por lo tanto, los requerimientos por la carga de viento pueden reducirse. Lo que estos estudios no consideran es lo que pasa cuando una tormenta diezma muchas estructuras costeras, las construcciones del interior se convierten en el próximo frente y se comportan como en un patrón de dominó. Lo que se observa son los muchos esfuerzos en ingeniería que se gastan para bajar los estándares, en lugar de encontrar formas innovadoras de cumplir con los estándares altos aceptados.

Excepto por la parte sur de Florida, los mapas de la ASCE y las cargas de presión de los vientos subestiman los riesgos reales de los vientos que enfrentarán los primeros y segundos pisos de los hogares del Este y centro de EE.UU durante su vida útil esperada. Por ejemplo, Dallas, Texas, es una ciudad expuesta tanto a tornados como a tormentas tropicales. Según el mapa, el viento prescrito es dos tercios del de Miami. Sin embargo, la tensión del viento, las cargas y las presiones de resistencia calculados por ASCE 7-10 son menos de la mitad que los de Miami. Si miramos los mapas históricos de huracanes, podremos observar cuántos han cruzado el área de Dallas en el siglo pasado. Sin mencionar que está en la peor área de tornados.

Podría creerse que ahora la ASCE sería tan inteligente como para darse cuenta de lo pobre que es el desempeño de EE.UU. en los desastres de vientos, pero, según parece, no es así. Hubo grandes debates en los comités de ASCE 7 con mucha presión ejercida desde diferentes intereses. Cuando un tema es así de controversial, por lo general, un comité lo asigna a un consultor externo para que haga algunos "modelos". La ASCE contrató a *Applied Research Associates* (ARA) ubicados en Carolina del Norte. Los modelos de ARA concluyeron que los mapas de vientos propuestos para la mayoría de construcciones (incluyendo las residenciales) tienen un periodo de retorno de desastres de 700 años.

No se relajen pensando que no volveremos a ver otro Andrew, Katrina o Sandy en los próximos 700 años. En teoría, estas probabilidades son de único punto, lo que significa que en promedio un edificio específico será golpeado una vez cada 700 años. El riesgo de que una ciudad sea golpeada es mucho más alto. No hay ninguna consideración con respecto al grado de urbanización. Ninguno de los modelos de ARA considera que el próximo "cisne negro" puede ocurrir la próxima semana. Entonces, ¿estos modelos son una forma avanzada de autoengaño que permite a los comités de "consenso" justificar el bajo desempeño de la resiliencia y a los funcionarios apostar con el riesgo de desastre? Suena como a los viejos modelos actuariales, otra vez.

Es interesante, que en 2011, seis años después de Katrina, esta misma compañía, ARA, llevó a cabo un estudio de $400.000 para la ciudad de Nueva Orleans. Argumentó que las nuevas cargas de viento utilizadas por las aseguradoras eran muy altas. Por esto, las compañías de seguros hicieron mucho dinero y por lo tanto, deberían bajar sus cuentas premium.

De hecho, si las aseguradoras estuvieran sacando tanto provecho en Nueva Orleans, todos estarían buscando la forma de entrar en este mercado. El hecho de que no lo hagan debe ser un indicador. Pero lo modeladores no tienen nada que perder, los propietarios y las aseguradoras, sí. La secuela de ASCE 7-10 se espera para 2016. Hasta entonces, hay que sentarse y esperar (o mejor anclar la silla al piso).

Sin embargo, la situación es incluso peor. Muchos códigos de estados, incluyendo aquellos que están en la parte vulnerable de la costa del Golfo, no requieren que un ingeniero certificado firme los planos para edificios de hasta tres pisos de alto. En áreas que requieren aprobación, en ocasiones algunos ingenieros inescrupulosos firman planos de construcciones sin mirar el diseño de desastres y el cumplimiento. Lamentablemente, la ley no reconoce esto como responsabilidad criminal.

Y finalmente, muchos edificios residenciales ubicados en áreas vulnerables todavía están sujetos a inspecciones laxas o inexistentes de los códigos. Que muchos ingenieros hayan perdido interés en las casas se debe en mayor parte a que el sistema evita que ellos se involucren o las hacen poco atractivas para ellos.

La mayoría de los constructores de vivienda prefieren la construcción con madera ligera, ya que así pueden evitar casi por completo a los ingenieros. Las construcciones más pesadas y resilientes requieren experiencia técnica y supervisión, y esto por lo general significa un ingeniero. Al final, muchos ingenieros se convierten en testigos expertos en las demandas que siguen los fracasos en lugar de aplicar sus talentos para prevenir que los desastres pasen en primer lugar. Un triste resultado de un "sistema" disfuncional que se mantiene a sí mismo en nombre de que sea asequible y de mantener el status quo.

En 2014, los habitantes de Moore, Oklahoma, decidieron tomar acción en la situación de las construcciones no resilientes. Avergonzando al ICC, a la ASCE y a los funcionarios estatales, Moore se convirtió en la primera jurisdicción de EE.UU. que creó de forma unilateral un código de tornados para sus construcciones, incluyendo los hogares. Aumentó el estándar en el diseño del viento en un 50%, de 145 a 240 km/h. Esta ciudad de 60 mil habitantes al sur de Oklahoma ha sufrido muchos tornados. Un tornado reciente, en 2003, causó 24 muertes y más de 3 mil millones de dólares en pérdidas. La protesta pública finalmente llevó a la acción.

Más importante aún, Moore desmintió el mito propagado por los expertos del "sistema" de justificar sus acciones en la economía. Los constructores sensibilizados en el tema estimaron los costos adicionales de construcción en $3/m2 aproximadamente. Un análisis realizado utilizando los datos de todo el estado de Oklahoma concluyó que la proporción beneficio-costo era más de 3:1. El beneficio neto para el estado completo sería de $25 mil millones (en dólares actuales de 2014), acumulados para accionistas públicos y privados en todos los niveles si se construye bajo el estándar de vientos más alto.

Infortunadamente, ninguna otra jurisdicción ha repetido de forma proactiva esta audaz decisión. Oklahoma actualizó sus códigos de construcción en 2015, pero no logró hacer las nuevas normas obligatorias. A pesar de que el caso económico se hizo claramente para todo el estado, los partidarios de la no resiliencia prevalecieron al hacerla como una opción en la que cada localidad decide. Oklahoma tiene alrededor de 600 distritos. La fragmentación prolongada es una conocida táctica de oposición.

Además, los estados con más frecuencia de tornados que Oklahoma, es decir, Texas, Kansas y Florida no han hecho nada. Parece ser que, incluso frente a una gran justificación económica, se necesitan más desastres como el de Moore antes de que las protestas públicas superen la oposición de los intereses rentables.

En realidad, el sistema está muy arraigado. El problema de fondo es que el público está poco representado en las audiencias de los códigos. En comparación con los asuntos ambientales, no hay una voz pública o un grupo de vigilancia de interés público cuando se trate de resiliencia. Como resultado, los constructores y los promotores inmobiliarios, quienes pelean por sus propios intereses y no por los públicos, hacen presión constante y monopolizan el proceso. Los funcionarios sólo escuchan un lado de la historia y ceden a la presión. Y como resultado tenemos las costosas pérdidas que la sociedad enfrenta hoy.

Capítulo 24
El suelo sobre el que temblamos:
Proacción sobre inacción

En la actualidad, tenemos conocimiento más preciso sobre las ubicaciones propensas a terremotos. Lo que aún no podemos determinar es cuándo van a ocurrir.

Hasta finales de la década de 1980, cuatro millones de personas que vivían en Oregón no tenían conocimiento de que un terremoto podría devastarlos. La falla de Cascadia se encontró activa en la costa pacífica noroccidental. Se extiende 1.125 kilómetros desde el sur de Columbia Británica hasta el norte de California.

En 1700, antes de que esta área fuera colonizada (se convirtió en estado en 1859), ocurrió un terremoto masivo de 9.0 en la escala de Richter. Destruyó una amplia área forestal. Su tsunami incluso después llegó a las costas de Japón. Los geólogos determinaron que en los últimos 3.500 años han ocurrido aproximadamente nueve grandes terremotos de 9.0 en la escala de Richter.

El hecho de que la falla haya estado inactiva durante siglos genera preocupación, significa que ha estado acumulando presión para otro evento de gran magnitud. Por ende, hay grandes probabilidades de que un terremoto de 9.0 grados ocurra de nuevo. La pregunta es cuándo. Si el último ocurrió hace 300 años y el intervalo de retorno promedio es de 400 años, ¿el próximo terremoto es en los próximos 100 años, en 700 o mañana? Cuando se trata de predecir riesgos de desastres, los promedios no tienen importancia. Nadie sabe.

Los científicos suelen hacer sonar las alarmas de riesgo, pero ¿alguien escucha? La mayoría de los legisladores sólo esperan que pase, apuestan en contra de la naturaleza, hablan y estudian por décadas o simplemente esperan que ningún "cisne negro" aparezca mientras ellos estén de turno. Es exactamente lo que el pensamiento de "consenso" de impulsa a hacer.

Afortunadamente, Oregón no siguió este camino. Llamar la atención y mover los recursos para que tomar acción en dichos riesgos de largo plazo requiere coraje y liderazgo político. Peter Courtney, presidente del Senado Estatal de Oregón, se convirtió en el primer campeón proacción en hablar al respecto.

En 1999, el Departamento de Geología y de Industrias Minerales del estado publicó su primer estudio en el que se estiman los daños y las consecuencias de un evento como estos. Después de esto, comenzaron a actualizar los códigos de construcción. Comenzó una campaña de información y de conciencia sobre las construcciones. Otros funcionarios electos, negocios y comunidades se unieron a la campaña. Se adjudicó dinero para comenzar las mejoras en las escuelas.

En Marzo de 2011, el terremoto y tsunami Tohoku, de 9.0 grados de magnitud, golpeó a Japón. Provocó 16.000 muertes y destruyó o dañó más de un millón de construcciones (en su mayoría de madera). Las pérdidas económicas alcanzaron más de $ 120 mil millones. Esto incitó a Oregón a tomar acciones más rápido.

Dos meses después, la legislatura de Oregón aprobó la creación de un plan de resiliencia integral a largo plazo para todo el estado. La tarea se asignó a una comisión público-privada en la que se comprometieron todos los accionistas. Estudió, entre otras cosas, las lecciones aprendidas por desastres recientes ocurridos tanto dentro como fuera de EE.UU. El estudio estimó que un terremoto de 9.0 grados causaría pérdidas por más de $ 32 mil millones y cientos de muertes en Oregón. La economía y el estilo de vida del estado sufrirían por décadas.

El plan se completó y se aprobó en febrero de 2013 con el título de "El Plan de Resiliencia de Oregón". Forma un plano increíble en el que se señalan las prioridades de política e inversión para los próximos 50 años. Ningún otro estado ha trazado un plan tan integral sobre capacidad de resiliencia.

El plan abarca las dimensiones de las construcciones, el transporte, la energía, las comunicaciones y el agua con el propósito de sostener y recuperar el "sustento" o los servicios esenciales. Su objetivo es restaurar los servicios de sustento tan rápido como sea posible cuando un evento de gran magnitud ocurra. Tiene un gráfico en el que se unen dos dimensiones de servicios versus tiempo; esto muestra una métrica de desempeño llamada "El triángulo de resiliencia" (el cual se correlaciona directamente con la 4º Ley). Entre más rápido se restauren los servicios, menor será el triángulo. La vulnerabilidad, cuya magnitud depende de la capacidad de resiliencia, causa pérdidas tanto en funcionalidad como en servicios. La velocidad con la que se recuperan los servicios depende tanto de la resiliencia del área como de las capacidades de emergencia.

Japón logró restaurar el 90% del suministro de energía en 10 días y el 90% de las comunicaciones de celulares y teléfonos en 19 días. Después del terremoto en Maule en 2010, Chile logró restaurar el 95% de su suministro de energía y las comunicaciones en 14 días. Oregón estimó que en las condiciones actuales, le tomaría entre 1 y 6 meses para restaurar la energía y entre 1,5 y 3 años para restaurar las instalaciones de salud, dependiendo de la distancia de la costa.

Las recomendaciones de Oregón con relación a las construcciones incluyen:

1. Completar un inventario a lo largo del estado de las construcciones en situación crítica (aquellos que necesiten respuesta de emergencia y que se le brinden servicios esenciales), tanto en los sectores públicos como en los privados.

2. Lanzar un programa sostenible de inversión de capital para mejorar las estructuras públicas, que incluyan escuelas, universidades e instalaciones de respuesta de emergencias.

3. Desarrollar un sistema de clasificación de sismos para nuevas construcciones, incentivar la construcción resiliente por sobre los códigos de construcción requeridos y divulgar el riesgo sísmico.

También recomienda establecer una Oficina de Estado de Resiliencia que brinde liderazgo, recursos, defensa y experiencia al implementar planes de resiliencia a lo largo del estado. Oregón comenzó desde un punto de baja capacidad de resiliencia. Incluso su capacidad para emergencias era baja. Su presupuesto para emergencias es sólo de $ 2 millones. El 80% de sus residentes no tiene un seguro contra terremotos, lo que incluye pagar una cuenta premium especial.

La mayoría de las 2.400 instalaciones educativas del estado fueron construidas entre las décadas de 1950 y 1960, por lo que necesitan una mejoría sísmica. El 47% de estas tienen un riesgo alto o muy alto de colapsar durante un terremoto de gran magnitud. En 2001, el estado comenzó a autorizar fondos para las mejoras, pero la crisis económica posterior redujo los fondos disponibles.

Hay 60 complejos de atención de salud con alrededor de 180 edificios en estado crítico. Afortunadamente, la mayoría de estos están construidos con concreto o acero resiliente con pocas irregularidades estructurales. La principal preocupación es mantener a salvo del daño por movimiento al equipo médico que se encuentra dentro de estos.

El 20% de los edificios restantes del gobierno en estado crítico se consideran más vulnerables, fueron construidos con madera o con mampostería reforzada. La recomendación del plan es mejorarlos.

Finalmente, Oregón tiene aproximadamente 1,6 millones de construcciones residenciales, de los cuales casi un millón son hogares familiares. Los más recientes están construidos en su mayoría con entramado ligero de madera. La ligereza es una ventaja cuando se trata de movimientos sísmicos, en comparación con la vulnerabilidad al viento. Sin embargo, las debilidades en el anclaje entre pared y base, las paredes estropeadas entre el primer piso y las conexiones base/sótano y techo/pared pueden causar fallas.

A lo largo de la costa, se espera que un tsunami arrase con todas las construcciones de madera, las edificaciones bien construidas con acero y concreto probablemente sobrevivirían. Sin embargo, el reporte espera que la mayoría de hogares con entramado de madera sobrevivan a un terremoto, comparados con la abrumadora destrucción que estructuras similares sufrirían en un huracán. Por otra parte, las construcciones de mampostería no reforzada también se consideran vulnerables.

Los requerimientos de financiación de este plan son enormes. A finales de 2014, un cuerpo especial recomendó que Oregón comprometiera $100 millones anuales durante varias décadas para mejorar su resiliencia. La mitad se requeriría sólo para escuelas y edificios públicos. Las mejoras sólo de transporte requieren un total de $5 mil millones. El estado todavía tiene que descubrir cómo pagar esto, pero ha dado los primeros pasos. Todos los segmentos de la comunidad parecen unidos por este plan de resiliencia.

Ahora comparemos Oregón con Memphis y Tennessee, un área que parece en negación y que está dividida a pesar de su vulnerabilidad a terremotos. La falla de Nuevo Madrid tiene el riesgo de terremoto más significativo al Este de las Montañas Rocosas. Se extiende por 240 kilómetros desde el sur de Illinois hasta el Este de Tennessee. Memphis, con una población en su área metropolitana de 1,3 millones, está directamente en la zona de peligro.

Cinco terremotos con magnitud de 8.0 grados ocurrieron durante cuatro meses entre 1811 y 1812. En 1976 y 1990, terremotos de 5,0 y 4,8 grados tuvieron lugar. Los científicos predicen un 40% de probabilidades de un terremoto de 6.0 grados o mayor en los próximos 50 años; y un 10% de probabilidad de un evento de 8.0 grados. Pero, de nuevo, nadie sabe cuándo. Podría ser este mes. Los "cisnes negros" no responden invitaciones.

La pregunta es qué está haciendo Memphis al respecto. En capacidad de emergencia, está organizando para alertar a las personas y responder cuando un desastre ocurra. Infortunadamente, ha hecho poco en capacidad de resiliencia. Por cuarenta años, ha habido un tire y afloje entre los científicos, aseguradoras y grupos de desastres, contra los constructores de vivienda, promotores y personas con intereses especiales. Estos últimos han impedido que se apliquen los códigos locales mejorados, incluso cuando Tennessee pasó una ley en la que requería estándares sísmicos más fuertes. En 2012, el estado recibió $10 millones de financiación federal para resiliencia y respuesta a desastres con el acuerdo de que mejorarían los códigos.

En este caso, el ICC sí brindó a los códigos de vivienda y comerciales provisiones sísmicas. Sin embargo, el condado local y los funcionarios de la ciudad han retrasado en repetidas ocasiones su implementación. Las razones que exponen incluyen el costo, que no es asequible e incluso el riesgo real de un terremoto. El costo de códigos más fuertes está estimado entre $2.500 y $3.000 por casa, es decir $3-4/m2 aproximadamente.

Las compañías aseguradoras cada vez más ven a Memphis como de alto riesgo, por lo que suben las tasas y reducen la disponibilidad de seguros. Las compañías más grandes ya de manera proactiva construyen o arriendan instalaciones con estándares sísmicos. Memphis en un gran centro de Federal Express, el 30% de los bienes de EE.UU. se procesan a través de Memphis al año. Un desastre rompería considerablemente la logística de la cadena de abastecimiento en EE.UU. y, probablemente, de la cadena internacional.

En 2012, intereses opositores incluso trataron de derogar la ley estatal. Finalmente, a finales de 2013, la ciudad y el condado pasaron el IRC de 2012 pero con un esquema alternativo de cumplimiento (es decir, un vacío legal) para las provisiones sísmicas. Dice así:

"Una Ordenanza Conjunta que enmienda el Código Residencial Conjunto del Condado de Memphis y Shelby de 2012, proporcionando un método de cumplimiento alternativo para la construcción de viviendas separadas de una y dos familias, cuando se usa el entramado de madera para satisfacer requisitos sísmicos estructurales y establecer una nueva fecha efectiva para todas las disposiciones de dicho código."

En palabras simples, es más retraso y debilitamiento de la ejecución. En comparación con Oregón, la falta de previsión, la complacencia y la falta de liderazgo de Memphis son vergonzosas. Si suena como un plan oculto de los proponentes de lo "barato y débil", es porque lo es. Continúan presionando a los legisladores para poner a las personas y a la propiedad en riesgo sólo para proteger sus intereses económicos. Debemos recordar, cuando un desastre de un día golpee a Memphis, hacerlos a ellos responsables por los daños.

PARTE III

DESPUÉS DE LA TORMENTA

*"Se se aumenta el costo de construer casas,
La gente tendrá que gastar menos en seguros"*

Representante de la industria constructora
oponiéndose al cambio de códigos

Capítulo 25
Roca líquida:
Aprovechando la fuerza de la naturaleza

Desde tiempos antiguos, los seres humanos en su objetivo de construir estructuras resilientes a los peligros llegaron a la piedra. Las formaciones de roca de las piedras fueron creadas durante cientos de millones de años a causa de procesos ígneos o sedimentarios. "Ígneo" se refiere al derretimiento, enfriamiento y cristalización de las masas de sílice, alúmina, potasio y otros materiales. Un ejemplo de esto es el granito. "Sedimentario" es el asentamiento, soterramiento y aplicación de calor y presión en materiales orgánicos e inorgánicos finos. Estos incluyen el mármol, la piedra caliza y la arenisca, los cuales se convirtieron en las piedras de construcción más comunes.

El corte, la excavación, el acarreo, el levante y la ubicación de las secciones de roca requerían tiempo y esfuerzo humano y animal, pero las estructuras que construían duraron siglos. Todas las construcciones de esta primera época que sobreviven fueron hechas de roca, como las Pirámides, el Partenón y el Partenón.

La Gran Pirámide de Giza contiene 2,3 millones de bloques de piedra, cada una con un peso de 2,5 toneladas, para un peso total de seis millones de toneladas. Alrededor de 140 pirámides de diferentes tamaños han sido descubiertas, ¡una inversión humana masiva! Si los faraones buscaban la inmortalidad, es exactamente lo que obtuvieron: resiliencia eterna. Usted tal vez podría preguntarse qué valor tuvo tal inversión. ¿Acaso habrán realizado un análisis de costo-beneficio? Irónicamente, estas antiguas inversiones pagaban enormes dividendos a Egipto a modo de turismo, algo que los faraones nunca planearon.

Sin embargo, la construcción resiliente que utilizaba estos enormes bloques de roca era muy costosa y lenta (muy pocos podían *permitírselas)*. La resiliencia también podía ser alcanzada utilizando rocas medianas y más pequeñas, si algo podía mantenerlos en su lugar. Los griegos antiguos vertían plomo fundido en columnas de mármol y secciones de pared para protegerlas del movimiento. Como alternativa a la roca natural, los primeros humanos descubrieron que podían producir en masa "piedras manufacturadas" más pequeñas o ladrillos a partir de la arcilla. Sin embargo, esto también requería un material aglutinante para sostenerlos o *cementarlos* en su lugar.

Los primeros "cementos de cal" fueron supuestamente descubiertos en Mesopotamia hace alrededor de cinco mil años. Estos debieron haber sido descubiertos al pulverizar la piedra caliza extraída de los afloramientos, golpeada y fundida por los rayos. Una posterior producción involucró el calentamiento y la fusión de la piedra caliza en hornos. Los gobernantes mantuvieron los métodos de producción como un secreto muy bien guardado, probablemente para evitar que su ventaja de resiliencia fuera compartida con sus adversarios. Más tarde, los romanos desarrollaron "cementos puzolánicos" al calentar, enfriar y pulverizar las cenizas volcánicas junto con la piedra caliza.

Hoy tal vez la construcción funcional más antigua sea el Panteón. Construida en su forma actual por el emperador romano Adriano en el año 126 d. C., ha estado en continuo uso desde entonces. Hasta el siglo XX fue la estructura de hormigón más grande del mundo. Su resiliencia por alrededor de dos milenos se debe en parte al hecho de que su estructura carecía de cualquier refuerzo metálico. El acero y su uso para reforzar el hormigón solo aparecieron hasta finales del siglo XIX. De haber sido utilizado, el metal se hubiera corroído hace siglos y habría agrietado la estructura de hormigón.

Durante la Edad Media, mucho de este conocimiento fue perdido. Solo fue hasta 1756 en Inglaterra que John Smeaton descubrió el cemento moderno "Portland". Otros continuaron trabajando con este material hasta que en 1824, Joseph Aspdin obtuvo una patente. El nombre se deriva de su similitud con la roca de Portland, una roca extraída de la Isla de Portland. En Inglaterra, Francia, Alemania continuaron los esfuerzos por perfeccionar este producto y su manufactura en las posteriores décadas.

Los Estados Unidos comenzaron a importar el cemento Portland (el cual llamaremos simplemente "cemento") de Europa en los años 1850. En los años 1870, su manufactura comenzó en los Estados Unidos. A comienzos del siglo XX, las importaciones europeas fueron en su mayoría desplazadas por la producción doméstica. Thomas Edison fue uno de los pioneros en producirlo, incluso desarrolló planos para producir en masa casas resilientes de bajo costo para los trabajadores. Una de esas casas aún sobrevive en Union, Nueva Jersey.

El proceso de manufactura involucre la mezcla de porciones específicas de piedra caliza finamente molida (calcio), arena (sílice), arcilla o marga (alúmina) y un poco de hierro calentados a 1450 grados Celsius hasta fundirse. Luego, se enfría rápidamente para crear rocas del tamaño de una pelota de béisbol, llamada "clinker" para finalmente molerlo con yeso y producir cemento.

Químicamente, el cemento es una mezcla de calcio en polvo, sílice y óxido de alúmina. Cuando se combinan con el agua, estos óxidos se convierten en hidróxidos, es decir, en cristales. Al crearse millones de estos microcristales, estos se engranan uno con otro y se forman fuertes cadenas.

Con el cemento llegó la fabricación moderna del concreto. El concreto es la combinación de cemento, piedras pequeñas (llamadas "agregados"), arena y agua. El cemento se cristaliza con el agua y lo mantiene todo unido. La naturaleza misma crea y hace crecer cristales para formar rocas, así que, esencialmente, con el concreto los seres humanos han encontrado una manera de imitar y controlar la fórmula que la naturaleza utiliza para hacer piedras, en el tamaño y la forma deseados. Es por esta razón que es con frecuencia conocido como "roca líquida" o "roca hecha por el hombre". Una vez estos cristales se han formado y endurecido es muy difícil que se rompan.

De haber existido hace 4000 años, los faraones hubieran preferido el cemento a las extracciones, acarreos y levantamiento de piedras intensos en mano de obra y tiempo que utilizaron. La "roca líquida" es más fácil de transportar y cuando es necesario, se le puede dar forma según las dimensiones deseadas. Afortunadamente, las materias primas del cemento son de las más abundantes en la superficie terrestre y pueden encontrarse en casi cualquier lugar.

El cemento tiene altas resistencias a la comprensión, lo cual significa que puede aguantar presiones considerables. Sin embargo, tiene baja resistencia a la tracción y la ductilidad, es decir, no se dobla bien. Para compensar esto, se incorpora un material dúctil como las varillas de acero (llamas "barras de refuerzo") a los moldes de concreto, de donde surge el hormigón armado. Los franceses fueron los primeros en introducirlo en puentes y edificios de mediana altura durante mediados de 1800. Hoy día, se ha convertido en la manera universal de construir con concreto. Muchos avances se han alcanzado para garantizar la protección den acero frente a la corrosión.

Desde entonces, otras formas de refuerzo que no utilizan acero han sido introducidas, incluyendo el uso de fibras de vidrio y plástico. Otras técnicas fueron desarrolladas después para aumentar la fuerza de soporte de carga de las vigas de hormigones como los refuerzos pre y pos tensados. Esto permitió edificios de mayor envergadura para techos y puentes.

Actualmente, la producción de cemento es una operación de producción con altos volúmenes de capital e intensa en energía, ubicada cerca a sus materias primas básicas: la piedra caliza, la arcilla o la marga. Debido a que éstas se encuentran comúnmente en la superficie de la tierra, casi todos los países producen hoy cemento. En los Estados Unidos, 80 por ciento de los estados producen cemento localmente y la mayoría de los restantes podrían hacerlo si lo desearan.

Debido a la química básica y a las altas temperaturas utilizadas en este proceso de producción, muchos subproductos municipales, agrícolas e industriales han sustituido a los materiales vírgenes y combustibles. Esto reduce la necesidad de vertederos y promueve el reciclaje. Aquí se incluyen materiales tales como residuos sólidos urbanos, neumáticos, residuos agrícolas, escorias de acerías y subproductos de plantas de energía tales como cenizas de calderas y yeso de los depuradores de azufre.

Durante los últimos 50 años, la industria cementera ha modernizado sus modos de producción vía húmeda a seca. Esto no sólo redujo el uso de agua, sino que bajó a la mitad el consumo de energía. Sin embargo, esta industria sigue siendo criticada por ser considerada un proceso intensivo en energía y una fuente de gases de efecto invernadero. Una de estas desventajas es que la piedra caliza, una materia prima clave, contiene, y cuando es calentada, libera dióxido de carbono inherente. En general, por cada tonelada de cemento producido, cerca de una tonelada de dióxido de carbono es liberada entre el combustible y la piedra caliza.

La industria ha realizado y continúa realizando esfuerzos para reducir la huella de carbono de su uso final (la estructura de concreto). Estas estrategias incluyen un menor uso de concreto para alcanzar el mismo rendimiento, el uso de menos cemento en el concreto sustituyéndolo por otros materiales cementosos y puzolánicos (tales como cenizas volantes y escorias de acerías) y sustituyendo la piedra caliza en las materias primas por otras fuentes de calcio. No obstante, la investigación de largo plazo en cuanto a alternativas de composiciones químicas del cemento y de captura de carbono tardará tiempo en materializarse.

En un futuro previsible, el concreto seguirá siendo el material de construcción producido en masa más resiliente, tanto localmente disponible y como costo eficiente. Este es resistente al fuego, el agua y a los ataques orgánicos. El IBHS se rehúsa a hacer pruebas de choque a las construcciones de concreto en sus instalaciones. Como diría FM Global, la prueba sería "determinista" en el sentido de que el resultado ya sería conocido: el concreto sobreviviría a los peligros.

La colocación del concreto puede involucrar variedad de prácticas de construcción, las cuales en su mayoría se refuerzan: vertido en la estructura para formar columnas, pisos y paredes, tramos prefabricados ensamblados in situ, bloques de concreto y mampostería de ladrillo, subsecciones inclinadas de concreto vertidas in situ, moldes de pared aislados con concreto de vertido, concreto gunitado (o rociado) sobre diversas maderas y superficies metálicas o sintéticas, son algunas de las más comunes. La versatilidad de la "roca líquida" permite una continua innovación por parte de los contratistas que trabajan el concreto, tanto en su uso exclusivo, como en muchas aplicaciones híbridas combinadas con otros materiales (incluyendo madera).

En las "luchas verdes" de las últimas décadas, todos los materiales de construcción han competido por ser vistos como "el más verde de todos". Si solo se analiza la imagen de cuando el material deja la planta de producción o cuando la construcción es completada, el concreto se ve con frecuencia como el menos "verde" de todos. Sin embargo, cuando usted se da cuenta de que el concreto va a sobrevivir y a durar más que otros materiales hasta por cinco o diez veces más, éste se ve "muy verde".

El hecho de que las "luchas verdes" hayan promovido la competencia entre los materiales en términos de energía y eficiencia de recursos, al igual que el uso del medioambiente, es algo maravilloso. Sin embargo, para determinar la selección de un material sobre otro, el uso actual del criterio "verde" puede ser muy engañoso y, con frecuencia, de valor cuestionable. Infortunadamente, el movimiento verde (motivado por los consultores que generan negocios para sí mismos) actualmente parece estar abriéndose paso ciegamente en la última tendencia de la declaraci{on ambiental de producto (EPD, por sus siglas en inglés).

Al diseñar edificios, la selección de materiales debe estar primero basada en el uso deseado y el rendimiento (incluyendo resiliencia a los peligros, seguridad, vida útil) y, segundo, en la economía y la disponibilidad local de materiales y recursos de construcción. Infortunadamente, muchos de los costos iniciales y hábitos locales de la construcción, especialmente residencial y de comercio liviano, termina por ser "la cola la que mueve al perro".

Una vez se escoge el diseño, el control de calidad tanto en la producción del material como en la aplicación se vuelven esenciales para ofrecer rendimiento. El problema es que el vasto segmento de la construcción residencial es también el que menor control de calidad tiene. Los ingenieros son eludidos. Los códigos de construcción ofrecen una mínima protección. Incluso aquellos lugares donde existen estos códigos, las inspecciones son inexistentes o inadecuadas. Si son aplicados incorrectamente, cualquier material tendrá un rendimiento deficiente, especialmente en lo que tiene que ver con resiliencia.

Reducir este riesgo en la calidad usualmente requiere mover una gran parte los procesos de reparación de materiales y construcción fuera de las instalaciones para proveer un mejor control. Originalmente, el cemento era suministrado en sacos y mezclado allí mismo con agregados y arena entregados y agua del mismo lugar. Tal como es posible imaginar, la consistencia y calidad eran difíciles de mantener.

Esta práctica sobrevive principalmente en el mundo en desarrollo. De hecho, la mayoría de los problemas de construcción revelados después del terremoto de Haití de 2010 fueron debido a la inapropiada preparación y colocación del concreto. En el mundo desarrollado, esta práctica ha sido en su mayoría remplazada por concreto premezclado. El concreto es preparado en una planta de mezcla controlada y transportado al lugar en camiones de concreto premezclado. Esta práctica surgió a principios del siglo XX y luego de que la Segunda Guerra Mundial se expandiera de manera constante en Estados Unidos y Europa. Actualmente, menos del cinco por ciento del cemento estadounidense se consume en forma de sacos. Gran parte de este se encuentra en forma de concreto seco premezclado para trabajos de albañilería y proyectos "hágalo usted mismo" más pequeños.

Alrededor del 15 por ciento del cemento que se consume en Estados Unidos es utilizado para productos manufacturados de concreto fuera del sitio. Estos cubren bloques de concreto y secciones prefabricadas de concreto que son producidos y controlados en ambientes de planta. Esto disminuye los riesgos tanto en la preparación, como en la colocación del material, puesto que el trabajo in situ se reduce a la mayoría de ensamblaje.

En cuanto al precio del concreto, es el material de construcción menos volátil si se compara con la madera y el acero. La razón se debe a que es en su mayoría local y no tan sensible a las vacilaciones del comercio internacional y las manipulaciones de los mercados financieros de las materias primas. La producción global anual de cemento se estima actualmente en cuatro billones de toneladas. Sólo el tres por ciento de esta cantidad es comercializado internacionalmente, lo cual significa que el 97 por ciento es consumido dentro del país. En comparación, un estimado de un tercio o más de los volúmenes de producción de madera blanda y acero son comercializados internacionalmente, lo que hace más volátiles sus precios.

Estados Unidos es un productor y consumidor relativamente pequeño de cemento con tan solo dos por ciento de los volúmenes globales. En contraste, consume cerca del 20 por ciento de los volúmenes globales de madera blanda. En relación con su actividad de construcción, Estados Unidos es uno de los países menos intensivos en cemento y más intensivos en madera en el mundo.

En contraste, Japón es uno más intensivo en cemento y menos intensivo en madera. Su consumo de cemento en 2011 fue la mitad del de Estados Unidos, pero su consumo de maderas blandas fue solo de un cuarto. Uno esperaría que Japón fuera más intensivo en madera debido a que el país está expuesto a peligros sísmicos, para los cuales la madera tiene ventaja debido a su ligereza. Sin embargo, también es un país altamente urbanizado. Pareciera que Japón ha aprendido de su historia de desastres y está aplicando la Segunda Ley. Pero Infortunadamente, no es así para Estados Unidos.

De esta observación surge una pregunta interesante: ¿existe una correlación entre la intensidad relativamente en cemento y su alta vulnerabilidad a los peligros? Yo creo que es así.

Japón, además, tiene el mejor Sistema nacional de estadísticas del mundo para su ambiente construido. La Agencia Estadística del Ministerio de Asuntos Internos y Comunicaciones es quien lo administra. Explora edificios residenciales y de madera del total. Los últimos 20 años de estadísticas muestran que basados en los pisos, cerca de tres cuartas partes de todos los edificios destruidos eran de madera. Además, dos terceras partes de los edificios destruidos eran residenciales y de los edificios residenciales destruidos, las construcciones en madera representaron el 90 por ciento.

Bien hecho por los legisladores en Japón que recolectaron e hicieron transparente dicha información. ¿Por qué Estados Unidos no recoge ni divulga públicamente estos datos? Tristemente, el gobierno estadounidense parece excesivamente influenciado por las constructoras y la industria madera en detrimento de la resiliencia nacional.

Durante el reciente período de 20 años, la intensidad en cemento en Estados Unidos era de un promedio de 95 toneladas por cada millón de dólares construido. La intensidad residencial se mantuvo en 60 toneladas por millón de dólares. Sin embargo, la mayoría de esta intensidad se da en construcciones multifamiliares. Las residencias unifamiliares sería sólo una fracción de esto. En comparación, Alemania consumió aproximadamente 115 toneladas de cemento por millón de dólares de construcción total. Alemania es 20 por ciento más intensiva en cemento que Estados Unidos, aunque afronta mucho menos amenazas naturales. Su Capacidad de Resiliencia es superior y provee una fuerte ventaja a su economía nacional.

Durante las últimas dos décadas, el cement total consumido por los mismos tres estados ha aumentado de un cuarto a un tercio el consumo de Estados Unidos. Estos son Texas, California y Florida. Estos tres suman el 27 por ciento de la población de Estados Unidos. Alabama, un estado con amenazas similares a las de florida, pero calificada como baja en los códigos de construcción por parte de IBHS, tiene 25 por ciento menos de intensidad en cemento per capita. No es sorprendente, entonces, que la fortaleza de los códigos de construcción de un estado y su intensidad en cemento también estén correlacionados.

La industria cementera estadounidense tiene 100 plantas en alrededor de 40 estados. La capacidad de uso es actualmente de aproximadamente 75 por ciento, con 80 por ciento de esta capacidad construida o modernizada después de 1975. Hay alrededor de 23 empresas. Cerca del 75 por ciento es de propiedad extranjera, de los cuales dos tercios tienen sede en Europa.

Durante los años de picos de construcción, Estados Unidos importó cemento de Europa, Suramérica y Asia. Si el país quisiera permitir capacidad adicional, tendría suficientes materias primas para hacerlo. No obstante, tal parece que las recientes políticas públicas estadounidenses favorecen más a las importaciones que al aumento de la capacidad doméstica. Esto probablemente pondría al país en desventaja estratégica cuando la demanda global futura de materiales limite la flexibilidad de las importaciones.

Los segmentos de productos premezclados y de concreto están mucho más dispersos. Hay alrededor de 20.00 compañías de premezclado con unas 20.00 plantas. Muchas continúan siendo empresas familiares en su segunda o tercera generación. Debido a que el producto típicamente no viaja más de 50 millas (80,4 kilómetros) desde la planta, cada condado tiene una planta o más.

La industria es predominantemente manejada por ingenieros y operadores, quienes a lo largo de los últimos cincuenta años se han mantenido aferrados a una visión estrechamente definida de su negocio. Su mayor fortaleza es la inversión continua en la modernización y mejoramiento de sus operaciones. Su mayor debilidad es su relativamente pobre y mal financiado mercadeo y promoción, sobre todo a los consumidores finales y al público. Generalmente, también han sido excluidos del *lobby* y de los gastos de las relaciones gubernamentales por parte de los productores de materiales menos resilientes. De ahí que a menudo son los demás los que pintan la imagen pública de la industria.

Por otro lado, no reciben subsidios del gobierno, financiación de proyectos relacionados con el mercado u otras formas de asistencia, en comparación con los cientos de millones de dólares de dineros públicos que tanto el gobierno de Estados Unidos, como el de Canadá han repartido a la industria maderera. Por lo menos, estos no tienen sus manos en los bolsillos de los contribuyentes.

Muchos en la industria han reaccionado a la defensiva debido a las fallas ambientales percibidas, en lugar de estar basadas proactivamente en la superior resiliencia de sus productos. Se gastan más tiempo preocupándose por la competencia dentro de la industria que desafiando efectivamente a los materiales de los competidores. Si se mantienen en el "Everest" de la resiliencia en la construcción es más por defecto que por su propio mano. Sin embargo, en los últimos años esta mentalidad parce estar lenta, aunque finalmente, cambiando. Por ejemplo, hace seis años, la industria se asoció con el MIT para formar el Concrete Sustainability Hub, un centro de innovación tanto en el material básico, como en sus aplicaciones beneficiosas socialmente.

A este punto, voy a criticarme a mí mismo por haber trabajado alrededor de dos décadas en esta industria. Además de ser un alto ejecutivo, he ocupado cargos de dirección para la asociación comercial nacional (Portland Cement Association) y una para una colaboración de sostenibilidad de más de veinte asociaciones relacionadas con la industria (Concrete Joint Sustainability Initiative). En ocasiones he sido crítico y he tratado de impulsar el cambio desde el interior en la medida de lo posible. Ahora puedo re-examinar las cosas desde afuera.

En retrospectiva, para parecer más creíble debería haber trabajado y haberme jubilado industria maderera. Pero incluso si lo hubiera hecho, mis conflictos y preocupaciones serían las mismas, tal vez incluso más fuertes con el beneficio del conocimiento interno adicional; porque mi principal lealtad y pasión es la resiliencia misma y no alguna industria.

Capítulo 26
Actos de Dios o del Hombre:
Imponiendo la Rendición de Cuentas

En la ley común un Acto de Dios es *un evento abrumados causado exclusivamente por las fuerzas naturales y cuyos efectos no podrían ser evitados* (Cornell University Legal Information Institute). Esta misma fuente nota que los estatutos amplían con frecuencia esto para incluir *cualquier fenómeno cuyos efectos no podrían ser evitados por el ejercicio de cuidado razonable y previsión.*

En su libro de 2016 'Acts of God: The Unnatural History of Natural Disaster in America' (Actos de Dios: la historia innatural de los desastres naturales en América), Ted Steinberg cuestiona el hecho de que los desastres que los Estados Unidos afronta sean realmente Actos de Dios o mayormente causados por las decisiones humanas. Steinberg es un profesor universitario de historia y derecho en Case Western Reserve University. Él señala al gobierno y a los intereses privados de ser en gran parte responsables.

Es possible que la naturaleza genere peligros, pero los seres humanos causan desastres. En capítulos anteriores, identificamos muchos actos de comisión y omisión por parte de gobiernos, organizaciones profesionales y empresas con ánimo de lucro que han llevado a un ambiente construido vulnerable al desastre, y mucho de esto continúa al día de hoy.

¿Quién habrá de rendir cuentas? ¿Deberíamos parar de culpar a Dios (o a la Madre Naturaleza, en términos seculares) y comenzar a contener a aquellos que son realmente responsables? Los "Actos de Dios· solo distraen de asumir la responsabilidad humana. Hay muchas cosas que los seres humanos pueden y deben hacer para mejorar la resiliencia, pero en las que deliberadamente fallan. Hay claramente una falencia de "de cuidado razonable y previsión" que se constituye en negligencia. Miles de años atrás, Hammurabi estaba en lo cierto. Infortunadamente, parece que lo hemos perdido.

Los seguros generalmente crean otra distracción fuera de los verdaderamente responsables. Nos enfocamos en mantener como responsables a las carteras de seguros, incluso cuando tuvieron poco que ver con la creación de los procesos y reglas fallidas bajo las cuales las estructuras fueron construidas, y somos mayormente ignorantes cuando sí exigen estándares más altos. Debido a que los desastres usualmente involucran combinaciones de amenazas (hídricas, eólicas, ígneas o sísmicas), las disputas de los seguros típicamente giran alrededor de cuál amenaza causó cuál daño, en vez de por qué en primer lugar falló la estructura a la hora de soportarlas (y quién exactamente es responsable de eso).

A los agentes de seguros se les exige que sean diligentes en informar a los consumidores sobre los tipos de cobertura que deben tener y cuáles amenazas o eventos son excluidos. Muchos casos legales también han surgido de esto. Como resultado, las aseguradoras continúan haciendo sus propios términos y condiciones más densas e incomprensible para evitar convertirse en los responsables de estas cosas que nunca intentaron cubrir realmente.

La responsabilidad legal estadounidense ha sido una fuerza ponderosa en el impulse de la rendición de cuentas y la responsabilidad en muchas áreas de la sociedad. En las décadas recientes, el movimiento verde ha utilizado efectivamente el sistema legar para promover la legislación, la regulación ambiental y su cumplimiento (a veces incluso llegando a extremos). Muchas de las grandes organizaciones ambientales de los Estados Unidos han evolucionado esencialmente a bufetes de abogados con armas de recaudación de fondos.

¿Ha llegado el momento de que el movimiento de resiliencia comience a emplear estrategias similares? Personalmente preferiría que las partes que sistemáticamente posponen y obstruyen una mayor resiliencia entren en razón, pero si no lo hacen lo suficientemente rápido, posiblemente se convertirían en el último recurso. Las apuestas son simplemente demasiado bajas.

El sistema de código de construcción actualmente sirve como escudo legal que protege a quienes son responsables y les permite lucrarse de la creación de ambientes construidos no resilientes. En esencia, se ha convertido en una destrucción en masa avalada por el gobierno. *Dicho de otro modo, el gobierno ha (por comisión o por omisión) legalizado las apuestas en contra de la naturaleza en todos los estados.*

¿Podría aquel escudo (o velo, según lo llaman con frecuencia los abogados) ser perforado? ¿Podrían ser posible exigirle a los constructores, los proveedores relevantes y al gobierno mismo rendir cuentas por sus actos cuando llevan a destrucción advertida y prevenida? Por el hecho de no ser abogado no podría comentar. Sin embargo, sí desafiaría a las mentes legales a considerarlo. Si los "verdes" lo han hecho, ciertamente los campeones de la resiliencia deberían ser capaces de hacerlo.

El gobierno usualmente confía en la inmunidad soberana. Ciertas leyes específicas lo hacen más inmune a la responsabilidad. Uno de estas es la Ley de Control de Inundaciones de 1928. Este inmunizó al gobierno cuando sus proyectos de control de inundaciones fallaron, tal como los diques de Nueva Orleáns que se rompieron durante el huracán Katrina. Sin embargo, incluso esto puede ser perforado si la negligencia es demostrada. Infortunadamente, aquellos casos raramente llegan a una decisión judicial definitiva. Los desastres se han vuelto cada vez más enfocados en los medios de comunicación y politizados. Con el fin de mitigar, los gobiernos, conscientes de la culpa, compensan la protesta pública a través del uso creciente de los dineros de los contribuyentes para pagar ayudas y fondos para recuperación. Sin embargo, la realidad es que toda la sociedad pierde.

La ley mantiene a los constructores y otros profesionales de la propiedad como responsables del fraude y la distorsión negligente. Lo que tendría que ser probado es si hacen una distorsión afirmativa con respecto a los posibles peligros de una amenaza o a la susceptibilidad del desastre.

¿Qué tal si una de las partes afectadas (o incluso mejor, una acción popular) declarara en la corte que los constructores y sus proveedores relevantes son negligentes en cuanto a las amenazas de desastres? La posición de la defensa de estos últimos sería que ellos simplemente se encontraban construyendo con base en los códigos oficiales y que la amenaza fue un infortunado Acto de Dios. ¿Pero podrían reclamar que estaban desinformados y no sabían que dichas amenazas ocurrían y que sus diseños y materiales eran inadecuados para resistirlas? ¿No es exactamente lo que los proponentes de una mayor resiliencia les están diciendo cada vez que aquellos responsables se oponen al fortalecimiento de los códigos de construcción?

No solamente tienen conocimiento de eso, sino que sistemáticamente argumentan en su contra o reclaman la necesidad de más estudios (una conocida táctica de retraso). De hecho, no necesitamos gastar decenas de millones de dólares estudiando y analizando lo que ya sabemos debido a la preponderancia en la evidencia. Por esta razón, cuando los repetidos desastres demuestran que están equivocados, pueden mantenerse negligentes y responsables por los daños; por lo menos por lo que ellos mismos construyeron (esencialmente lo que Hammurabi pedía). Si las cortes comienzan a intervenir en estos casos, tal vez los constructores y sus proveedores finalmente se volverán proactivamente diligentes en cuando a la resiliencia a las amenazas.

Hacer que aquellos directamente responsables tengan que rendir cuentas es la mejor y más rápida manera de superar la arraigada resistencia al cambio. El "sistema" actual ha demostrado ser muy "resiliente" en proteger el *statu quo*. Podría utilizar una "patada" legal con el fin de proteger mejor a las personas y a la propiedad.

Capítulo 27
Daño Colateral:
Cuando el Gobierno y la resiliencia chocan

Vale la pena notar cuán inseguro nos volvemos cuando el ambiente construido alrededor de nosotros falla. Muchas escenas de desastres sufren el daño agravado del saqueo y la delincuencia. Observamos después de la destrucción cómo rápidamente se degrada el comportamiento humano. Los seres humanos cambian al modo de supervivencia, lo quedo implica aprovecharse de la desgracia de los demás. Un ambiente construido resiliente es esencial para mantener el orden social cuando los eventos extremos ocurren. Si bien este es un papel fundamental del gobierno, con demasiada frecuencia "se dispara en el pie" cuando se trata de resiliencia.

En 1992, la Suprema Corte de Estados Unidos tomó decisión sobre un caso que crearía otro obstáculo más para la resiliencia. *Lucas versus el Consejo Costero de Carolina del Sur* involucró una disputa donde el gobierno local estaba, de hecho, tratando de hacer las cosas bien. La costa de Carolina del Sur está altamente expuesta a huracanes e inundaciones. El Consejo estaba implementando la Ley de Manejo de la Zona Costera de 1972 del estado y su Ley de Manejo de Playas de 1988. Esta ley requería que los dueños de las tierras en zonas vulnerables cerca de las payas obtuvieran permisos de construcción, los cuales impusieron regulaciones más estrictas.

Lucas alegaba que estas regulaciones lo privaban de beneficiarse económicamente de su propiedad y, por esta razón, el estado debía compensarlo como si esta fuera una eminente incautación de dominio (una "toma"). La corte se puso del lado de Lucas. Finalmente, el estado compró la tierra de Lucas y luego la revendió a otros privados. Hoy día, las casas están ubicadas en este sitio. Así que, presuntamente, Lucas simplemente no quería seguir las regulaciones más estrictas (o el estado las aflojó).

Infortunadamente, esta decisión abrió la puerta a que cualquier parte afectada económicamente por regulaciones de construcción más estrictas, potencialmente pudiera alegar una toma de su valor. Esto hizo que los estados se volvieran más cautos a la hora de promulgar y hacer cumplir este tipo de regulaciones, cosa que hizo que la resiliencia se viera afectada.

Este es solo uno de los ejemplos en el que una parte del gobierno inadvertidamente debilita los esfuerzos de resiliencia de otras partes. Vimos en el capítulo 8 cómo, por muchas décadas, el seguro de inundación suministrado por el gobierno estimuló a que las personas tomaran más riesgos de inundación; en el capítulo 14, cómo una parte de la rama ejecutiva, el Departamento de Agricultura, se ha convertido en el promotor entusiasta de los productos que dañan los esfuerzos de los que tratan de hacer frente a las amenazas de fuego y viento; y en el capítulo 15, cómo las políticas comerciales y sociales de un país, buscando proteger el empleos locales, pueden afectar la resiliencia de otros.

De hecho, el camino hacia los desastres está hecho de buenas intenciones. Muchas de estas políticas, vistas aisladamente, reflejan principios generalmente aceptados de accesibilidad, no discriminación, privacidad, regulación de la competencia, apoyo a los desastres y desarrollo económico. Sin embargo, dichos principios pueden ser fácilmente abusados y distorsionados dentro de planes específicos de gobierno.

1. La asequibilidad puede ser justificada para bajar los estándares y sobre enfatizar en costos de corto plazo.
2. La no discriminación puede llevar a ignorar y a nunca abordar los comportamientos riesgosos subyacentes.
3. La privacidad puede privar a la sociedad de información crítica y reducir la transparencia en cuestiones vitales.
4. La regulación de la competencia puede llevar a una rivalidad demasiado agresiva, o bien a una colaboración e intercambio comercial litados, cuando se necesita abordar asuntos importantes.
5. El apoyo posterior a los desastres puede convertirse en dependencia y a desmotivar el hacer frente a las causas subyacentes de vulnerabilidad.
6. El desarrollo económico puede mutar a estándares reducidos, al proteger el empleo y apoyar industrias al punto en que crean daños sociales.
7. Privacy can deprive society of critical information and reduce transparency on vital issues

Durante los últimos cincuenta años, La Capacidad de Resiliencia de EE.UU. ha sido una víctima de lo anterior. Por esta razón, el deficiente estado en que se encuentra no debe ser sorprendente. La "no resiliencia" no sucede por sí misma, se construye pieza a pieza a lo largo de los años, genera grandes utilidades a intereses arraigados y crece y se extiende como un cáncer hasta que finalmente colapsa bajo su misma debilidad.

La fragmentación hace que cada vez sea más difícil ver y abordar efectivamente el panorama global. Los códigos están fragmentados en miles de jurisdicciones. Múltiples industrias y asociaciones profesionales analizan fragmentos muy pequeños de las amenazas y los riesgos. El gobierno federal se fragmenta en muchos departamentos y agencias que con frecuencia actúan en direcciones opuestas.

El sistema de código de la construcción en sí está diseñado para desincentivar cualquier forma de liderazgo. En su lugar, depende de los comités dentro de los comités de los comités. El pensamiento consensuado lleva a la mediocridad y a la debilidad, lo que termina por comprometer los valores fundamentales. El pensamiento de grupo eventualmente ciega incluso a las mentes más brillantes, lo cual explica por qué un país tan rico en profesionalismo y talento ha alcanzado una resiliencia a las amenazas tan deficiente.

El gobierno federal trató una vez de tomar el control de la resiliencia residencial, pero los proponentes de lo "barato y débil" eventualmente lo estropearon. En 1935, la *Federal Housing Administration* (FHA) publicó los primeros Estándares Mínimos de la Propiedad, MPS. Estos buscaban proteger las hipotecas respaldadas por el gobierno y asegurar que las propiedades sobrevivieran por lo menos el tiempo los préstamos. Durante los siguientes 20 años, los MPS se convirtieron en especificaciones mínimas de construcción que se aplicaban cuando los códigos locales eran bajos o inexistentes. Su edición de 1958 se convirtió en el código de construcción residencial nacional *de facto*.

La prosperidad durante los años sesenta llevó a la expansión de la asistencia social federal en muchas áreas incluyendo la vivienda. En 1965 el Congreso creó el Departamento de Vivienda y Desarrollo Humano de EE.UU. (HUD, por sus siglas en inglés), ente que asumió la responsabilidad de los MPS. En 1968, el Congreso expandió en gran medida el préstamo de hipotecas respaldadas por el gobierno al establecer la 'Ginnie Mae' (Government National Mortgage Association, GNMA). Sin embargo, para 1979 la economía estaba entrando en recesión, la inflación llegó a 19 por ciento, lo que impactó las tasas de las hipotecas y compra de vivienda. Los constructores buscaron maneras de reducir los costos; e infortunadamente uno de estos fue la resiliencia.

En 1980, la NAHB envió al HUD un reporte en el que pedía quitar los MPS. Argumentó que los MPS habían sobrevivido a sus propósitos y ya no se necesitaban. El reporte sostenía que *los códigos de construcción se están volviendo más reactiva y la mayoría de las comunidades que previamente tenían un código inadecuado o simplemente no lo tenían estaban adoptando un código de construcción actualizado basado en un código nacional modelo.* Por supuesto esta era la opinión de la NHAB y 35 años después los registros demostrarían que esto estaba muy alejado de la realidad. Su propósito real era que el HUD subiera los requisitos MPS (es decir, los estándares de resiliencia) al punto que impidieran la construcción de viviendas de precios accesibles. En otras palabras, la resiliencia necesitaba ser sacrificada para poder hacer casa más baratas.

Bajo la presión de la industria, el gobierno cedió. En 1982 durante los primeros días de la primera administración Reagan, cualquier cosa que pidiera menor intervención estatal estaba de moda. En el mismo año, el HUD anunció que los MPS uno y dos de familia serían reducidos paulatinamente *porque ya han cumplido en su mayoría su propósito* y que *los intereses de los constructores podían ser protegidos con una intervención federal menor.* Esencialmente, le entregaron las llaves al complicado "sistema" de código de construcción y a los intereses privados que lo dominaban.

Desde entonces, las residencies unifamiliares y multifamiliares serían dejadas a merced de los constructores y proveedores y al "sistema" con desastrosas consecuencias. La renuncia del gobierno federal resultarían siendo un mayor golpe a la resiliencia de los segmentos más grandes y vulnerables del ambiente construido. Después de este momento, sólo los desastres podrían afectar la espiral descendente que la resiliencia estaba tomando. Estos comenzarían a protestar diez años después con el Huracán Andrew.

Desde el año 2000, el gobierno desde muchos niveles se había convertido en un fanático de lo "verde", muchas veces sin entender lo que realmente significa verde. Comenzó con lineamientos para las construcciones públicas y se expandió a incentivos para las privadas. Sin embargo, casi todas estas políticas eran ciegas a la resiliencia. Crearon riesgos al hacer que lo verde fuera sustituto de la resiliencia, en lugar de hacer que la resiliencia fuera un prerrequisito de lo verde. De las distorsiones más grandes, está el hecho de que las inversiones verdes vulnerables a las amenazas sean las que milagrosamente tengan la etiqueta "resiliente".

Ha habido múltiples esfuerzos en el Congreso para pasar legislaciones para avanzar en la creación de un ambiente construido más resiliente. Hasta el momento, los proponentes de lo "barato y débil" las han derrotado. Tres veces, en 2009, 2011 y 2012, el representante del sur de la Florida, Mario

Diaz-Balart, introdujo la *Safe Building Code Incentive Act (HR 2592, 2069 y1878)*. Esta enmendaría la ley federal de asistencia de emergencias existente para promover que los estados adoptaran y efectivamente hicieran cumplir en todo el estado los códigos de construcción de casas unifamiliares y multifamiliares. El incentivo sería un 4 por ciento adicional en ayuda a emergencias de desastres si el estado cumplía con ciertas condiciones del código de construcción. El proyecto de ley tuvo 47 copatrocinadores casi iguales de ambos partidos políticos. Sin embargo, finalmente murió tres veces en el *House Committee on Transportation and Infrastructure: Economic Development, Public Buildings, and Emergency Management Sub-Committee*, una manera común de parar la legislación propuesta. Una ley hermana en el Senado corrió con la misma suerte.

En 2013, el mismo congresista introdujo la ley *Disaster Savings and Resilient Construction Act (HR 2241*. Esta daría un incentivo fiscal posterior a los desastres a aquellas casas y edificios comerciales que fueran restaurados con códigos adicionales de acuerdo con los lineamientos IBHS Fortified. De nuevo, los opositores mataron el proyecto de ley al dejar que muriera en el comité. Bien por el representante Diaz-balart por sus esfuerzos persistentes. Él conocía de primera mano desde la experiencia de Florida que invertir en la Capacidad de Resiliencia tiene sus frutos. Qué pena por aquellos que se opusieron o ignoraron tales iniciativas, sucumbiendo a los intereses privados.

Para comprender la batalla detrás de estos proyectos de ley, en el caso de HR 1878, veinte organizaciones se registraron para hacer *lobby*. La mitad de ellas estaban relacionadas con el sector de los seguros, mientras que la otra mitad estaban relacionadas con los desastres y la industria. Una de estas era la NAHB. Un total de 88 *lobbystas* se involucraron; seis de ellos eran de la NAHB. En el capital de Estados Unidos se considera un "peso pesado". Gasta cerca de 2,8 millones de dólares al año empleado a 46 *lobbystas*, de los cuales 30 han ocupado cargos gubernamentales previamente. Durante el ciclo de elecciones de 2014, donó 2,3 millones de dólares a los políticos. Su segunda categoría de contribución más grande fue a los miembros del House Transportation and Infrastructure Committee. Fue así como tuvo éxito matando el proyecto de ley, lo que subraya la influencia de la NAHB.

En los últimos años, Estados Unidos ha tratado de interpretar un mayor rol internacional en lo concerniente a los temas" verdes. Echemos un vistazo a su presencia internacional en resiliencia. En marzo de 2015, gobiernos de todos los países se reunieron en Sendai, Japón en la Tercera Conferencia

Mundial para la Reducción del Riesgo de Desastres bajo el auspicio de las Naciones Unidas. Esta fue la tercera reunión más importante en 20 años. Todas las conferencias han tenido lugar en Japón, la primera (en 1994) en Yokohama y la segunda (en 2005) en Hyogo. Esto refleja el fuerte compormiso que tiene este país con la resiliencia. Japón es uno de los lugares más densamente urbanizados y propensos al riesgo en el mundo; terremotos, huracanes, inundaciones e incendios han aquejado a la nación isleña.

En esta conferencia, las naciones del mundo renovaron sus votos por hacer de la resiliencia una prioridad mayor, emprende acciones específicas y compartir más información y recursos. 187 naciones firmaron el Marco de Acción de Sendai: 2015-2030. A pesar de ser voluntario, con muchas especificaciones aún por determinarse, se trata de un acuerdo histórico, comparable con la importancia de la Convención Marco de las Naciones Unidas sobre el Cambio Climático (CMNUCC). Este contiene importantes metas tales como la reducción del costo de las pérdidas por desastres no solo "reconstruyendo mejor", sino, de manera más importante, "construyendo bien desde el principio". También hace un llamado a la divulgación del riesgo de desastres por parte de las empresas que cotizan en bolsa y a la incorporación de riesgo de desastre en los criterios de préstamos financieros.

El subsecuente COP21 Acuerdo de París hace referencia al Marco de Sendai. Si usted estudia con cuidado el Acuerdo de París, se dará cuenta de que menciona la adaptación al clima (es decir, resiliencia a los riesgos) con el doble de frecuencia que la mitigación del cambio climático (reducción de gases de efecto invernadero). Esto puede significar un vuelco internacional hacia abordar las crecientes consecuencias económicas de la inadecuada Capacidad de Resiliencia, que empeoran por la futura incertidumbre climática.

La administración estadounidense ha interpretado un papel relativamente secundario en las iniciativas de resiliencia de la ONU, enfocándose sobre todo en advertencia, respuesta y actividades humanitarias. Esto no es sorprendente dado su propio deficiente rendimiento en resiliencia. Por otro lado, países como Japón, Suiza y Chile han demostrado un gran liderazgo para convertirse en modelos a seguir. Su aporte es invaluable puesto que han sido testigos de primera mano de los desastres, pero tienen una habilidad limitada para atacar las causas del desarrollo vulnerable.

Infortunadamente, aquellos que estuvieron ausentes en esta conferencia son los mayormente responsables de crear lo que se ha destruido. Estas son las personas relacionadas con el desarrollo económico, las finanzas, las construcciones, la vivienda y la infraestructura. Ellos siguen estando en cualquier otro lugar y haciendo lo que han estado haciendo. Hasta que no logremos integrar desarrollo económico, finanzas y construcción de edificios e infraestructura con resiliencia, estaremos sólo apagando incendios, y seguiremos teniendo que llamar a más "bomberos" (además de alarmas, mangueras, camiones, etc.). Esta es la Cuarta Ley.

Lo que aborda el problema de cómo se ve la resiliencia es la reacción al desastre, más que las acciones proactivas para desarrollar una economía y una sociedad más resistentes al desastre. Haciendo esto es el equivalente de poner el cuerpo de emergencias médicas de un hospital a cargo de los programas de salud. Los primeros requieren comunicaciones y transportes rápidos y efectivos, instalaciones y equipos de emergencia apropiados, suministros adecuados y personal calificado disponible las 24 horas. Las decisiones rápidas y la reacción son críticas y por tal motivo el enfoque de la gestión tiene a ser altamente ordenados y controlados.

Por el contrario, el éxito de un centro de salud depende de la crear conciencia, atraer participación, educar, promover, motivar (entre pares e individuos), promulgar incentivos (y desincentivos), entrenar, practicar la ejecución y repetición positiva. Ganarse y sostener el compromiso personal en el largo plazo es crítico. Su enfoque de gestión se centra en comunicar, educar, entrenamiento, capacitación y gratificación.

Un alto porcentaje del tráfico de las unidades de emergencia de los hospitales es resultado del abandono prolongado de hábitos de bienestar, es decir, de malos hábitos en el estilo de vida. Sin embargo, las unidades de emergencia nunca pueden hacer frente a estos problemas del bienestar subyacentes. En el mejor de los casos, aquellos que se ven afectados, si cuentan con la suerte suficiente para sobrevivir, recibirán un llamado de atención, e incluso en estos casos tendrán que ir a otro lugar para recibir ayuda de bienestar. Irónicamente, la mayoría de los que se dejan solos regresan a casa y continúan haciendo lo que estaban haciendo antes.

De manera similar, el mejor equipo de respuesta al desastre en el mundo nunca resolverá los asuntos que subyacen la inadecuada resiliencia. Es poco realista siquiera pensar que una estructura organizacional y una cultura que estén enfocadas en la respuesta pueden crear y gestionar una estrategia nacional de resiliencia exitosa. Sin embargo, es precisamente eso lo que la mayoría de los países, incluyendo Estados Unidos están haciendo. Infortunadamente, pocos legisladores comprenden la diferencia entre responder a los eventos de desastres y cambiar el riesgo estructural. Éstos se enfocan mayoritariamente en lo que conocen mejor: la preparación y la ejecución de medidas de respuesta a las emergencias.

Cuando se trata de reconstrucción, con demasiada frecuencia se ignoran las causas subyacentes del problema. Inicialmente, hay muchos estudios y revisiones hechas por equipos de profesionales, mientras que en el fondo, los intereses particulares se escabullen para contener las repercusiones. Luego de un tiempo, los "respondedores de las emergencias" se retiran, entregando la responsabilidad de seguimiento de vuelta al "sistema".

¿Acaso alguien se ha dado cuenta de que es a causa del sistema que en primera instancia las amenazas se han convertido en desastres? No obstante, seguimos poniendo la autoridad para reconstruir en las manos de aquellos que en primer lugar se encargaron de hacer un caos; lo cual explicaría por qué casi siempre obtenemos los mismos resultados.

En general, los gobiernos cometen el error de asignar la responsabilidad de la resiliencia (a menudo llamada Reducción del Riesgo de Desastres (RRD) a su agencia de respuesta y manejo de emergencias. En Estados Unidos, esta es la Agencia Federal para el Manejo de Emergencias (FEMA, por sus siglas en inglés), parte del Departamento de Seguridad Nacional de los Estados Unidos (DHS, por sus siglas en inglés).

El principal gerente de la FEMA, Craig Fugate, es literalmente un antiguo bombero con una ilustre carrera en respuesta a emergencias. El representante oficial adjunto encargado de la mitigación y del NFIO, Roy Wright, es un científico político que fue consultor organizacional de Washington antes de convertirse en analista de riesgo varios años antes. Éstos pueden ser grandes personas, pero probablemente no son las indicadas para asumir el cambio en el "sistema". Sin embargo, para darles crédito, han hecho más que ninguno que sus predecesores en traer la mitigación de desastres a la vanguardia de la discusión de políticas públicas.

El jefe de la FEMA es el secretario del DHS, Jeh Johnson, un abogado que previamente se había movido entre la práctica privada y el Departamento de Defensa. Estando dos años este cargo, tiene muchas cosas en qué pensar además de la FEMA: terror, protección de fronteras, guardia costera, inmigración, servicio secreto y seguridad de aeropuerto. El posterior a Sandy, el DHS se dio cuenta cuán seria es la amenaza de desastres naturales para la seguridad de Estados Unidos y comenzó a formular una estrategia. Ahora reconocen que es un asunto nacional, que lo hace un asunto también federal, que no es algo que al sistema le guste o quiera incentivar.

Debido a que la FEMA carecía de experiencia y enfoque en la resiliencia del ambiente construido, el DHS recurrió a su Dirección de Ciencia y Tecnología (Science and Technology Directorate, STD) para buscar ayuda. Recientemente, un ingeniero del MIT, quien pasó la mayor parte de su carrera en cargos de defensa pública y privada ha estado al mando de este departamento. En 2009, tomando un enfoque "de mentalidad de defensiva", la STD creó el High Performance and Integrated Design Program (programa de resiliencia de alto rendimiento y diseño integrado). Este buscaba *preparar mejor los edificios y la infraestructura para recuperarse de los eventos de desastres naturales y causados por el hombre tales como explosiones; agentes químicos, biológicos y radiológicos (CBR, por sus siglas en ingles); inundaciones; huracanes; terremotos e incendios.* La estrategia consistía en lo siguiente:

o   Los códigos de construcción son requisitos mínimos que ofrecen una limitad protección de resiliencia.

o   Será muy difícil cambiar el sistema y hacerlos más estrictos.

o   En cambio, desarrollar un conjunto de estándares nacionales, llamados High Performance Standards (Estándares de Alto Rendimiento), los cuales estarán por encima de los códigos de construcción.

o   Luego, tratar de hacer que la gente los utilice voluntariante en lugar de los códigos de constricción producidos por el sistema.

En esencia, una táctica militar de flaqueo. ¡Muy bien! Excepto porque hacer flaquear a ballena con un pez pequeño no va a lograr mucho; unos MPS resucitados pero sin sus dientes. Hasta el momento, todo lo que han producido son herramientas y publicaciones, talleres y seminarios virtuales. ¿Y qué si nadie los está utilizando?

Para hacer esto recurrieron a otras dos organizaciones no muy arraigadas al sistema: el Instituto Nacional de Estándares y Tecnología (NIST, por sus siglas en inglés) y el Instituto Nacional de Ciencias de la Construcción (NIBS, por sus siglas en inglés). Ambas son grandes organizaciones con recursos técnicos y conocimiento y han ayudado al DHS a producir muchos interesantes reportes y artículos académicos.

El año pasado, el NIST se ganó un contrato de 20 millones de dólares con la University of Colorado para desarrollar modelos de decisión para oficiales estatales y locales. A pesar de que las conexiones del director programa con la madera dura y centradas en los sismos levantaron muchas dudas con respecto a las dimensiones del proyecto, esperemos a ver qué producen.

El NIBS es una cuasi organización sin ánimo de lucro del gobierno creada por el Congreso para promover la innovación en edificios y proveer recomendaciones de expertos en propiedad públicas. Este formó diferentes comités para hacer frente a los asuntos de resiliencia incluyendo al Multi-hazard Mitigation Committee (MMC). Su recientemente producido libro blanco titulado *Developing Pre-Disaster Resilience based on Public and Private Incentivization,* es de hecho bastante relevante y suscita la reflexión.

Es problema es: ¿quién está escuchando? Definitivamente no los constructores de vivienda que al año le están agregando un millón más de casas no resilientes al ambiente construido estadounidense; y mucho menos los compradores. Esto se debe a que lo que nos falta no son reportes y herramientas. Hemos sabido por años cómo construir estructuras que pueden soportar las amenazas.

Si el DHS quisiera realmente poner su marca en la resiliencia nacional, aprendería una lección de la historia y la seguridad en los automóviles (algo que no se enseña en el Departamento de Defensa); haría equipo con la industria de los seguros y por varios años llenaría los medios de comunicación con imágenes de casas destruidas y mensajes sobre cómo los códigos de construcción son básicamente inadecuados. Esto aumentaría la consciencia y las preocupaciones por la seguridad, particularmente entre los grupos más vulnerables: mujeres, niños y familias de ingreso bajo. En pocos años todo el mundo estaría pidiendo construcciones más resilientes.

Esto requiere un tipo diferente de DHS y el clamor por parte del sistema sería tremendo. Sin embargo, si no generas una reacción, esto significa que probablemente no estás haciendo mucho. Infortunadamente, más desastres como Katrina y Sandy se necesitarán para provocar que el gobierno determine acciones efectivas. Estas están por venir.

Mientras tanto, quédense en sintonía para el próximo reporte de resiliencia del DHS.

Capítulo 28
Acción Privada:
Balanceando principios y utilidades

El sector privado es propietario de la mayoría del ambiente construido, mientras que el sector público probablemente es dueño de menos del 10 por ciento del total del espacio y el 25 por ciento de su valor, dependiendo de cómo se mire la infraestructura. El sector privado además sufre de una proporción desproporcionada de las pérdidas económicas provenientes de los desastres (alrededor del 80 por ciento). Los sectores público e institucional generalmente construyen de una manera más resiliente y suscriben más seguros. Finalmente, a excepción de unos pocos productores de materiales y constructores que son propiedad del gobierno, el sector privado es prácticamente el único involucrado en la construcción de un ambiente construido.

Por esta razón, el sector privado es tanto el principal problema del ambiente construido, como la pieza clave en su solución. Por supuesto, es tan vasto y diverso que va desde los propietarios de las viviendas, hasta los inversionistas de las propiedades, los dueños de pequeños negocios, las grandes empresas y los establecimientos industriales.

En cuanto a lo que se refiere a resiliencia, las grandes empresas e industrias tienden a invertir de acuerdo con o de manera cercana a los estándares públicos de resiliencia. Es usual escuchar que sus instalaciones se vean afectadas por grandes catástrofes como Andrew, Katrina o Sandy. Las empresas aseguradoras tales como FM Global son en parte responsables del riesgo. Los casos en los que estas empresas sufren pérdidas de manera directa, son casi siempre consecuencia de accidentes (riesgo residual) y no una señal de una falta de resiliencia generalizada (riesgo estructural). Sin embargo, también se ven afectados cuando sus empleados, clientes, proveedores y distribuidores son vulnerables.

El corazón del problema de la resiliencia del sector privado se encuentra en los dueños de las viviendas y las empresas pequeñas. Estos forman el segmento más grande (en lo que se refiere al espacio) del ambiente construido y sufren la mayoría de las amenazas.

Uno podría pensar que en el mundo en desarrollo hay muchos que carecen de recursos y conocimiento, pero irónicamente, en el mundo desarrollado hay tantos como en el primero. ¿Es sólo que simplemente no creen en la resiliencia y prefieren "apostar" las vidas de sus familias, subsistencia, empresas y posesiones? En mi opinión esto sólo representa una fracción pequeña. El verdadero motor de esto se encuentra en otra parte; y a este punto ya deberían saber cuál es.

Sufren porque son los que se encuentran más a merced de las industrias que desarrollan y producen materiales y construcciones y los que dependen solo de la protección de los códigos de construcción (o de su falta). El primero es un problema del sector privado, el segundo, del público. Tal como se discutió en capítulos anteriores, ambos están interrelacionados y forman la base para el "sistema".

Para cualquiera que tenga dudas, pongamos esto más claro: el sector privado está en el negocio para obtener utilidades, ¿de qué otra manera podría sostenerse? Los impuestos gravan impuestos, las organización sin ánimo de lucro tienen donantes y los niños (humor) ruegan por asignaciones familiares. La única manera en que el sector privado puede sobrevivir es vendiendo algo con valor "percibido" y cobrando más que el costo de producirlo. ¿Está esto mal? Absolutamente no.

Esto además no excluye al sector privado de tener valores que beneficien a la sociedad. Los gobiernos y las organizaciones sin ánimo de lucro no tienen el monopolio de los principios. La mayoría de las empresas comparten los mismos valores que los gobiernos y las organizaciones sin ánimo de lucro tienen. Aquellas que se encuentran en el sector privado son con frecuencia las mismas personas que se involucran con muchas actividades cívicas y sin ánimo de lucro durante sus horarios de trabajo y vida personal.

Sin embargo, a las empresas se les facilita balancear la utilidad con los principios cuando ambos están alineados. Esto es más complicado cuando no es así. ¿Qué tal si un día una empresa se da cuenta de que está haciendo algo que eventualmente daña a la sociedad? ¿Qué ocurre si ese algo contribuye a la vulnerabilidad social a los desastres?

Las empresas que se encuentran en este dilema tienen una o más de las siguientes opciones:

1. Negar y racionalizar.
2. Influenciar las percepciones.
3. Influenciar las políticas.
4. Compensar haciendo "cosas buenas" en otras áreas.
5. Reducir o cambiar lo que están haciendo.

Las primeras tres de hecho empeoran las cosas. La cuarta, como mucho, neutraliza lo negativo. La quinta es lo correcto. Sin embargo, entre más utilidad esté involucrada y más larga sea la historia, más difícil es hacer la quinta opción. La reacción reflejo es la #1, pues las utilidades pueden ser más adictivas que las drogas. Algunas de estas ganancias pueden ser después invertidas en las opciones dos y cuatro: más publicidad, educación, incidencia política y relaciones públicas.

Esto funciona por un tiempo y compra el suficiente para continuar percibiendo utilidades. Pero debido a que las consecuencias negativas continúan creciendo, tarde o temprano las protestas sociales eclipsan los remiendos de las opciones dos y cuatro. Eventualmente, las empresas se ven forzadas a aplicar la número cinco.

Esta fue exactamente la historia de los fabricantes de vehículos durante los años sesenta. Cincuenta años después es la historia de los constructores de viviendas y proveedores de madera. Ante la urbanización, la litoralización y a las crecientes amenazas, el producto que habían vendido a lo largo de la mitad del siglo (casas de madera ligera) no está fallando a la hora de dar un buen rendimiento. Se han convertido en industrias rentables de cientos de miles de millones de dólares, que emplean a miles. Ahora que la evidencia que muestra que sus productos no son resilientes aumenta, afrontan la preocupación por cambiar o reducir lo que han estado haciendo durante tanto tiempo.

Su reacción es predecible. Negación y racionalización, combinadas con mayor gasto en publicidad, educación, *lobby* político y relaciones públicas. Sus argumentos son conocidos: accesibilidad económica, empleos, lo verde, autonomía local, requisitos voluntarios, desarrollo económico. De manera aislada, todo esto suena bien, pero cuando se pone en la escala de balance social, no pueden compensar lo más negativo: contribuyen a las enormes pérdidas humanas y económicas.

Están comprando tiempo, tal vez un par más de décadas de proteger el *statu quo*. Eventualmente, el peso de las pérdidas sociales callará toda la publicidad, publicidad e influencia. Quizá los estándares federales (los eficaces MPS) harán más fuertes los códigos y las casas finalmente serán más resilientes, o la transparencia en la conciencia y la resiliencia conducirá los cambios en el comportamiento del consumidor.

Las casas de madera no van a desaparecer, igual que no lo hicieron los carros. Simplemente van a hacerse mejor. En aquellos lugares con amenazas de viento muchas construcciones tenderán a materiales con mayor resiliencia, algunos en formas híbridas. Otros diseños utilizarán más y más pesados elementos de madera para contectarlos mejor a los cimientos y a los techos.

En general, más materiales de construcción serán necesarios para crear un ambiente construido más resilientes, lo mismo con los ingenieros y e inspectores. El consumo de madera podrá disminuir, pero probablemente no tanto como le preocupa a la industria. Si este decrece, será como resultado de un menor uso en la reconstrucción de estructuras dañadas y no de las nuevas construcciones. Muchas exportadores canadienses tendrán que desacelerar su tala de árboles. Luego de eso pueden reclamar con certeza de hacerse más verdes, mientras que los empleados de la industria de la madera por los que tanto se preocupa Canadá pueden ser capacitados en la construcción de casas resilientes.

Desde una perspectiva de inversión inicial, puede ser un medio ambiente construido más costoso, pero no tanto como temen que pueda ser. Tal como con los carros, la innovación, el entrenamiento, la experiencia, la competencia y el volumen bajarán los costos. Los beneficios superarán con crecer la diferencia en la inversión inicial: reducción de costos de desastres privados, asegurados y públicos, menos pérdidas humanas y vidas afectadas, menos pérdida de productividad que afecta tanto los ingresos públicos como los privados y, finalmente, menos recursos amarrados a la Capacidad de Emergencias.

Los constructores de vivienda competirán por los consumidores basados en sus características de resiliencia de desastres, no solo con encimeras de cocina y gabinetes. Las comunidades competirán basadas en sus perfiles de resiliencia y no en los incentivos fiscales. Tal como en el pasado lo han experimentado las ciudades que han reconstruido de manera resiliente después de los desastres, invertir en la Capacidad de Resiliencia estimula la prosperidad económica. Lo contrario también es cierto: quedarse atascados en los Ciclos de Resiliencia Urbana a los Desastres lleva al estancamiento económico.

Un ciclo vicioso puede convertirse en uno virtuosos. ¿Necesitamos experimentar un desastroso tira y afloja para llegar ahí? Los desastres por sí mismos son ya un campo de batalla. Adoptar mayor resiliencia no debería ser una batalla. Sin embargo, los opositores de la resiliencia la han convertido en una.

¿Podrían todas las partes trabajar con el gobierno para encontrar las maneras de llegar más rápidamente al otro lado (más seguro) del río? La sociedad se beneficiará enormemente si pudiera evitar otra década o dos o tres de construcciones vulnerables a los desastres. Si se pusieran de acuerdo en dar marcha atrás a su oposición de aumentar el nivel de resiliencia, incluso podríamos justificar darles ayuda a los constructores y a las industrias madereras en hacer los cambios para la transición hacia una sociedad más resilientes y reentrenar a sus fuerzas de trabajo.

Deberíamos también ofrecer asistencia e incentivos para que los consumidores de ingresos más bajos y las empresas más pequeñas puedan costear construcciones más resilientes. En un clima político de gasto consciente esto es visto usualmente con escepticismo, probablemente debido con mucha frecuencia el gobierno falla en cumplir sus promesas. No obstante, los incentivos para crear un ambiente construido más resiliente no son "gasto"; son "inversión" (algo que los gobiernos, incluyendo el de Estados Unidos parece que han olvidado cómo hacer). Tiene retornos muy atractivos para toda la sociedad.

Hasta el momento hemos discutido mayormente los aspectos problemáticos del sector privado. Ahora hablemos de los elementos positivos, de los cuales hay muchos ejemplos alentadores. Aquí hay una muestra:

1. La familia de Carl Schneider ha sido corredora de seguros por varias generaciones in la costa de Alabama y Misisipi. De raíces familiares suizas, Carl Schneider siempre ha admirado las prácticas de la construcción europea, mientras que en casa la propensa al riesgo costa del Golfo pasó de un desastre a otro. Después de Katrina, se dio cuenta de que debía hacer algo. Aprendió del programa de IBHS Fortified y formó un grupo partidarios comunitarios para defenderlos y promoverlos.

Eventualmente se organizaron en una organización sin ánimo de lucro llamada Smart Home America. Tocó las puertas de políticos argumentando que los códigos costeros eran demasiado débiles, convenció a aseguradoras escépticas de ofrecer descuentos a construcciones con el sello Fortified e impulsó a los constructores y contratistas a hacer parte. Esto se tomó más de cinco años. Inicialmente, no les cayó bien porque estaba creando problemas. Pero él fue persistente y apasionado y en el proceso aprendió mucho sobre materiales y construcción, convirtiéndose en la persona a quien se debía acudir para casas resilientes en la localidad. Siendo receloso de lo verde, promovía la integración de la eficiencia de la energía a los diseños de las casas resilientes para hacer dobles los beneficios.

Hoy, gracias a la iniciativa de Carl Schneider, dos de los estados más propensos al riesgo, con historias de códigos de prácticas deficientes

(Alabama y Misisipi), lideran la nación en el número de casas Fortified. Esta cifra excede las mil y está creciendo rápidamente. Un proyecto anterior fue una casa Habitat for Humanity para demostrar que la resiliencia puede ser aplicada a propiedades para personas de ingreso bajo que podían ser costeadas. Hoy día, la versión local de Habitat ha construido unas 200 casas Fortified. Smart Home America se encuentra en este momento ayudando a organizar grupos similares en otras áreas vulnerables del país. Esta es una iniciativa que vale la pena apoyar y expandir.

2. Conmovida por las secuelas del Huracán Andrew, Leslie Chapman Henderson aunó esfuerzos para crear un equipo de voluntarios para un grupo de educación y promoción sobre resiliencia residencial de desastres. Inicialmente se enfocó en Florida, pero en el año 2000 se volvió una iniciativa nacional bajo el nombre de *Federal Alliance for Safe Homes* (FLASH). FLASH se convirtió en un activo proponente de los códigos de construcción plus. En 2006, se asoció con funcionarios de Florida en un programa de resiliencia de 250 millones de dólares llamado "My Safe Florida Home". Cerca de 350.000 propietarios de viviendas lo utilizaron para mejorar sus casas y ahorraron unos 70 millones de dólares en primas de seguros.

En 2008. FLASH desarrolló una experiencia interactiva de entretenimiento educativo, *edu-tainment,* en el parque temático del Disney Epcot en Orlando llamado *Stormstruck.* Esta iniciativa le demuestra a niños y a adultos por igual cómo al incorporar (o eliminar) características resilientes a una casa se puede afectar la vulnerabilidad a los desastres. Más de 5,5 millones de personas la han visitado y es una de las atracciones más populares del parque.

Actualmente, FLASH tiene más de 120 socios entre privados, públicos y sin ánimo de lucro. Éstos forman parte de gran canticas de esfuerzos comunitarios locales sobre resiliencia, incluyendo las recientes batallas sísmias de Memph is discutidas en el capítulo 24. FLASH reúne a muchos proveedores de soluciones y apoya la innovación y las nuevas prácticas. De hecho, varios de los socios de FLASH practican soluciones resilientes de madera. Estos representan un pequeño subconjunto de sus industrias, pero forman modelos a seguir sobre cómo simultáneamente se puede aumentar la resiliencia y competir con la madera.

FLASH también ha propuesto que cada nueva vivienda contenga una calcomanía informativa (similar a la que se puede encontrar en los carros y algunos electrodomésticos) con información sobre el constructor, el ingeniero, el inspector, el año de construcción y el código de construcción (Yo agregaría la elevación y la velocidad de diseño del viento). Serían un mayor paso adelante hacia la transparencia, pero aquellos con intereses profundamente arraigados lo rechazarían rotundamente.

3. John Bowman solía tener una pequeña empresa familiar de contratistas en Illinois. Él construía pisos y sótanos de concreto para viviendas y se sentía orgulloso de que estos proyectos fueran herméticos. Después de Katrina se dio cuenta de que su conocimiento era necesario en la costa del Golfo, así que mudó a su empresa y a su familia allí. También se dio cuenta de que los constructores locales tenían poca experiencia con sótanos herméticos y muros de contención. Los terrenos inclinados o bien eran abandonados o deficientemente utilizados en los diseños de las viviendas.

Comenzó a construir casas resilientes y a certificarlas como Fortified. Por su propia iniciativa, construyó una casa resiliente innovadora que incorporaba un híbrido de materiales de madera, acero y concreto. El concreto es rociado en las paredes exteriores con la técnica de gunitado utilizada para las piscinas. John cree que esto puede tener algún día un costo competitivp no solo para las nuevas casas con códigos plus, sino también para hacer que las casas actualmente construidas con madera sean más resilientes. Bien por él por distanciarse d ela tendencia. Algún día, los prehistóricos productores en masa de viviendas aprenderán que hay mejores vías que el modelo de negocio "barato y débil".

4. En 2008, Holly Tachovsky ayudó a emprender un negocio que suministraba rápidamente y en línea el historial de permisos de construcción de viviendas. La compañía, llamada BuildFAx, ha reunido una creciente base de datos que incluye alrededor del 70 por ciento de los permisos residenciales y comerciales estadounidenses, en más de 7500 ciudades sumando unos 90 millones de propiedades.

Las aseguradoras usan esta información para verificar de manera confiable la antigüedad de un techo, puesto que el techo es la parte más vulnerable de un edificio de baja altura. Esto también ayuda a los tasadores de viviendas a hacer la evaluación de los préstamos. Esta información es también útil para los compradores. Algunas ciudades como Decaur, Alabama, ofrecen en este momento reportes de propiedad en línea de manera gratuita y abierta al público. ¿Por qué no deberían hacerlo todas las ciudades? BuildFax está ayudando a crear un estándar abierto para un formato común en línea. Sin embargo, actualmente no contiene indicadores específicos de resiliencia diferentes al historial de permisos, esta información es una victoria para la transparencia en la construcción.

5. Coastal Risk Consulting (CRC) es un proyecto de emprendimiento de Ft. Lauderdale, que ofrece a los propietarios, compradores, tasadores, prestamistas, y aseguradores de vivienda, entre otros, una calificación fácil de comprender del riesgo de la propiedad a futuros aumentos en el nivel del mar. Este utiliza tecnología desarrollada originalmente por el Centro de Estudios Ambientales de Florida Atlantic University (CES, por sus siglas en inglés).

La información suministrada por CRC aumenta la transparencia al consumidor y permite a los responsables de la toma de decisiones incorporar resiliencia dentro de sus evaluaciones y acciones.

El presidente de la compañía, Albert Slapp, es un abogado que antiguamente lideraba un exitoso desafío del diseño del Condado de Miami-Dade para una nueva instalación municipal de aguas residuales. Como resultado, se le requirió al condado que incorporara el futuro cambio en el nivel del mar dentro del diseño de esta importante infraestructura.

6. Muchas grandes empresas se dieron cuenta de que la resiliencia es un componente clave en el desarrollo empresarial sostenible y lo están incorporando a sus estrategias más importantes. FedEx ha incorporado la resiliencia a su planeación de inversión y operación y construye instalaciones con códigos plus. Además, apoyaron códigos sísmicos en su centro de negocios en Memphis. Desde 2013 patrocinan el *Premio Anual FedEx para la Innovación en la Preparación para Desastres*. Además tienen programas para ayudar a los pequeños negocios a volverse resilientes, muchos de los cuales son sus clientes.

7. Hershey, un productor global de confitería, ha hecho de la resiliencia un componente clave en la inversión en sus instalaciones y el proceso de planificación. Confía en FM Global para fijar las metas de construcción de sus instalaciones, en vez de seguir ciegamente los códigos locales.

8. Sims Metal Management es la empresa recicladora de metales y aparatos electrónicos más grandes del mundo que cotiza en bolsa y se enorgullece de su gestión segura y sostenible de los recursos. Seis años de que Sandy golpeara a Nueva York, tomó una importante decisión con respecto a la resiliencia al poner dinero para apoyar esta causa. Cuando se encontraba diseñando la planta de reciclaje en la costa de Brookyn, invirtió 5 por ciento más en capital para ajustarse a los códigos plus.

Mientras muchos deben estar buscando tácticas de fisuras en la regulación y excepciones desactualizadas para construir por debajo de los códigos actuales, Sims Metal elevó los suelos de base 4 pies (121,92 cm) por encima de lo requerido. Eso marcó la diferencia entre que hubiera o no inundación el huracán Sandy arrasó con la mayor parte de la ribera. Los ingenieros originalmente estimaron que el diseño los protegería de una inundación en 40 años. Esta llegó en seis años. Esta inversión en resiliencia los previno de unirse a la "bandada de pavos".

9. Margot Brandenburg fundó una empresa híbrida, con y sin ánimo de lucro, para desarrollar, financiar y asegurar mejoras en la resiliencia de las viviendas en las zonas propensas a las amenazas de viento de las costas Atlántica y del Golfo de Estados Unidos. La empresa se llama MyStrongHome. A la fecha, ha completado un programa piloto de reconstrucción de techos con estándares Fortified en 30 propiedades residenciales de Carolina del Sur, Luisiana y Alabama. MyStrongHome financia sin costo las actualizaciones de los propietarios a través del uso de seguros de ahorro para amortizar la inversión de resiliencia.

El modelo es asemeja a los programas de ahorro compartido que financian las mejoras de eficiencia energética. Al incluir el desarrollo de proyectos, la financiación y los seguros, MyStrongHome presenta un ejemplo de gana-gana de oportunidades de negocio en el mercado emergente de los "servicios de resiliencia". Esta iniciativa busca actualizar 10.000 hogares durante un período de cinco años.

10. Es interesante observar cómo muchos innovadores de la resiliencia son mujeres. Tal vez las mujeres son más sensibles a la necesidad de tener estructuras más fuertes y seguras. Las estadísticas de la ONU muestran que de manera desproporcionada, las mujeres sufren más con los desastres. El mercadeo de consciencia centrado en las mujeres puede ser una estrategia apropiada para conducir los cambios en las preferencias del consumidor (en lugar de la industria de la construcción dominada por los hombres).

Elizabeth Strand es otro ejemplo estupendo de resiliencia. Esta hija de un contratista de Chicago aprendió a trabajar como albañil de bloque y ladrillo. Después de graduarse de ingeniería civil y ciencias ambientales, en vez de seguir una carrera convencional, decidió aplicar sus habilidades y motivación para ayudar a "reconstruir mejor" al mundo. Con frecuencia manifiesta que una vivienda segura es un derecho humano básico (lo cual implica que los códigos públicos que conllevan a casas inseguras violan los derechos humanos).

Hace aproximadamente diez años fundó Build change, una organización sin ánimo de lucro con operaciones en Estados Unidos que capacita contratistas y comunidades que han sido afectados por desastres de terremotos y tormentas alrededor del mundo para reconstruir bajo estándares más altos. Build Change ha participado en reconstrucción después de desastres en muchos países, incluyendo Irán, India, Filipinas y Nepal. El hecho de que este conocimiento se origine en Estados Unidos es otra prueba de que poseemos la información y las habilidades para construir de una manera más resiliente; lo que nos falta es conciencia pública y liderazgo político.

11. Hancock Bank ha proporcionado servicios bancarios en el mercado costero de Misisipi a largo de cien años. Esta larga historia permitió comprender los graves peligros que había en el área y la manera de actuar de acuerdo a ellos. Por décadas invirtió en códigos plus de resiliencia. Su centro tecnológico, Hancok Bank Technology Center, un componente clave de su plan de continuidad, fue diseñado para soportar vientos que superan las 200 millas por hora. Los medios de comunicación comenzaron a llamarlo "la fortaleza".

Su estrategia de resiliencia demostró su eficacia cuando llegó Katrina. Durante unos pocos días del huracán, cuando la mayor parte del área estaba sin energía, el banco reabrió 40 filiales. Tanto los clientes del banco, como quienes no lo eran (aquellos que lo eran por fe al haber dado alguna información personal al banco) pudieron retirar el dinero en efectivo que necesitaban. En una semana, Hancock Bank inyectó 42 millones de dólares a su comunidad. Esto fue un impulso financiero y psicológico para la gente. Tres años después, el banco había reunido alrededor de 99,5 por ciento de lo que había prestado en el período posterior al desastre.

Las personas aprecian una empresa que tiene tanto valores, como resiliencia. Durante cinco meses, el banco abrió 13.000 nuevas cuentas y sus depósitos crecieron a 1.500 millones de dólares. Con 6.000 millones en activos, la empresa se posicionó como la cuarta entre los bancos con mejor rendimiento del país. No debería ser sorpresa, entonces, que la resiliencia y el rendimiento económico vayan de la mano. Wall Street, ¡toma nota de eso!

Por mi parte, presumiría que cuando un banco como este presta dinero, también examina el perfil de resiliencia del aplicante. Los aplicantes de resiliencia son usualmente los tomadores de riesgo de tipo conservador y, consecuentemente, de mejores riesgos. El negocio del "préstamo basado en resiliencia"podría convertirse en un segmento atractivo para los bancos.

¿En quién preferiría **usted** confiar su empresa o dinero? ¿En alguien que simplemente construye bajos los códigos, o mucho peor, trata de esquivar u oponerse a los códigos (*mientras que lo insulta diciendo que de hecho es algo bueno para usted)*, o alguien que invierte en códigos plus? Cuanto más sea posible atraer la atención sobre qué se puede y qué no se puede hacer, más estarán dispuestas las empresas en seleccionar la vía de los códigos plus.

Y así podríamos continuar por muchas más páginas. Mientras que esta ha sido una muestra de los campeones de la resiliencia del sector privado en Estados Unidos, incluyendo pequeños y grandes que combinan habilidades privadas con resiliencia, existen muchos más ejemplos en todo el mundo a los que también vale la pena hacer publicidad.

Es apropiado distinguir entre las empresas que internalizan y practican la resiliencia dentro de sus operaciones y aquellas que venden resiliencia. Cada tendencia naciente trae consigo a quienes la imitan. Tal como sucede con "lo verde", muchas empresas comenzarán a poner la etiqueta "resiliente" a sus productos y servicios. Otros utilizarán "verde y resiliente" en la misma frase sin estar comprendiendo la diferencia entre los dos. Y si no tienen nada qué perder, ¿por qué no? Los líderes serán aquellos que puedan convencer a las aseguradoras y estén dispuestos a rendir cuentas por su rendimiento ante los riesgos. Es aquí donde el público podrá obtener mayor transparencia.

Las utilidades son maravillosas en tanto también beneficien a los clientes y a la sociedad. De manera creciente, las consideraciones estratégicas y económicas sobre la resiliencia se hacen evidentes para el sector privado: servicio, confiabilidad, seguros de menor costo, reducción de pérdidas y perturbaciones, fidelidad de los consumidores, reputación, ventaja competitiva, etc. La inversión hacia el cumplimiento de los códigos plus en la construcción, mejoramiento o *leasing* es sólo una fracción del costo de reformas posteriores, o incluso peor, reconstrucciones después de desastres. El mejor momento para invertir en resiliencia está por delante. La inversión de resiliencia no se trata simplemente de hacer reparaciones aisladas o inversión de reforma, sino de incorporar la resiliencia en cada decisión de inversión con el propósito de aumentar los estándares más allá de los mínimos niveles prescritos por el "sistema".

Una empresa resiliente mira más allá de su propio establecimiento. Esta depende de proveedores, clientes, distribuidores y empleados. Cualquier eslabón de la cadena que sea débil en resiliencia puede afectarla. Por ejemplo, las compañías estarían acertando si educaran y promovieran a sus empleados a tomar decisiones resilientes en sus propios hogares. Muchas compañías tienen políticas de relocalización, ¿por qué no incentivar a que estos empleados se muden a viviendas con códigos plus? Cuando un desastre ataca lo último que quiere una empresa es que el personal que es crítico sufra se vea afectado en su propia casa. Podría haber más ideas como estas para los casos en que los empleados se muden dentro de la misma área.

La educación, la asistencia y la evaluación de los proveedores en temas de resiliencia, hacen parte de la estrategia de resiliencia. Con un mercado globalizado como el de hoy y las estrategias de inventario "justo a tiempo", la necesidad de *cadenas de resiliencia* se ha vuelto esencial. Un buen momento en particular para discutir opciones de códigos plus con los proveedores es cuando se están planeando inversiones en planta física.

Finalmente, los consumidores que no son resilientes pueden afectar las ventas a la hora de un desastre. Los puntos de venta más confiables de una empresa podrían ser sus consumidores más resilientes a las amenazas. ¿Entonces por qué no educar a los consumidores menos conscientes que se encuentran considerando inversiones en planta física bajo códigos plus? Esto puede derivarse tanto en un consumidor más resiliente como en una relación mucho más fuerte. Los clientes generalmente aprecian a los proveedores que no solo venden productos y servicios, sino que comparten experiencias que mejoran sus prácticas empresariales. Cuando ese cliente sobrevive a la próxima amenaza de riesgo debido a la ayuda recibida, probablemente lo recordará y se mantendrá fiel a la empresa por algún tiempo.

Las cadenas de resiliencia del sector privado pueden convertirse en fuerzas poderosas a la hora de aumentar la Capacidad de Resiliencia a nivel comunitario, nacional, e incluso, internacional. Estas también deberían ser ligadas al sector público, que es tanto un importante consumidor, como, en muchos casos, proveedor.

El sector financiero en general puede también interpretar un papel positivo en estas cadenas. Además de los seguros y la banca (que ya hemos discutido), la comunidad inversionista está expuesta a vulnerabilidad a los desastres. Actualmente, la industria de 80 billones de dólares que es la inversión, opera esencialmente de manera ciega con respecto a la resiliencia al riesgo. No hay estándares de reporte de resiliencia o verificación para las empresas o los fondos. Muchas de manera inconsciente (para ellas y sus fuentes de inversión) tienen activos vulnerables dentro de sus portafolios. El valor de los títulos podría verse afectado significativamente a causa de las debilidades o fortalezas en los perfiles de resiliencia del portafolio.

Mientras que hoy día la mayoría de las grandes empresas públicas publican reportes sociales en conjunto con los financieros, hay pocas menciones, si las hay, sobre la vulnerabilidad a los desastres de los establecimientos empresariales y las cadenas de suministro. ¿Acaso son construidas bajo códigos plus o de acuerdo con actuales normas laxas o de derechos adquiridos establecidas años atrás? Un portafolio de empresas resilientes a las amenazas probablemente tendrá mayores rendimientos que un portafolio de empresas poco resilientes en el mismo sector. Lo mismo sucedería para las empresas de inversiones de propiedad tales como las REIT. La necesidad de transparencia en la inversión de resiliencia será mayor a medida que los impactos de los desastres continúen aumentando.

Durante los últimos cinco años, UNISDR ha reconocido la importancia del sector privado en ayudar a los gobiernos a acelerar la transición hacia una sociedad más resiliente a los desastres. En 2010, Margareta Walhstrom comenzó a invitar a ejecutivos de grandes y pequeñas empresas y de diferentes industrias y regiones que compartían un gran interés por la resiliencia a involucrarse más en las discusiones con los gobiernos y otros importantes grupos sociales. La ONU, hay que reconocerlo, vio la importancia de aprovechar el conocimiento, la iniciativa y el ingenio de las empresas al abordar este enorme reto que afrontaban.

En 2010, la ONU conformó un grupo de asesoría al sector privado, el *Private Sector Advisory* Group (PSAG), con selectos ejecutivos sénior de empresas alrededor del mundo. Este incluyó una muestra diversa de tamaños, continentes y sectores. Yo tuve el privilegio de servir como presidente desde 2011 hasta 2013. En 2011, PSAG lanzó una red más amplia de miembros del sector privado llamada *Private Sector Partners* (PSP). Su propósito era el de servir como canal para compartir información y colaboración sobre esfuerzos locales, sectoriales y temáticos de resiliencia.

Un beneficio de conformar un grupo diverso es el aprendizaje que tiene lugar entre los diferentes segmentos del sector privado. Esto llevó a un entendimiento más claro sobre cómo las finanzas, los seguros, la ingeniería, la construcción, el desarrollo, la energía y la manufactura pueden interactuar mejor y apoyarse una a la otra para generar resultados más resilientes (cadenas de resiliencia más fuertes).

El sector privado asumió un papel activo en las negociaciones que resultaron en el Marco de Sendai. Esto contrasta con la poca participación que tuvo en la UNFCC de 1992. Las contribuciones incluyeron cambios en el lenguaje con respecto al "construir mejor desde el comienzo" en remplazo de su versión original "reconstruir mejor". Este compromiso aumento la credibilidad del sector privado a los ojos de los gobiernos. En Sendai, los representantes del sector privado presentaron Cinco Visiones y numerosos compromisos voluntarios. Estos son:

1. Alianzas con el sector público para liderar la resiliencia a nivel local y nacional.

2. Construir un ambiente resiliente guiado por el sector público a través del aumento de los mínimos estándares y el incentivo al sector privado a trabajar de manera voluntaria hacia prácticas óptimas.

3. Decisiones y reportes de inversión financiera pública y privada que tengan en cuenta el riesgo de desastres.

4. Sectores públicos y privados sensibles a la resiliencia en conexión con otros grupos de interés para crear sociedades resilientes.

5. Hacer que la identificación, la divulgación y la gestión proactiva de los riesgos de desastres se conviertan en prácticas empresariales.

En congruencia con el Marco de Sendai, PSAG y PSP fueron fusionadas con una tercera iniciativa de UNISDR, llamada RSE, para formar la Alianza para las Sociedades Resistentes a los Desastres (ARISE). Alrededor de 100 negocios y organizaciones empresariales son miembros iniciales, mientras que otras entidades no empresariales (tales como universidades) se pueden unir como afiliados. Los miembros incluyen empresas globales tales como IBM, AXA, Walmart, UPS, AECOM, ENEL, FM Global, PWC, Deloite, además de muchas empresas locales y regionales más pequeñas alrededor del mundo y de diferentes sectores. Tengo el honor de servir en esta junta de doce personas.

La ARISE ha organizado sus actividades alrededor de siete ejes de trabajo:

1. Estrategias de gestión de desastres
2. Métricas de inversión
3. *Benchmarks* y estándares
4. Educación y capacitación
5. Aspectos legales y regulatorios
6. Resiliencia urbana (la cual coordino)
7. Seguros

Esta organización planea organizarse sobre la base de los ejes de trabajo, redes regionales/nacionales y temas de temas de actualidad. De manera adicional a las actividades voluntarias, además busca aumentar los recursos para proyectos financiados que promuevan la conciencia, provean información y eduquen a las empresas y a las comunidades con respecto a la resiliencia.

La ARISE se compromete a convertirse en un vehículo para catalizar e impactar el cambio global en la implementación del Marco de Sendai. Estos desarrollos serán útiles en los cambios de combustibles requeridos en la problemática de ambiente construido de Estados Unidos. Las empresas interesadas u organizaciones comprometidas con la resiliencia pueden unirse a La ARISE a través de la página Web de UNISDR.

A pesar de esto muchos gobiernos continúan mirando con cautela y recelo al sector privado, sospechosos de que les estén metiendo gato por liebre. De hecho, hay algunos que a estas alturas aún viven con estos temores. El sector público necesita escoger con cautela sus aliados de resiliencia basado en lo que hacen y no solamente en lo que dicen. Algunas de las consideraciones incluyen:

- o ¿Se oponen o apoyan a aumentar los niveles de resiliencia?
- o ¿Tienen algo qué perder?
- o ¿Qué están haciendo en este momento para hacer que sus actuales esferas de influencia sean más resilientes?

Muchas empresas están haciendo eso exactamente y podrían convertirse en buenos aliados. Otras no. Los gobiernos se beneficiarían si entendieran cuáles segmentos del sector privado obtienen ganancias del status quo no resiliente, se oponen a aumentar los estándares y a socavar la resiliencia. Algunas de ellas hacen uso del *lobby* para bloquear el cambio. Los oficiales necesitan estar preparados para ver a través de sus reclamos de acceso económico, desarrollo económico y verde y para crear estrategias para argumentarles y convencerlos. Crear seguridad, confianza y alianzas efectivas entre sectores públicos y privados tomará tiempo. Iniciativas como la ARISE proveen un contexto apropiado y facilitador para que esto suceda.

Encaminando al amplio sector privado a una dirección más resiliente es tanto la mejor oportunidad, como el mayor reto para crear una sociedad resiliente a los desastres. Las correctas alianzas y asociaciones privadas pueden acelerar este proceso.

Capítulo 29
El desastre cura:
Lecciones para vivir de manera resiliente

Es sorprendente que en el siglo XX diferentes curas fueran encontrados y aplicadas exitosamente a doce enfermedades mortales. Como resultado, el promedio de esperanza de vida aumento alrededor del mundo. En Estados Unidos, pasó de 47 a 78 años. La colaboración global alcanzó efectivamente la erradicación d estas enfermedades y, por supuesto, estas curas funcionaron porque fueron aplicadas.

Mejorar la esperanza de vida de nuestro ambiente construido es el desafío de hoy; el nivel de su sistema inmunológico es muy bajo. Los virus se están multiplicando. La densidad de la inflamación hace que sea más susceptible a una destrucción masiva. Las curas han sido descubiertas, pero debemos comprometernos a aplicarlas.

Incluso los "brujos" quieren mantenernos bajo su hechizo con sus palabras reconfortantes y elíxires engañosos. Los servicios de emergencia hacen su mejor esfuerzo para mantenernos funcionando, pero debemos tomarnos la medicina. Es única y exclusivamente nuestra decisión.

Podemos trabajar en conjunto y ayudarnos mutuamente. El propósito de este libro ha sido el de ir por debajo de los síntomas y estudiar la enfermedad. Es por esta razón que se centra en Estados Unidos, un paciente en una etapa avanzada del ciclo de vida de desarrollo. La desintegración masiva de una gran porción de su ambiente construido está en marcha. Lo que pudimos observar y aprender puede ayudarle a otros a prevenir que en etapas más tempranas de su ciclo de vida de desarrollo sigan el mismo camino.

Las siguientes 30 lecciones son la formulación de la cura. Están agrupadas en tres dimensiones: Estrategia, Tácticas y Aplicación.

Estrategia

1. La resiliencia es un asunto nacional que debe ser abordado a nivel federal. Por supuesto requiere de aportes, implementación y colaboración local, pero su estrategia general y principios no pueden estar sometidos a los niveles locales. No puede haber miles de estrategias locales de resiliencia independientes. Cada país necesita una estrategia de resiliencia claramente definida y un plan de acción a cinco años.

2. La resiliencia toca muchas dimensiones sociales, pero crear un ambiente construido está cerca de la cima de cualquier estrategia nacional y plan de acción. La resiliencia sociales, auqnue importante, no puede sustituir a un ambiente construido fuerte y seguro, donde pasamos la mayoría de nuestras vidas. El "capullo" que protege todo lo demás es la inversión nacional más grande y la mayor pérdida potencial. Es injusto poner la carga y las expectativas en la resiliencia social porque estaríamos fallando en crear un "capullo" fuerte. Hay muchas otras cosas que pueden salir mal que están más allá del ambiente construido, por lo que tendremos que confiar en la resilienca social.

3. Una estrategia de resiliencia nacional para un ambiente construido no puede ignorar o excluir al sector residencial. La infraestructura y las construcciones públicas atraen la suficiente atención, pero las viviendas son los más grandes y más débiles eslabones de la cadena. Las grandes necesidades de albergues temporales posteriores a los desastres, desplazamientos y reconstrucción tienen enormes consecuencias sociales y económicas.

4. Los niveles de riesgo que cada país elige para pasar sus códigos y regulaciones no pueden delegarse a los procesos de consenso entre asociaciones profesionales y organizaciones semipúblicas que ocurren tras bambalinas y se encuentran bajo la influencia de los intereses de las industrias. El consenso conlleva a la transigencia y la resiliencia nacional es un principio demasiado importante como para ser transigente. Las decisiones que establecen el nivel de destrucción que una sociedad está dispuesta a aceptar requieren un debate público del más alto nivel y tampoco pueden ignorar la posibilidad de que haya *cisnes negros*. Como un equivalente de declarar la guerra a los desastres, la resiliencia requiera liderazgo nacional visible. El presidente de cada país debería ratificarla.

5. La resiliencia es una estrategia para el desarrollo nacional y la inversión, no una estrategia "para apagar incendios". La responsabilidad de planeación y ejecución de una estrategia nacional no puede ponerse en las manos de las autoridades de respuesta a las emergencias. De manera ideal, debería ser una entidad independiente que reportara al presidente y si no, al ministro del departamento o el secretario responsable de las finanzas, el desarrollo económico y la prosperidad nacional.

6. La estrategia nacional de resiliencia debería llamar la atención sobre cómo los estándares deberían ser planteados basándose en nivel de los riesgos que el ambiente construido debería soportar. Idealmente, debería evitar prescribir la manera en que los estándares deberían ser alcanzados, es decir, debería hablar más sobre el rendimiento que de la prescripción. Dejemos a los ingenieros y pruebas de seguros decidan los diseños y los materiales que deberían tener estos niveles de riesgo. No obstante, mantengámoslos legalmente responsables por sus diseños. Los gobiernos son Hammurabis, no ingenieros.

7. La inversión en Capacidad de Resiliencia es una de las mejores estrategias para promover el desarrollo económico y la prosperidad nacional. Es una fuente de ventaja competitiva frente a otras naciones y será incluso mayor en tanto los riesgos (y quienes toman las decisiones económicas del país) castiguen cada vez más a aquellos que fracasan a la hora de hacerse resilientes.

8. Cuando los estándares de resiliencia no son puestos lo suficientemente altos, el país corre el riesgo de estar constantemente en un estado de ponerse al día. Su ambiente construido y su sociedad enfrentan una constante erosión proveniente de los peligros. Una estrategia nacional de resiliencia inteligente pondrá los estándares a una distancia prudente delante de los riesgos actuales y niveles urbanos de densidad y buscará mantenerse un paso adelante.

9. Aumentar la Capacidad de Resiliencia también promueve mayor igualdad económica y social puesto que pone los estándares más altos para todos. Los grupos poblacionales con menores ingresos económicos tienen inherentemente menos capacidad para recuperarse de los desastres. Por esta razón, ayudarles a subir peldaños en la escala de resiliencia incrementa sus oportunidades de proteger aquello que ha sido conseguido con tanto esfuerzo de las futuras amenazas de riesgo.

10. Los países no deberían asumir de manera ciega que sólo porque una nación es más desarrollada económicamente, sus códigos de construcción y estándares deberían ser más resilientes. En primer lugar, deberían decidir de manera independiente cuánto riesgo están preparados para aceptar como sociedad. Luego comparar a quien lo está haciendo bien con quien lo está haciendo mal a la hora de gestionar una combinación similar de amenazas.

Tácticas

11. Cuán altos deben ponerse los estándares no sólo depende de los riesgos, sino de la densidad urbana. A medida que la densidad aumenta, los niveles de riesgo utilizados en los códigos y las regulaciones deben ser fijados, preferiblemente antes del crecimiento urbano. Las áreas de crecimiento acelerado necesitan subir sus estándares de resiliencia lo más rápidamente posible. Por esta razón, deben fijarse tiempos de vigencia limitada para construcciones de alto riesgo adquirido. Estos deben considerar las futuras perspectivas de riesgo y no solamente las históricas.

12. Adicionalmente a los inspectores locales, se debería crear un cuerpo de inspectores nacionales quienes detecten e inspeccionen de manera aleatoria y puedan ayudar a los departamentos locales durante las grandes oleadas de construcción. Sus hallazgos estadísticos deberían hacerse públicos.

13. Es necesario identificar y abordar otras leyes, regulaciones y programas delgobiernos que impidan y contradigan el fortalecimiento del ambiente construido. Estos deben buscarse en áreas tales como piratería, discriminación, competencia, comercio, empleo, apoyo a determinadas industrias, etc.

14. La conciencia pública, la educación y la transparencia son tareas del orden nacional, que pueden ser adaptadas a las condiciones locales. Esto puede reavivar el sentido de la micro-resiliencia que nuestros ancestros poseían. Además, debe ser continuo, consistente, honesto y, en ciertos casos, "a la cara" (como los comerciales de fumadores terminales que ocasionalmente vemos). Más de la mitad debería abordar la prevención para poder tener incidencia sobre la actitud del consumidor, el comportamiento y las preferencias de compra. Las industrias de la construcción y de los seguros deberían contribuir con dos tercios del costo.

15. La accesibilidad económica es una muy mala excusa para sacrificar la resiliencia. Esta razón no es utilizada como excusa para no luchar contra las enfermedades. Trabajamos conjuntamente para hacer menores los costos de producción de las curas y para ayudar a aquellos a quienes es un reto económico obtenerlas. "De precio accesible" no debería convertirse en un sinónimo de desechable. En vez de utilizar la accesibilidad económica para justificar poner los estándares bajos y aceptar riesgos más altos, una

estrategia nacional de resiliencia debe redefinirlos para que las soluciones resilientes sean más fáciles de costear; y de esta manera pasar de "desechable de bajo costo" a "resiliente de bajo costo". Esto implica trabajar tanto con las industrias de la construcción para reducir los costos, como apoyar a aquellas que lo requieran.

16. Los gobiernos deberían revisar periódicamente sus programas económicos y sociales para verificar que no promueven la toma de riesgos que debilite los esfuerzos de la resiliencia. En el mismo contexto, la disponibilidad y la facilidad de ayuda gubernamental posterior a los desastres no debería cultivar expectativas que alimentan la apatía hacia las inversiones de resiliencia. Con el fin de reforzar la propiedad local hacia la resiliencia, los gobiernos deben declarar que la ayuda que se brindará a las áreas previamente afectadas será significativamente menor en el futuro, si después de cinco años siguen sin estar preparados para los impactos de los riesgos. La continua negligencia de los oficiales, negocios y ciudadanos locales no debe ser premiada ni motivada.

17. Las estadísticas nacionales sobre construcciones afectadas por las amenazas de riesgo, incluyendo sus características de construcción, deberían ser recolectadas y publicadas. Para desastres mayores, estas estadísticas deberían también incluir las de las construcciones que sobrevivieron.

18. Las políticas y los programas "verdes" no deberían sustituir la resiliencia. Estas deberían reconocer que la resiliencia a las amenazas es un prerrequisito y uno de los mejores caminos para alcanzar los objetivos y políticas verdes. Debido a que la creación de un ambiente construido consume una gran cantidad de recursos naturales, entre menos frecuentemente reconstruyamos, menos carga habrá para el medioambiente. Los gobiernos debería evitar respaldar los sistemas de clasificación verde que ignoran la vida útil de las construcciones o que ponen la etiqueta "resiliente" a las inversiones e iniciativas que no reducen la exposición a las amenazas de desastre.

19. Los gobiernos deberían ofrecer incentivos a los consumidores y a las empresas para que inviertan en códigos plus. Estos incentivos pueden tener un período de escala variable definido a sabiendas de que niveles de riesgos más altos se convertirán eventualmente en códigos, es decir, se aumentarán los estándares. Además, deberán impulsar y unirse a las cadenas de resiliencia

donde los compradores y proveedores se ayuden mutuamente a alcanzar niveles más altos de códigos plus de resiliencia a las amenazas.

20. Los incentivos a las inversiones resilientes deberían ser promovidos dentro del mismo sector privado, tales como políticas de préstamo más favorables, tasas de seguros, tasaciones, criterios de divulgación del riesgo financiero, etc. Los reguladores financieros deberían requerir divulgaciones más claras por parte de las empresas que cotizan en bolsa en cuanto a su vulnerabilidad al riesgo, mientras que los prestamistas incorporan la resiliencia en sus políticas y criterios de préstamo.

Aplicación

21. Las industrias de largo plazo que se encuentran a sí mismas en la posición infortunada de tener que cambiar y adaptar sus empresas a causa de la estrategia nacional de resiliencia pueden recibir apoyo del gobierno en este proceso. A cambio deben comprometerse con el plan nacional y dejar de tratar de bajar los estándares de resiliencia con mensajes contradictorios. Con los estándares puestos en una posición alta (con el tiempo incluso más alta), la innovación y la competencia entre los proveedores de soluciones de construcción deben ser motivadas.

22. La estandarización, la especialización y la prefabricación son maneras de reducir los costos de construcción y mejorar la calidad. Sin embargo, cuando estas actividades se hacen más grandes y dominantes, usualmente impiden el progreso cuando los estándares de resiliencia necesitan ser más altos.

23. La educación y los programas de capacitación necesitan asegurar una oferta creciente de profesionales técnicos y comerciales para el diseño, la construcción y mantenimiento de construcciones. Una fuerza de trabajo adecuada y capacitada es esencial para gestionar los costos y la calidad para un ambiente construido más resiliente.

24. En regiones de riesgos, especialmente aquellas que han experimentado desastres, todas las construcciones, incluyendo las viviendas, deberían requerir aprobación por parte de ingenieros civiles o estructurales.

25. La industria de los seguros de propiedad es la aliada de un país en el fortalecimiento del ambiente construido. Un sector de los seguros privados que sea seguro solamente puede existir si el riesgo estructural es reducido y gestionado. La tensión entre las tasas (lo suficientemente altas para cubrir los mayores desastres y lo suficientemente bajas para comodidad de los consumidores) empeora con niveles bajos de resiliencia. Sólo creando Capacidad de Resiliencia podemos reducir esta tensión.

26. El gobierno debería evitar entrar en el negocio de los seguros de propiedad. Cuando los seguros privados están disminuyendo, el gobierno debería cuestionarse sobre qué anda mal con el riesgo y cómo puede recuperar un mercado más sano. El negocio del gobierno es regular el nivel general de riesgo en el ambiente construido, no vender seguros privados que prolonguen un mayor riesgo.

27. Los gobiernos pueden hacer alianzas con la industria de los seguros para crear fondos de emergencia para eventos extremos donde una proporción de las primas de los seguros sobre la propiedad contribuye a cubrir las mayores pérdidas de las catástrofes. Esto en parte soluciona las quejas de los consumidores sobre cómo durante los años tranquilos, las aseguradoras disfrutan "ganancias extraordinarias". Además, también soluciona la poca memoria de las reaseguradoras cuando entran en la guerra de las tasas. Sin embargo, dichos fondos deberían conservarse e invertirse de manera separada de otros fondos públicos generales.

28. Son necesarias más transparencia y visibilidad en la resiliencia para direccionar el comportamiento del consumidor. Las métricas estandarizadas de resiliencia en la construcción propuestas por las aseguradoras deberían ser adaptadas y aplicadas. Aquellas construcciones que exceden los niveles prescritos de rendimiento pueden ser impulsadas a hacer más visibles las "etiquetas resilientes". La misma información debería ser fácilmente accesible al público a través de bases de datos de propiedades en línea. La resiliencia puede convertirse en un componente de rutina en las decisiones de selección de propiedades.

29. La rendición de cuentas debería ser instituida (incluyendo la legal) para hacer que quienes crean el ambiente construido sean responsables de su

rendimiento y estén a favor de estándares de resiliencia más altos. Esto incluye ingenieros, proveedores y constructores.

30. Los proveedores y constructores deberían ser motivados a hacer que sus construcciones y productos tuvieran un rendimiento explícito de resiliencia por largos períodos. Esto podría convertirse en una nueva dimensión de diferenciación de productos competitivos, de manera similar a como sucede con los vehículos.

La enfermedad de la vulnerabilidad a los desastres puede ser curada. La parte más difícil está en alejar los hábitos radicalmente establecidos y hacer frente a los interese económicos arraigados. Si a los líderes de hoy les resulta difícil hacerlo, tal vez los líderes emergentes lo verán como una manera de traer un mejor futuro para sus comunidades.

Lo único cierto es que las naciones como Estados Unidos, que se han ubicado en posiciones muy vulnerables a los desastres continuarán sufriendo grandes pérdidas en las próximas décadas. En determinado momento se verán forzadas a cambiar. Cuanto más rápido se den cuenta de esto y actúen, mejor será para sus ciudadanos.

Antes de concluir, recordemos de nuevo las *Cuatro Leyes del Riesgo de Desastres:*

1. *El riesgo de desastres aumenta exponencialmente con la amenaza de riesgo*
2. *El riesgo de desastres aumenta exponencialmente con la densidad urbana, incluso cuando la amenza de riesgo se mantiene*
3. *El riesgo de desastres es inversamente proporcional a la Capacidad de Resiliencia*
4. *La Capacidad de Respuesta a Emergencias requerida es inversamente proporcional a la Capacidad de Resiliencia*

Mucho de lo que observamos y cuestionamos puede ser explicado a través de una o más de estas Leyes. Debido a que no podemos tener fácilmente incidencia en las amenazas naturales y tenemos una habilidad limitada para controlar la urbanización, la única palanca que en realidad poseemos para gestionar el riesgo es la Capacidad de Resiliencia. Dado que tanto las amenazas de riesgo, como la densidad urbana empeoran exponencialmente el riesgo de desastres, la Capacidad de Resiliencia tiene que crecer "super-exponencialmente" tan solo para mantener constantes los niveles de riesgo.

Recordemos que la Capacidad de Resiliencia para el ambiente construido fue definida como resistencia más redundancia.

- *Resistencia: habilidad básica para resistir y soportar un peligro*
- *Redundancia: elementos redundantes en caso de que las partes críticas del sistema fallen*

Finalmente, cuanto más deficiente sea lo anterior, más Capacidad de Resiliencia necesitamos, o como lo hemos llamado:

- *Contingencia: plan de emergencia en caso de que una parte importante o todo el sistema falle*

La inversión en la Capacidad de Resiliencia se paga generalmente de manera adelantada a la fecha de creación (aunque también tiene que ser mantenida correctamente), mientras que la Capacidad de Emergencias se paga cada año.

El uso frecuente de las alarmas de emergencia es evidencia clara de las fallas que hay detrás de la Capacidad de Resiliencia. Poner los estándares de resiliencia lo suficientemente altos es fundamental en caso de que se espere que las amenazas y la densidad continuarán creciendo.

Con el rápido crecimiento de las naciones en desarrollo y de las necesidades de construcción del mundo desarrollado, la humanidad se enfrenta a un desafío sin precedentes. Para la mitad de este siglo, se espera que la inversión en ambiente construido exceda la que de manera acumulada se ha creado en toda la historia humana. Esto crea tanto oportunidades tremendas, como riesgos aterradores.

Será una oportunidad si es construido con altos niveles de resiliencia que servirán a la humanidad de manera confiable por siglos. Un riesgo, si esto no sucede y nos vemos forzados a reconstruir una y otra vez. Los impactos económicos, ambientales, sociales de este segundo escenario serían realmente catastróficos para las naciones. La humanidad podría enfrentar contratiempos de desarrollo parecidos a los de la Edad Media.

Es probable que solamente tengamos "una oportunidad" para hacerlo bien. Razón por la cual la resiliencia es la mejor opción que tenemos para asegurar un futuro sostenible fuerte y duradero. En otras palabras: ***"La Sustenibilidad Suprema"***.

Epílogo

Al escribir mi propio libro aprendí unas cuantas cosas sobre escribir libros. Cada libro implica decisiones y nunca puede ser lo mismo para todo el mundo. Para los científicos puede no ser lo suficientemente científico. Para los hombres de a pie puede contener demasiada jerga técnica. Para los funcionarios puede ser demasiado agresivo. Para los ambientalistas puede ser demasiado pasivo. Para las personas que no están en la industria de la construcción puede no ser lo suficiente amplio. Para los lectores no estadounidenses puede parecer excesivamente centrado.

Lo que traté de hacer fue pintar con trazos simples el gran panorama de cómo Estados Unidos llegó a donde hoy se encuentra: crear un ambiente construido que está literalmente "cayendo sobre nuestras cabezas". Este es un caso concreto para cualquiera. Asuntos y dinámicas parecidas pueden en este momento existir o pueden evolucionar en otros lugares. Muchas naciones en desarrollo con frecuencia hacen referencia o, en algunos casos, copian y aplican los códigos de construcción y estándares de Estados Unidos. Por esta razón es importante que se den cuenta de las limitaciones que este sistema tiene.

Como se mencionaba en la introducción, hay muchas otras dimensiones de la resiliencia que decidí no abordar. No se trata de que no sean importante sino porque carezco de un conocimiento exhaustivo. Ejemplos de esto son la agricultura, la información y las comunicaciones y la resiliencia energética. Sin embargo, de manera interesante casi todos estos ejemplos dependen en cierta medida del ambiente construido. La comida es esencial, pero si perdemos la capacidad para almacenarla, procesarla y empacarla, podemos vernos restringidos para suministrarla. La información y las comunicaciones son también fundamentales pero aparte de satélites y torres aisladas, la mayoría del *hardward* se encuentra dentro o sobre construcciones. Algo similar ocurre con la energía.

He abordado este tema aplicándole luz directa y microscopio. Al mirar a nuestra vulnerabilidad de riesgos como una "enfermedad" quise no solo analizar los síntomas, sino encontrar sus causas principales. Para llevar a cabo mi examen, seleccioné un paciente maduro y que está sufriendo (Estados Unidos).

Cada enfermedad tiene un virus o un detonante y además tiene un antivirus o una cura. Los virus tienden a preservarse y multiplicarse. Los síntomas de esta enfermedad van y vienen por períodos y cada vez que aparece es para hacerse peor. Los cuerpos de atención a emergencias hacen su mejor esfuerzo para traer de vuelta al paciente, pero a causa de los períodos provisionales de calma, el paciente no se da cuenta por completo de que la condición en la que se encuentra es crítica.

"Los doctores" dan argumentos sobre qué se debe hacer y muchos piden más análisis de laboratorio (¿acaso estarán en el negocio de los laboratorios?). El "Médico Jefe" se encuentra en otra habitación pensando en su próxima aparición pública. Los doctores más influyentes continúan prescribiendo las medicinas tradicionales e ignoran que estas ya no tienen efecto (aquellas empresas de "medicinas" los apoyaron durante años). Algunos de los más perspicaces comprenden la cura real e insisten en que debería ser administrada. El paciente puede pronto comenzar a perder las funciones vitales. Sin saberlo, su familia y amigos esperan ansiosamente; podrían afrontar un futuro similar. De repente, los monitores que hacen seguimiento a la condición crítica del paciente mandan una señal de alarma. Todos se miran unos a otros. **¿Tomará alguien una decisión?**

El paciente es el ambiente construido de Estados Unidos, particularmente el sector residencial. La enfermedad es la vulnerabilidad a los riesgos. El virus termina siendo el sistema que ha evolucionado al establecer las reglas de construcción y comportamiento del consumidor. Los doctores son nuestros funcionarios y expertos. Las medicinas tradicionales son los diseños y prácticas que seguimos aplicando y no son resilientes. La cura es una dosis constante y creciente de Capacidad de Resiliencia.

¿Puede ser así de simple? Me temo que so. Algunas veces hacemos cosas complicadas y fallamos en lo más simple.

Algunos pueden protestar y decir que estoy en contra de los constructores de vivienda y de la industria de la madera, pero no lo estoy. En lo que sí estoy en contra es de cualquier persona o negocio que, con el fin de competir persista en amañar el sistema para mantener bajos los estándares. Si estas industrias quitan los velos de accesibilidad económica y ecología, se ponen de acuerdo para aumentar los niveles de los estándares y se capacitan para saltar por encima de ellos, yo iré al frente animándolos.

Aumentar los niveles de resiliencia es probablemente lo mejor que podemos hacer por el futuro de su industria. Esto los forzaría a innovar y comercializar diseños o soluciones más resilientes a los riesgos y a rendir cuentas a los consumidores. No estamos viendo que el futuro sugiere que o son miopes o bien está fuera de forma debido a la falta de práctica.

En cualquier caso, los estándares están subiendo. Realmente no existe otra opción para la sociedad. Entre más pronto lo acepten, mejores serán sus oportunidades para sobrepasarlos estándares, en vez de chocarse con ellos.

También podría ser criticado por no valorar completamente las muchas cosas buenas que el código de construcción tiene. Admito que estoy siendo un duro crítico. La razón es que millones de personas pagan este precio con sus vidas y posesiones porque este sistema sin rostro está fallando en su rendimiento. De manera más importante, no está poniendo los estándares lo suficientemente altos para proteger tanto a las personas, como a las propiedades. Hasta que realmente lo haga, merece la crítica de todos.

Si este libro logra crear debate e introspección que lleven a una mayor conciencia, transparencia y acción de la resiliencia, habrá cumplido su cometido. Tal vez otros autores afloren con sus experiencias exclusivas y escriban sobre las historias de sus propios países e industrias.

Lo que suceda mañana depende de todos nosotros. Démonos cuenta de que sí tenemos una alternativa. El sistema debería estar ahí para ayudarnos, pero si falla, no es nuestro amo. Tal vez nos hizo apáticos. Si el desastre nos afecta mañana, será debido a las decisiones que tomamos o dejamos de tomar ayer y hoy.

La naturaleza es honesta y nos ha dado claras advertencias. Si aquello que nos envuelve colapsa sobre nuestras cabezas, solo podremos culparnos a nosotros mismos. Pero siempre he sido un optimista de la supervivencia humano y por esa razón confío en que un día vamos a despertar y haremos las cosas bien. ¿Por qué no empezar **HOY**?

¡Gracias por actuar de acuerdo a lo aprendido!

Referencias

Capítulo

1. De un desastre a otro: La Vulnerabilidad de una Súper Potencia

http://www.huffingtonpost.com/2012/08/21/20-facts-hurricane-andrew-anniversary_n_1819405.html

http://www.nhc.noaa.gov/pdf/nws-nhc-6.pdf

http://www.nhc.noaa.gov/1992andrew.html

http://www.fema.gov/media-library-data/20130726-1611-20490-4626/fia_22_sec2.txt

https://www.fema.gov/response-recovery/about-hurricane-katrina

http://www.gpo.gov/fdsys/pkg/CRPT-109srpt322/pdf/CRPT-109srpt322.pdf

http://www.fema.gov/media-library-data/20130726-1923-25045-7442/sandy_fema_aar.pdf

http://www.erh.noaa.gov/phi/storms/10292012.html

https://www.fema.gov/news-release/2013/10/25/year-after-hurricane-sandy-new-jersey-recovery-numbers

https://www.fema.gov/disasters/grid/year

http://risk.earthmind.net/files/ISDR-2011-PressConference-Disaser-Data.pdf

http://www.economist.com/node/21542755

http://www.globalhumanitarianassistance.org/wp-content/uploads/2012/03/GHA-Disaster-Risk-Report.pdf

2. El capullo en el que vivimos: El Entorno Construido

http://www.navigantresearch.com/research/global-building-stock-database

http://architecture2030.org/the_solution/buildings_solution_how

http://www.inive.org/members_area/medias/pdf/Inive/LBL/LBNL-43640.pdf

http://www.reuters.com/article/2012/08/23/idUS80613+23-Aug-2012+BW20120823

http://www.echarris.com/pdf/GlobalBuiltAssetWealthIndexReport2013.pdf

http://www.iii.org/table-archive/21231

http://www.air-worldwide.com/Press-Releases/AIR-Worldwide-Updates-Estimates-of-Insured-Value-of-U-S--Coastal-Properties/

3. Concentrando el Riesgo: Un Cuento de Demasiados Huevos

4. Urbanización: El Impulso de Concentrarse

http://www.nytimes.com/2011/02/13/books/review/Silver-t.html?_r=0

http://www.unfpa.org/sites/default/files/pub-pdf/695_filename_sowp2007_eng.pdf

http://www.citymayors.com/statistics/largest-cities-density-125.html

http://www.governing.com/blogs/by-the-numbers/most-densely-populated-cities-data-map.html

http://www.demographia.com/db-worldua.pdf

http://www.citymayors.com/development/usa-megaregions.html

http://densityatlas.org

http://world-statistics.org

http://esa.un.org/unpd/wpp/

5. No son los Óscares: Listados de Vulnerabilidad a Desastres

http://www.theguardian.com/cities/gallery/2014/mar/25/earthquakes-hurricanes-cyclones-and-tsunamis-10-riskiest-cities-world

https://www.fema.gov/disasters/grid/state-tribal-government

http://www.kiplinger.com/slideshow/insurance/T028-S001-top-10-states-most-at-riskof-disaster/index.html

http://www.disastersafety.org/building_codes/rating-the-states_ibhs/

6. Paraíso Perdido: Camino a la No-Resiliencia

7. Incendios Urbanos: Quemándose los Dedos Repetidamente

http://en.wikipedia.org/wiki/List_of_fires

http://blog.chicagohistory.org/index.php/2012/10/fires-and-cities/

http://education.nationalgeographic.org/thisday/jul19/great-fire-rome/

http://www.bbc.co.uk/history/british/civil_war_revolution/great_fire_01.shtml

http://www.eyewitnesstohistory.com/londonfire.htm

http://archive.museumoflondon.org.uk/Londons-Burning/Themes/1405/1408/Page1.htm

http://www.u-s-history.com/pages/h1854.html

http://www.directessays.com/viewpaper/61204.html

http://www.nfpa.org/about-nfpa/nfpa-overview

http://www.nfpa.org/codes-and-standards/standards-development-process/how-codes-and-standards-are-developed/standards-development-process

https://books.google.com/books?id=0UbHiTdm1BoC&pg=PA134&lpg=PA134&dq=Has+NFPA+succeeded?&source=bl&ots=YNnfmle5zr&sig=sTa_OyOhT-

ADCTTsbtLLy4dyKM4&hl=en&sa=X&ei=GYuxVNfuMcqdgwSazIC4Bg&ved=0C
CsQ6AEwBTgK#v=onepage&q=Has%20NFPA%20succeeded%3F&f=false

http://www.nfpa.org/research/reports-and-statistics/fires-in-the-us

http://www.nfpa.org/~/media/Files/Research/NFPA%20reports/Occupancies/oshomes
.pdf

http://www.usfa.fema.gov/downloads/pdf/statistics/v14i10.pdf

http://www.nfpa.org/~/media/Files/Research/NFPA%20reports/Occupancies/oshighri
se.pdf

http://www.nfpa.org/research/fire-protection-research-foundation/reports-and-
proceedings/suppression/home-fire-sprinklers/home-fire-sprinkler-cost-assessment-
final-report

http://sprinkler.blog.nfpa.org/2012/06/insurance-institute-for-business-and-home-
safety-urges-policy-makers-to-support-home-fire-sprinkler-requirements.html

http://recenter.tamu.edu/pdf/2038.pdf

http://www.nfpa.org/~/media/Files/Research/NFPA%20reports/Economic%20impact/
ostotalcost.pdf

http://www.nfpa.org/~/media/Files/Research/NFPA%20reports/Fire%20service%20st
atistics/osfdprofile.pdf

8   Estímulo de Riesgo: Los Seguros De Inundación Se Ahogan

http://oceanservice.noaa.gov/websites/retiredsites/natdia_pdf/3hinrichsen.pdf

http://worldoceanreview.com/en/wor-1/coasts/living-in-coastal-areas/

http://oceanservice.noaa.gov/facts/population.html

http://www.globalhumanitarianassistance.org/wp-content/uploads/2012/03/GHA-
Disaster-Risk-Report.pdf

https://www.fema.gov/national-flood-insurance-program

http://www.actuary.org/files/publications/AcademyFloodInsurance_Monograph_1107
15.pdf

http://www.un.org/esa/sustdev/natlinfo/indicators/methodology_sheets/oceans_seas_c
oasts/pop_coastal_areas.pdf

http://www.apwa.net/Resources/Reporter/Articles/2007/1/Floodplain-mapping-
modernization-a-case-history

http://focusonfloods.org/flood-zones

9.   Solución o Problema: Códigos de Construcción

http://www.general-intelligence.com/library/hr.pdf

http://www.strategicstandards.com/files/InternationalBuildingCode.pdf

http://www.bdcnetwork.com/codes-battle-begins-nfpa-5000-hits-streets

http://www.nyc.gov/html/dob/downloads/pdf/plumber.pdf

http://www.controleng.com/single-article/is-nfpa-5000-in-california-to-stay/e074984ec6d84c8b02b807a534d0b05e.html

http://www.iccsafe.org/AboutICC/Pages/default.aspx?usertoken=%7Btoken%7D&Site=icc

http://www.ncdoi.com/OSFM/Engineering_and_Codes/Default.aspx?field1=BCC_-_Members&user=Building_Code_Council

http://www.bizjournals.com/triad/print-edition/2011/01/14/building-codes-would-cut-safety-while.html?page=all

https://www.disastersafety.org/building_codes/rating-the-states_ibhs/

http://www.fema.gov/media-library-data/20130726-1510-20490-5829/fema55_voli_ch6.pdf

http://energycodesocean.org/news/2011/january/13/north-carolina-policy-watch-codes-compromises-and-hidden-costs

http://www.spur.org/about/our-mission-and-history

http://resilience.abag.ca.gov/wp-content/documents/resilience/toolkit/Defining%20What%20San%20Francisco%20Needs%20from%20its%20Seismic%20Mitigation%20Policies.pdf

http://www.nist.gov/el/building_materials/resilience/resilience-102114.cfm

http://digital.journalofthenationalinstituteofbuildingsciences.com/nibs/october_2015?pg=24#pg24

10. Decisiones que tomamos: Qué Salvar y Qué No

http://publicecodes.cyberregs.com/icod/ibc/2012/icod_ibc_2012_16_par023.htm

http://www.whitehousemuseum.org/special/renovation-1948.htm

11. El Caballo de Troya de los Desastres: Abuso de la Asequibilidad

http://www.nahb.org/fileUpload_details.aspx?contentID=55764

12. Una desastrosa lucha de la cuerda: La Batalla por la Resiliencia

13. Débil y barato: El Negocio de la No-Resiliencia

http://www.nahb.org/page.aspx/landing/sectionID=5

http://www.nahb.org/generic.aspx?genericContentID=214127&fromGSA=1

http://illinoistimes.com/article-12610-sprinkler-proposal-raises-builders'-ire.html

http://www.theherald-news.com/2014/07/15/home-builders-firefighters-debate-need-for-sprinklers/aigi2xj/

http://www.bobvila.com/articles/465-residential-sprinkler-systems/#.VL0ul0u5duY

https://www.opensecrets.org/pacs/lookup2.php?strID=C00000901&cycle=2014

http://chds.hsph.harvard.edu/publication/Residential-building-codes--affordability--and-health-protection--A-risk-tradeoff-approach

https://assets.documentcloud.org/documents/1350522/harvardcenter01582.pdf

http://www.sourcewatch.org/index.php/Harvard_Center_for_Risk_Analysis_and_Big_Tobacco

http://sunlightfoundation.com/blog/2008/02/20/lobbyists-upset-at-homebuilders-pac/

14. Cuando el desastre ataca: Toco madera

http://www.fs.fed.us/nrs/pubs/jrnl/2014/nrs_2014_bumgardner_001.pdf

http://www.fpl.fs.fed.us/documnts/fplrp/fpl_rp676.pdf?

http://www.awc.org/AWC/about.php

http://www.awc.org/NewsReleases/2014/newsreleases2014.php

http://www.awc.org/NewsReleases/2014/newsreleases2014.php

http://www.whitehouse.gov/blog/2014/10/10/announcing-us-tall-wood-building-prize-competition

http://www.obpa.usda.gov/budsum/FY15budsum.pdf

http://www.fs.fed.us/about-agency

http://www.fs.fed.us/aboutus/budget/2015/FS15-FS-Budget-Justification.pdf

http://www.opensecrets.org/industries/lobbying.php?cycle=2012&ind=A10

http://usendowment.org/images/Check_Off_Full_Document_Final_July_30_blank_pages_labelled_WEB.pdf

http://www.softwoodlumber.org/check-off/lumber-check-off.html

http://www.softwoodlumberboard.org/Home.aspx

http://www.awc.org/NewsReleases/2014/newsreleases2014.php

http://www.softwoodlumberboard.org/Programs.aspx

http://www.nbclosangeles.com/news/local/Freeway-Reopens-After-Massive-Fire-Forces-Closures-285205461.html

http://www.nj.com/bergen/index.ssf/2015/01/history_repeats_edgewater_apartment_complex_destroyed_by_flames_for_second_time.html

http://www.edgewaterresidential.com/2015/02/mayor-mcpartland-makes-avalon-promise-low-rise-wooden-rebuilding-ruled-out/

http://www.nj.com/bergen/index.ssf/2015/04/massive_avalon_at_edgewater_fire_fueling_debate_ov.html

http://www.nj.com/bergen/index.ssf/2015/07/massive_edgewater_fire_sparks_interest_in_third_bi.html

http://www.nj.com/news/index.ssf/2015/11/new_building_code_in_nj_but_fire_safety_measures_u.html

http://alnnj.org/wordpress/wp-content/uploads/2015/03/L2Q-2015-web.pdf

http://newyork.cbslocal.com/2015/09/19/edgewater-fire-new-fire-code/

http://www.northjersey.com/news/revised-n-j-construction-code-lacks-fire-safety-changes-urged-after-edgewater-blaze-1.1413352

http://www.woodworks.org/wp-content/uploads/CrescentTerminus_CaseStudy.pdf

http://www.bizjournals.com/tampabay/news/2015/05/27/45m-westshore-apartments-to-break-ground-thursday.html

15. El cuarto de máquinas mundial: Canadá grita: ¡árbol cae!

https://fpinnovations.ca/products-and-services/market-and-economics/Documents/2011-wood-market-statistics-in-canada.pdf

http://www.firebusters.com/systeminfo/statisticaldata.phtml

http://www.iaff.org/Canada/Updates/M-525.htm

http://www.canada.com/story.html?id=00f722be-a356-4054-aa75-7791ee3d1066#__federated=1

http://www.woodmarkets.com/2013-billion-board-foot-club-largest-softwood-lumber-producers-shows-growth-big-get-even-bigger/

http://www.uslumbercoalition.org/general.cfm?page=12

http://www.uslumbercoalition.org/general.cfm?page=13

http://www.randomlengths.com/in-depth/us-canada-lumber-trade-dispute/

16. Falso Sentido de Seguridad: Una Cultura Para el Desastre

17. Fuera del camino pedregoso: Hacer resilientes a los Carros

http://www.britannica.com/topic/Unsafe-at-Any-Speed

http://www.iihs.org/iihs/topics/t/general-statistics/fatalityfacts/overview-of-fatality-facts

http://www.history.com/this-day-in-history/president-johnson-signs-the-national-traffic-and-motor-vehicle-safety-act

http://www.britannica.com/topic/National-Traffic-and-Motor-Vehicle-Safety-Act

https://www.disastersafety.org/research-center/research-center-frequently-asked-questions/

https://www.disastersafety.org/fortified-main/

http://pages.jh.edu/jrer/papers/pdf/past/vol34n01/04.73_98.pdf

18. Los Pioneros que vieron la luz: La Historia de John Freeman

http://www.bsces.org/index.cfm/page/Biography/pid/10709

http://www.nasonline.org/publications/biographical-memoirs/memoir-pdfs/freeman-john.pdf

http://www.fmglobal.com/assets/pdf/P14000.pdf

http://www.fmglobal.com/pdfs/bestreview.pdf

https://www.linkedin.com/in/shivansub

19. Predecir lo impredecible: Límites de Compartir Los Problemas

http://www.nytimes.com/2007/04/22/books/chapters/0422-1st-tale.html?_r=0

http://www.nytimes.com/2007/04/22/books/chapters/0422-1st-tale.html?pagewanted=all&_r=0

20. Invertir o Apostar: Breve Historia de los Seguros

http://www.nytimes.com/2007/08/26/magazine/26neworleans-t.html?_r=1

http://www.irmi.com/expert/articles/2001/klein07.aspx

https://openlibrary.org/books/OL24183580M/The_documentary_history_of_insuranc
e_1000_B._C._-_1875_A._D.

http://eh.net/?s=fire+insurance

http://www.loc.gov/rr/business/businesshistory/September/homeowners_ins.html

http://www.naic.org/documents/consumer_state_reg_brief.pdf

https://www.census.gov/construction/nrc/pdf/startsan.pdf

http://www.michaelcarliner.com/files/Data/BLS59HousingStarts1889-1958.pdf

http://www.naic.org/documents/prod_serv_statistical_top_pu.pdf

http://www.naic.org/documents/prod_serv_statistical_hmr_zu.pdf

http://www.naic.org/documents/prod_serv_special_cyc_pb.pdf

http://www.sun-sentinel.com/sfl-1992-ap-mainstory-story.html#page=1

http://www.naic.org/documents/cipr_potential_impact_climate_change.pdf

21. Daltónicos: Cincuenta Matices de Verd

http://www.usgbc.org/about

http://www.syracuse.com/news/index.ssf/2014/11/us_green_building_council_founded_by_syracuses_rick_fedrizzi_receives_uns_top_en.html

http://articles.courant.com/2012-10-19/business/hc-fedrizzi-green-building-20121019_1_rick-fedrizzi-buildings-effective-energy

http://www.usgbc.org/Docs/Archive/General/Docs3402.pdf

http://www.tandfonline.com/doi/pdf/10.1080/15578770902952736

http://www.awc.org/pdf/TheImpactofLEED.pdf

http://www2.buildinggreen.com/blogs/are-fsc-and-leed-killing-american-jobs-look-evidence

https://www2.buildinggreen.com/article/yudelson-steps-down-green-globes

http://www.datacenterjournal.com/dcj-magazine/green-globes-practical-webbased-alternative-leed/

http://www.thegbi.org/about-gbi/

http://www.thegbi.org/about-gbi/

http://www.energyace.com/Articles/2011/The-Case-for-Green-Globes-versus-LEED

http://www.djc.com/news/en/12062746.html

http://www.foundationforsustainableforests.org/about

http://www.fpl.fs.fed.us/documnts/pdf1994/mckee94a.pdf

http://www.na.fs.fed.us/spfo/pubs/uf/lab_exercises/calc_board_footage.htm

http://www.fs.fed.us/managing-land/fire

http://www.fia.fs.fed.us/slides/major-trends.pdf

http://www.resilientdesign.org/leed-pilot-credits-on-resilient-design-adopted/

22. Renovar el ambiente construido: De repetición a resiliencia

http://www.bls.gov/oes/current/oes472021.htm

http://www.businessinsider.com/why-homebuilders-cant-find-labor-2014-2

http://www.bls.gov/oes/current/oes352021.htm

http://www.doityourself.com/stry/platform-framing-vs-balloon-framing#b

http://www.fireengineering.com/articles/print/volume-165/issue-8/features/fighting-fires-in-balloon-frame-construction.html

http://www.ncarb.org/News-and-Events/News/2010/2010-Architect-Survey.aspx

http://www.aia.org/about/index.htm

http://www.bls.gov/ooh/architecture-and-engineering/civil-engineers.htm#tab-1

http://www.asce.org/about_asce/

http://www.asce.org/issues-and-advocacy/public-policy/policy-statement-475---wind-hazards-mitigation/

http://www.nsf.gov/nsb/publications/2007/hurricane/pub_law_108_360.pdf

https://www.govtrack.us/congress/bills/114/hr23/text

23. Lo que el viento se llevó: Repetición del Desastre

http://www.lloyds.com/~/media/Lloyds/Reports/Emerging%20Risk%20Reports/Tornadoes%20final%20report.pdf

http://www.nsf.gov/pubs/2014/nsf14557/nsf14557.htm

http://mceer.buffalo.edu/meetings/aei/

http://www.asce.org/structural-engineering/sei-asce-7-10/

http://www.awc.org/pdf/ASCE7-10WindChanges.pdf

http://webgis.co.okaloosa.fl.us/website/okaloosagis/gm/ASCE%20Wind%20Map%20by%20Peter%20Vickery.pdf

http://www.nola.com/business/index.ssf/2011/02/new_study_finds_that_storm_ris.html

http://www.air-worldwide.com/Blog/Reducing-Tornado-Damage-with-Building-Codes/

http://www.nytimes.com/2015/05/14/opinion/an-oklahoma-suburb-tornado-ready.html?_r=2

http://kevinmsimmons.blogspot.com/2015/04/straw-sticks-or-bricks-empirical-test.html

24. El suelo sobre el que temblamos: Proacción sobre inacción

http://pnsn.org/outreach/earthquakesources/csz

http://discovermagazine.com/2012/extreme-earth/01-big-one-earthquake-could-devastate-pacific-northwest

http://www.oregon.gov/OMD/OEM/osspac/docs/Oregon_Resilience_Plan_Final.pdf

https://newcoic.files.wordpress.com/2012/08/7c_act_regions2-3-4-5_mather_johnson_oregonresilience_seismicpl_bruce-ppt.pdf

http://www.tfff.org/community-vitality/spring-2014-issue-1/plan-resilience

http://www.statesmanjournal.com/story/tech/science/environment/2014/09/30/megaq
uake-preparedness-will-cost-oregon-billions/16497917/

http://memphis.about.com/od/midsouthliving/p/earthquake.htm

http://www.commercialappeal.com/news/local-news/home-builders-seek-relief-from-
new-seismic-codes

http://c.ymcdn.com/sites/www.nibs.org/resource/resmgr/Conference2014/BI2014010
7_MMC_Chapman-Hende.pdf

http://www.commercialappeal.com/opinion/guest-column-city-county-leaders-should-
put-in

http://www.flash.org/building-codes.pdf

25. Roca líquida: Aprovechando la Fuerza de la Naturaleza

http://www.auburn.edu/academic/architecture/bsc/classes/bsc314/timeline/timeline.ht
m

http://www-tc.pbs.org/opb/historydetectives/static/media/transcripts/2011-05-
24/201_edison.pdf

http://www.wbcsdcement.org/index.php/about-cement/cement-production

http://www.cement.org/cement-concrete-basics/how-cement-is-made

http://www.crsi.org/index.cfm/steel/about

http://www.nrmca.org/about/history_1939.asp

http://www.worldsteel.org/dms/internetDocumentList/bookshop/Word-Steel-in-
Figures-2013/document/World%20Steel%20in%20Figures%202013.pdf

http://www2.cement.org/econ/pdf/PCAAnnual_Yearbook_2014jc.pdf

http://www.fs.fed.us/nrs/pubs/jrnl/2014/nrs_2014_bumgardner_001.pdf

http://jcassoc.or.jp/cement/2eng/e_02a.html

http://www.stat.go.jp/english/data/nenkan/1431-09.htm

https://cshub.mit.edu

26. Actos de Dios o del Hombre: Rendición de Cuentas

http://www.law.cornell.edu/wex/act_of_god

http://tedsteinberg.com/about/

http://www.nytimes.com/roomfordebate/2013/11/18/natural-disasters-or-acts-of-
god/acts-of-god-is-a-distraction-from-human-responsibility

http://www.americanbar.org/publications/gp_solo/2011/october_november/representi
ng_homeowners_natural_disaster.html

27. Daño colateral: Cuando el gobierno y la resiliencia chocan

http://en.wikipedia.org/wiki/Lucas_v._South_Carolina_Coastal_Council

http://www.law.cornell.edu/supremecourt/text/505/1003

http://www.flash.org/building-codes.pdf

http://portal.hud.gov/hudportal/HUD?src=/about/hud_history

http://www.huduser.org/Publications/pdf/mps_report.pdf

https://www.govtrack.us/congress/bills/113/hr1878

https://www.opensecrets.org/lobby/billsum.php?id=hr1878-113

https://www.opensecrets.org/orgs/summary.php?id=D000000086

http://www.wcdrr.org

http://www.unisdr.org/2005/wcdr/wcdr-index.htm

http://www.dhs.gov/high-performance-and-integrated-design-resilience-program

http://www.dhs.gov/xlibrary/assets/designing-for-a-resilent-america-11302010-12012010.pdf

http://www.nibs.org

http://c.ymcdn.com/sites/www.nibs.org/resource/resmgr/MMC/MMC_ResilienceIncentivesWP.pdf

28. Acción Privada: Balanceando Principios y Utilidades

http://www.unisdr.org/archive/33003

https://www.linkedin.com/pub/carl-schneider-cic/11/a23/618

http://www.smarthomeamerica.org

http://www.flash.org/pdf/090908_10_year_Flash_Anniversarybook_LA.pdf

http://www.buildfax.com/public/about/index.html

http://www.decaturalabamausa.com/departments/buildingdept/buildfax.html

https://smallbusiness.fedex.com/disaster-preparedness

http://chiefexecutive.net/manage-risk-through-resilience

http://coastalriskconsulting.com

http://www.eenews.net/stories/1059986602/print

http://www.mystronghome.net

http://www.buildchange.org

http://www.interaction.org/fedex-award

http://www.fmglobal-touchpoints.de/site/assets/files/1142/p07001_0614.pdf

http://mobile.nytimes.com/2012/11/24/science/earth/new-york-reassessing-building-code-to-limit-storm-damage.html?_r=1

http://www.mystronghome.net

http://www.buildchange.org

http://globenewswire.com/news-release/2007/08/29/364992/125846/en/Photo-Release-Hancock-Bank-Dedicates-New-Technology-Center-On-Katrina-Anniversary.html

http://louisville.edu/cepm/projects/sustainable-community-capacity-building/resilience-presentation-final

http://www.unisdr.org

http://www.unisdr.org/partners/private-sector

29. El desastre cura: Lecciones para vivir de manera resiliente

http://health.howstuffworks.com/diseases-conditions/rare/12-deadly-diseases-cured-in-the-20th-century.htm

Abreviaciones

AC: Antes de Cristo
AIA: Instituto Americano de Arquitectos
ANSI: Instituto Estadounidense de Estándares Nacionales
ARISE: Alianza para las Sociedades Resistentes a los Desastres
ASCE: Sociedad Americana de Ingenieros Civiles
AWC: Consejo Americano de la Madera
BOCA: Los Funcionarios de Construcción y Administración de Código
BREEAM: *Building Research Establishment Environmental Assessment Method*
BRIC: Brasil, Rusia, India y China
CAP: Plan de Acción al Cambio Climático
CBR: Agentes químicos, biológicos y radiológicos
CEO: *Chief Executive Officer* – Director General.
CO2: Dióxido de Carbono
DHS: Departamento de Seguridad Nacional de los Estados Unidos
DC: Después de Cristo
EDP: Declaración Ambiental Certificada
EE.UU.: Estados Unidos de América
FEMA: Agencia de Estados Unidos Federal para la Gestión de Emergencias
FHA: *Federal Housing Administration*
FLAME: Ley Federal de Asistencia, Gestión y Mejora de Tierras DE 2009
FLASH: *Federal Alliance for Safe Homes*
GATT: Acuerdo General sobre Aranceles Aduaneros y Comercio
GBI: *Green Building Initiative*
GM: *Compañía General Motors*
HUD: Departamento de Vivienda y Desarrollo Humano de EE.UU.
IBC: El Código Internacional de Construcción
ICBO: Conferencia Internacional de Oficiales de la Construcción
ICC: Consejo de Código Internacional
IBHS: Instituto de Seguros para los Negocios y la Seguridad en el Hogar
IRC: Código Residencial Internacional
km: Kilómetro

km2: Kilómetro cuadrado

LEED: Liderazgo en Eficiencia Energética y Diseño Ambiental

MIT: Instituto Tecnológico de Massachusetts

MPS: Estándares Mínimos de la Propiedad

NAFTA: Asociación del Tratado de Libre Comercia de América del Norte

NAHB: Asociación Nacional de Constructores de Viviendas

NAIC: Nacional de Comisionados de Seguros

NIST: Instituto Nacional de Estándares y Pruebas

NFIP: Programa Nacional de Seguros contra Inundaciones

NFPA: Asociación Nacional de Protección contra el Fuego

ONU: Organización de las Naciones Unidad

PIB: Producto Interno Bruto

PCA: *Portland Cement Association*

PSAG: *UNISDR Private Sector Advisory Group*

PSP: *UNISDR Private Sector Partnership*

SBCCI: Congreso Internacional del Código de Construcción del Sur

SFDRR: Marco de Sendai para la Reducción del Riesgo de Desastres: 2015-2030

SPUR: Asociación de Planificación y Urbanismo de San Francisco

STD: Departamento de Seguridad Nacional de los Estados Unidos

UNISDR: Oficina de las Naciones Unidas para la Reducción del Riesgo de Desastres

USDA: Departamento de Agricultura de Estados Unidos

USFS: Servicio Forestal de los Estados Unidos

USGBC: Consejo de la Construcción Ecológica de los Estados Unidos

USGS: Servicio Geológico de los Estados Unidos

Resilience Action Fund

Resilience Action Fund (RAF) es una organización sin ánimo de lucro (bajo la regulación 501(c)3 de Estados Unidos) fundada por el autor en 2015. Su misión cuya misión es promover la consciencia, la transparencia y la educación para una mayor resiliencia del entorno construido. Recientemente, ayudó a fundar una organización hermana sin ánimo de lucro en Reino Unido, el Resilience Action Fund (International) para promover la misma misión internacionalmente.

RAF es el editor y distribuidor de este libro. Su objetivo es publicar más libros en el future escritos por este y otros autores en temas que sean relevantes para su misión. Todas las ganancias de las ventas del libro serán destinadas al RAF. Para obtener más información sobre el RAF, su programa, proyectos y actividades, por favor visite: www.buildingresilient.com.

Agradecemos mucho su apoyo.

El Autor

Aris Papadopoulos es un *Distinguido Experto en Resiliencia* del Instituto de Eventos Extremos de Florida International University, donde apoya a la universidad con varios proyectos investigativos y de educación. Obtuvo su pregrado y maestría del MIT en Ingeniería Química (1978) y un MBA de Harvard University (1985).

Cuenta con 35 años de experiencia en las industrias de la construcción y la energía. En 2014 se retiró de Titan America, una compañía de materiales de construcción del este de Estados Unidos, luego de servir como Director general por 20 años. Actualmente sirve como presidente de la junta directiva del Equipment & Technology, un proveedor mundial de soluciones para la recuperación de residuos industriales y la conservación del agua.

Aris es presidente fundador de la Concrete Joint Sustainability Initiative y antiguo president de la Portland Cement Association. En 2015 recibió el premio American Concrete Institute's Sustainability Award. Hizo parte de las juntas directivas del Concrete Sustainability Hub del MIT, el US Green Concrete Council y CTL Group.

En 2015 fundó el Resilience Action Fund, es una organización sin ánimo de lucro cuya misión es promover la consciencia, la transparencia y la educación para una mayor resiliencia del entorno construido y en la que actualmente sirve como presidente. También está a cargo de la dirección del Resilience Action Fund (International), una organización hermana sin ánimo de lucro en Reino Unido. Este es su primer libro.

Aris también hace parte de iniciativa Alliance for Disaster Resilient Societies (ARISE) de las Naciones Unidas. Fue presidente fundador del grupo de consejería *Private Sector Advisory Group* de UNISDR, donde defendió la resiliencia antes que tres de las conferencias de Reducción del Riesgo de Desastres de las Naciones Unidas y de Rio+20 e interpretó un rol activo en el desarrollo del *"Marco de Sendai para la Reducción del Riesgo de Desastres 2015-2030"*.

Aris es sobreviviente del World Trade Center, donde había programado una reunión con la Autoridad Portuaria de Nueva York y Nueva Jersey en las oficinas del piso 65 de la Torre Norte a las 9:00 a.m. el 11 de septiembre. Originalmente de Chicago, creció en Europa y ahora reside en Miami, Florida. Originally from Chicago, he grew up in Europe and now resides in Miami, Florida. Es miembro de la Iglesia Ortodoxa Griega de Santa Sofía.

www.ingramcontent.com/pod-product-compliance
Lightning Source LLC
Chambersburg PA
CBHW022055210326
41519CB00054B/449